双書現代哲学 2

現代形而上学論文集

ルイス、メリックス、ヴァン・インワーゲン、キム、デイヴィドソン、プライア＋パーゲッター＋ジャクソン、サイモンズ

柏端達也、青山拓央、谷川卓 翻訳

READINGS IN CONTEMPORARY METAPHYSICS

keiso shobo

現代形而上学論文集

目次

目次

凡例

一、原典に関する情報は、各論文の最後の部分、訳注の前に記してある。

二、文献表示の様式は、文脈に望ましくない影響を与える場合を除いて、統一した。文献表については、様式統一のさい、明白な誤りの訂正や情報の補完を行なった。

三、〔　〕は、引用文内に現れる場合は原著者による挿入を表す。それ以外の場合は訳者による挿入である。

四、原著のイタリック体による強調は傍点で表現した。強調の機能をもたない場合についてはもとよりこのかぎりではない。

五、訳注による解説は、関連するジャンルの、あまり知られていないか、または、比較的調査が困難であると思われる用語や事柄に関するものにとどめた。

たくさん、だけど、ほとんど一つ

デイヴィド・ルイス

1　多者の問題

一つの雲を思い描いてほしい。たった一つの雲。そしてそのまわりは澄みきった青空。地上から見れば、その雲ははっきりとした境界をもつようにみえるだろう。だがほんとうはそうではない。雲は小さな水滴の群れなのだ。その水滴の密度は雲の端の方で低くなっている。やがて水滴は非常にまばらになってしまうので、雲の中心からずっと離れたところにあるいくつかの水滴がなおもその雲の部分である、と言うことにわれわれは躊躇するだろう。むしろそれらの水滴については、雲の近くにあるとだけ言っておくのがよいのかもしれない。しかし、その移行は漸次的である。雲の多くの表面がその雲の境界としての等しく有力な候補となる。それゆえ、水滴の何とおりもの集団——あるものはより多くの水滴を含み、あるものはそれほど多くを含まず、そしてあるものは他のものとは違った仕方で水滴を含んでいる——が、その雲としての等しく有力な候補なのである。それらはみな同等の資格をもっている。ならばいったいどのようにして、問題の雲が、それらの多くの集団のうちのほかでもないこの一つなのだと言えるのだろうか。もしそれらの水滴の集団のいずれをも雲とみなすならば、一つではなくたくさんの雲があることになる。またもしそれらのいずれもが、他の候補との競い合いの結果脱落するがゆえに、雲でないとするならば、雲は一つも存在しないことになる。だとすれば、われわれのあの雲がたった一つなのはどうしてなのか。そう、あの雲はやはりたった一つなのだ。

これがアンガー（Unger（1980））の言う「多者の問題」である。いちど気づいてしまえば、その問題がいたるところで生じているのを見ることができる。というのもあらゆるものが分子や原子といった小さな粒子の群れだからである。端の方に位置する粒子がつねに存在し、それらは、当の物体に明確に含まれるわけでも明確に含まれないわけでもないような、疑問の余地のある部分を構成している。そのため、ここですこしだけ異なりあそこですこしだけ異なるような、そしてどれもが等しく自分こそが当の物体であると主張するような、多くの粒子の集団がつねに存在することになる。するとたくさんの物体があるか一つも物体がないかのいずれかであるが、いずれにしてもそれらはそこにあると思われたあの一つの物体ではない。これは馬鹿げている。

一本の錆びた釘を考えてみよう。その釘は漸次的に、中心のきれいな鋼の部分から、錆が点在する鋼の部分、釘にこびり着いた錆の部分、単に釘に引っかかっているだけの錆へと移行している。あるいは、カソードとそこから放出されていく電子について考えられたい。あるいは、蒸発や侵蝕や磨耗の過程にあるものを、何でもよいので、考えてほしい。あるいは、あなた自身について考えてみよ。

任意の有機体についてでもよい。あなたも、他の有機体も、新陳代謝によって、排泄によって、発汗によって、または古い角質の剥離によって、徐々に本体から離れていくような部分をもつ。以上のどのケースにおいても、そのものに含まれるのかどうかについて疑問が生じるような疑わしい部分が存在している。それゆえ、多者の問題が生じているのである。それらのものは多者の問題をこうむるのである。

　もし物体が、私の考えるように、時間的諸部分をもつことにより時間を通じて永存（perdure）している〔訳注1〕のだとすると、疑わしい時間的部分の存在が、さらにもう一つの多者の問題を生じさせるだろう。もし人が徐々に存在するようになる（徐々にというのが数週間かけてなのか数年かけてなのか数ナノ秒かけてなのかはここでの目的にとって重要でない）のだとしたら、どの人間にもその人生の始まりにおいて疑わしい時間的部分が存在することになる。人生の終わりも同様である。考えられるかぎり最も突然な死に関してさえそうであろう。あなたは自分を一人の人物と考えられるだろうか。答えは否である。というのも、時間的諸部分の集まりがたくさん存在し、それらの集まりはそれぞれ両端でほんのすこしずつ異なっており、いずれも同等に人であることを主張し、同等にあなたであることを主張しているからである。それらの同等の主張はそれぞれ十分に認められる主張なのだろうか。もしそうだとすると、あなたが大勢いることになる。もしそうでないとすると、あなたはいないことになる。どちらにしても間違った答えである。あなたが一人であることは否定しようがないからである。

　私はそう考えないのだが、ある人たちが考えるように[1]、もし日常的な物体が他の可能世界のなかへと延長しているのだとすると、多者の問題はさらに別の広がりをもつことになる。この世界において一隻の船があるとしよう。エニグマ号である。別の世界にも、ほとんど同じだがまったく同じというわけではない設計に従ってほぼ同時に造られた一隻の船がある。つまり二隻には、多くの同じ厚板が使われているが、何枚かは同じでないのだ。その別の世界における船が、エニグマ号そのものなのか、エニグマ号の代替船にすぎないのかは、疑問の余地のあるところだろう。もしエニグマ号が諸世界にわたって延長している一つの物体だとするならば、疑問は、その別の世界で造られたそれを、エニグマ号が部分として含むのかどうかである。こうしてエニグマ号には二つのバージョンがあることになる。一つのバージョンは他世界にあるそうした疑わしい部分を含んでおり、もう一つはそうした部分が除外されたバージョンである。それら二者には、船とみなされる同等の資格があり、エニグマ号とみなされる同等の資格がある。したがって、この世界においては一致するものの延長の全体としては異なる二隻の船があることになる。あるいは、そうでないとすれば、一隻の船も存在しない。いずれにしてもそれらは、最初あると考えていたあの一隻の船ではない。

2　一〇〇一匹の猫のパラドックス

猫のティブルスが一匹だけでマットの上にいる。ティブルスには、h_1からh_2、h_3…h_{1000}までの毛がある。いまcを、それらすべての毛を含むティブルスとしよう。そしてc_1は、ティブルスのh_1を除くすべての部分である。同様の仕方でc_2、c_3…c_{1000}を定義する。これらcやc_nのどれもが猫である。そのため、マットの上の一匹の猫、ティブルスの代わりに、すくなくとも一〇〇一匹の猫がいることになる

――そんな馬鹿な。これがP・T・ギーチ（Geach（1980），pp. 215-216）の「一〇〇一匹の猫のパラドックス」である。

なぜそれぞれの c_n を猫と考えなければならないのか。ギーチが言うにはこうである。「かりに h_n を引っこ抜いたとしても c_n は明白に猫であろう。ところが毛を一本引っこ抜くことが猫を新しく生み出すとは、合理的にはとても考えられない。とすると、c_n はすでに猫であったのでなければならない」（Geach（1980），p. 215）。だがこれに説得される必要はない。次のように言い返すことができるからだ。すなわち、h_n を引っこ抜くことは、c_n を猫のティブルスの単なる真部分から完全な一匹の猫へと変えるのである。新しい猫が生み出されるわけではない。というのも、c_n がなる完全な一匹の猫とはまさにティブルス以外の何ものでもないからである。また、c_n とティブルスが端的に同一になるというわけでもない。もちろんそうではない。なぜなら、c_n の過去について真であることと、ティブルスの過去について真であることは、なお異なっているからである。むしろ c_n は、毛を抜いた後の c_n の時間的部分と毛を抜いた後のティブルスの時間的部分が同一であるという意味において、猫のティブルス全体になるのである。ここまではいいだろう。たしかに、時間的部分という考えを拒否するギーチのような論者たちにとってはよくないだろうが。とはいえ彼ら以外のわれわれには、パラドックスはまだ生じていない。

しかし、春になり、ティブルスの毛が抜けはじめたとしよう。猫の毛は抜け変わるときに勢いよく弾け飛んだりはしない。そうではなくそれらは徐々に根元がゆるく抜けやすくなり、そうしてついには周りの毛に引っかかってやっと元の位置に留まっていられるという状態になるのである。この漸次的なプロセスの最後の段階では、もはや抜け毛は猫の一部ではない。最後の段階の手前で、それらの毛は猫の疑わしい部分となる。つまり、明確にいまだ猫の部分だというわけでも、明確にもはや猫の部分でないというわけでもなくなるのである。いまやまったくもって c_1、c_2…c_{1000} のすべてが――そして疑問の余地のあるそれらのすべての毛を含む c もまた――、猫であることを等しく主張し、ティブルスであることを等しく主張する。それゆえ、われわれの目の前にはいまや一〇〇一匹の猫がいることになる。（いやそれどころか、もっとたくさんの猫がいることになる。たとえば、h_6、h_{408}、h_{882}、h_{907} の四本以外のすべての毛を含む猫もいる。）一〇〇一匹の猫のパラドックスは、それが真正のパラドックスであるかぎり、アンガーの多者の問題の別の一事例なのである。

たくさんの猫がマットの上にいることを否定するためには、それらのたくさんのものが猫であることを否定するか、さもなくば、猫がたくさんであることを否定しなければならない。われわれは、猫の候補から資格を奪う仕方を見つけることによって、パラドックスを解決できるかもしれない。つまり次のように述べることで。たくさんの、ほんとうにたくさんの何かがある。だがそれらたくさんのもののすべてが猫なのではない。猫であるのはそれらのうちのたかだか一つである。たぶん真の猫は、それらたくさんのうちの一つなのである。もしくは、おそらくまったく別の何かであり、それらのたくさんのものはどれも猫ではない。あるいは、そのようには考えず、すべての候補が真の猫であると認めるならば、われわれは、それらの猫たちが互いに真の意味では異なっていないと述べる仕方を見つけださなければならない。私はどちらの選択肢でもうまい解決へと導かれると考える。しかし以下では、うまくいかないいくつかの解決案も見ていくことにしよう。

3　猫資格の剝奪による二つの解決案——多者のいずれも猫でない

cやc_nのうちのどの一つも猫でないという主張を試みるのもよいだろう。つまりそれらは、たくさんの、ほんとうにたくさんの何かなのだが、たくさんの猫ではない、と。ティブルスというマットの上にいる唯一の真なる猫は、それらたくさんのもののどれとも異なった、何か別のものなのである。それらのたくさんのものから猫である資格を奪う一つのやり方は、「物と、それを構成するひとかたまりの素材との区別」と称されるものに訴えることである。すなわちわれわれは、cやc_nが猫でないと主張することを試みることができる。むしろそれらは猫を構成する素材のかたまりなのである。そしてティブルスは、それらのそれぞれによって構成される一匹の猫なのである。(2)

物体とその構成者というこの二元論は、不経済であり、不必要である。その二元論は特定の問題を解くために作り出されたものであるが、以降で見るように、同じ問題のよりよい解決が他にあるのである。ある物体の素材はその物体が存在するより前にもより後にも存在しうるということを、われわれは知っている。そして、物体はまだその物体が存在しているあいだにもその構成素材を得たり失ったりできることを、われわれは知っている。猫がそうであるように、また、波や、炎がそうであるように。二元論者は、素材は当の物体でないと結論する。すなわち、彼らによれば、構成することは同一であることではない。物体が存在し、そして、その物体をそのとき一時的に構成しているひとかたまりの素材が存在する。両者は異なる二つのカテゴリーに属するアイテムであり、二つのカテゴリーは「構成」という特殊な関係によって結びつけられている。そのように二元論者は結論するのである。すくなくとも次のことには同意しなければならないだろう。すなわち、物体の時間的な延長が、当の物体を一時的に構成しているひとかたまりの素材の時間的な延長でないことには、同意しなければならない。だが、もし同一性が時間的諸部分のあいだの同一性であるならば、構成とはやはり同一性のことであるかもしれない。ある素材が一分のあいだ猫を構成しているとしよう。すると、その猫のその一分間の時間的断片は、その構成素材の一分間の時間的断片と同一である。その猫は、以下の意味において、完全にそれを構成する素材のみから成っている。つまりその猫の全体は、猫が生きている時間を通してずっと、猫を構成する素材のいくつものさまざまなかたまりの時間的諸断片から、もっぱら成っているのである。どの瞬間に関しても、その瞬間へと位置づけられないあらゆるものを無視するならば、猫と、そのときそれを構成している素材は同一である[3]。したがって時間的諸部分という考えを拒否する者だけが、物体とその構成者という二元論の何らかの助けを必要とするのである。とはいえそれでも、その二元論を受けいれたと仮定してみよう。それはせいぜい、一〇〇一匹の猫のパラドックスを一〇〇一の猫構成者のパラドックスに変形するだけである。これは事態の改善だろうか。われわれはみな、たった一匹の猫がマットの上にいたと考えていた。そしてティブルスをその構成者から区別したあともなお、たった一つの猫構成者がマットの上にあったと考えたいのではないか。

さらに、ティブルスにはたくさんのティブルス構成者があることを認めたとしても、それでもなおティブルスがそこにいる唯一の猫であるかどうかについては疑問がある。ティブルスの構成者たちは、猫のような大きさをもち、形をもち、重さがあり、内部構造をもち、運動をする。それらもまた振動し空気を動かす——簡単にいうと（とくに撫でてやったときなど）喉をごろごろと鳴らす。とにかく、猫についてある瞬間にそうでありうる事柄は、猫の構成者についてもそうでありうるような事柄なのである。そして猫がある瞬間に為しうることは、猫の構成者も為しうるのである。構成者たちは、猫でないとするにはあまりにも猫に似すぎている。たしかに猫構成者は猫的でない過去や未来をもつだろう。しかしそのことは、それらがけっして猫とならないということを示してはいない。そのことが示しているのは、猫を構成するものがそれほど長くは猫にとどまっていないということにすぎない。いまやわれわれは一〇〇二匹の猫のパラドックスに直面するにいたった。構成された猫のティブルスと、そして、一〇〇一のあまりにも猫的な猫構成者たちによるパラドックスである。結局何も進んでいないのである。

私は結論する。一〇〇一匹の猫のパラドックスを解くために猫と猫構成者の二元論に訴えてもうまくいかない。

多者から資格を奪う別のやり方は、「自然のなかの曖昧さ」に訴えるものである。すなわち次のような主張を試みるのもよいだろう。猫のティブルスは一つの曖昧な物体であり、c や c_n は猫ではなくむしろ猫の可能な複数の精確化（precisification）である。

すくなくとも一つの点でこの解決案はその前に述べたものよりもうまく機能する。今回は、この解決案に対し、一〇〇一匹の猫のパラドックスを一〇〇一の猫の精確化に関するパラドックスに変形するだけにすぎないと文句を付けることはできない。なぜなら一〇〇一の猫の精確化はパラドックスでないからである。いくつかの曖昧な物体といくつかの精確化が実際存在するとしても、ようするに、一つの曖昧な物体に多くの精確化があることが考えられるという、それだけの話だからである。

もしこの提案に沿ってパラドックスを解くつもりなら、それはシリアスな形而上学を意図したものでなければならない。「ティブルス」や「猫」といった語は曖昧であり、その曖昧さがまさにどの毛が猫のティブルスの一部であるかを不確定的にしているというのは、単なる「物的な様態における」一つの語り方などではありえないのである。むしろ、次のように考えなければならない。すなわち、物的対象には曖昧なものと精確なものという二つのバラエティがある。猫は曖昧であり、cやc_nは精確である。そしてそれが、cやc_nのいずれも猫でないことの理由である。

曖昧な物体とそれの精確化というこの新たな二元論は、やはりまたしても不経済であり、不必要である。一つの問題を解くためにその二元論は考案されたのだが、その問題は別の方法でよりうまく解けるからである。精確な輪郭をもつある一つの物体に「ティブルス」の名を適用することにわれわれは決めたのだ、と考えることは馬鹿げている。また、精確な輪郭をもつ特定の物体のそれぞれに「猫」という名辞を適用することに決めたのだ、と考えることも馬鹿げている。しかしだからといって、輪郭の精確でない曖昧な物体にむしろそれらの語を適用しなければならないと結論する必要はない。結論すべきは、われわれがこれらの語をどのようなものに対して適用するか決断したことなどけっしてない、ということである。われわれは、「ティブルス」がティブルス精確化のあれかこれかのどれかを名指すものだと決めたのだが、しかし正確にどの一つを指すのかは決めていない。われわれは、「猫」をある一群の猫の精確化に、そしてそれらのみに、適用することに決めたのだが、しかし正確にどの一群を指すのかは決めていない。（さらに、「ティブルス精確化」と「猫精確化」という新しく見つけた言葉を、正確に何に適用すべきかすでに決めていたわけでもない。）それらのことを決めなかったところにまさにわれわれの賢明さがある。決めようとしてもおそらく決められなかったであろう。またかりに決めたとしてもそれはまったくの無駄骨になっていたはずだ。この意味論的な非決定性で、曖昧さという現象を説明するのには十分であろう。[4] 曖昧な物体など必要ないのである。

さらに、曖昧な物体について私自身そもそも正しい観念をもっているのかどうかが疑わしい。たとえば、どうやって、空間的延長において曖昧であるような一つの物体というものを考えればよいのだろうか。私にできるそれに最も近いことは、次の三つの描像を重ね合わせることである。まず「多数」像がある。その描像のなかでは、曖昧な物体はその多数の精確化に取ってかわられる。物体の曖昧さは、多数の精確化のあいだの差異に取ってかわられる。また「無知」像がある。そのなかで物体は、ある確定的な、しかし知られることのない延長をもつことになる。そして「フェイドアウト」像がある。その描像のなかでは、物体の存在は程度を許す。ちょうど照明のスポットの存在が程度を許すのと同じ仕方で。そしてその存在の程度は、当の物体が最も強く存在している領域からの距離に従って弱くなっていく。以上の三つの描像はどれも正しくない。それらは物体の曖昧さとされていたものをそれぞれ独自の仕方で精確さへと置きかえている。しかしもし私が、これら三つの誤った像を巧妙に重ねてごまかす以外に、曖昧な物体について考えられないのであれば、私はそれについての正しい観念を手にしていないのである。[5]

ここで、前にやったように、それは結局一〇〇二匹の猫のパラドックスに行き着くだけだ、と文句を言うこともできる。曖昧な猫のティブルスと、一〇〇一匹の精確化された猫のパラドックスである。この場合もまた、猫精確化はあまりにも猫的である。実際、猫構成者よりそれは猫的である。猫精確化は、単にある瞬間にそれが為しうることやそうでありうる事柄に関して猫的であるだけでなく、時間を通じても猫的なのである。猫精確化はよいペットとなるだろう。とりわけなぜかというと、一〇〇一の猫精確化はけっしてあなたを食べる存在になったりしないからだ。

猫は精確な物体でありえないので猫精確化は猫でありえない、と言うべきではない。現実より自然がはるかに漸次的でないために多者の問題が消え失せてしまうような可能世界においても、猫はまちがいなく存在しうるのである。つまり、猫が空間的にも時間的にも疑わしい部分をまったくもっていないということはありうるだろう。(そのような世界では、春に猫の毛が抜けかわるときには毛がまさにものすごい勢いで弾け飛ぶ。) したがっていかにも猫っぽい精確な物体が真正の猫であることはすくなくとも可能である。ならば、一匹の曖昧な猫の存在がどうして猫っぽい精確な物体の猫性を脅かしうるのか。

私は結論する。一〇〇一匹の猫のパラドックスを解くために曖昧な物体とその精確化という二元論に訴えてもうまくいかない。

4　猫資格の剝奪によるもっとよい解決法——多者のうちの一つが猫である

多くのもののどれもがそこまでいかにも猫っぽいとすると、それらのすべてが猫であるということを否定するたしかなやり方はただ一つである。あるものが非常に猫っぽいにもかかわらずなお猫でない、というのはどのようなときだろうか。たとえばそれは、そのものがまるごとの猫にほんのすこし足りないというとき、つまり、猫の非常に小さな一部分を除いたほとんどすべての部分であるというときである。あるいは、そのものが一匹の猫よりもほんのすこし過剰であるとき、つまり、猫プラス非常に小さな余計な何かであるというときである。あるいは、そのものがある部分すこしだけ猫より過剰で、かつある部分すこしだけ猫に足りないというときである。

次のように述べるとしよう。例の多くのもののうちの一つが真に猫なのである。猫であるものは一つより多くも少なくもない。残りはいずれも猫にすこし足りないか猫よりすこし過剰かその両方であるために、猫としての資格を失う。以上の主張は不経済で不必要な二元論に訴えていない。その主張は、多くのもののうちの一つを除いたすべてから資格を剝奪するのであるが、それらがいかにも猫っぽいということは否定せずに、そうするのである。この解法はたった一匹の猫をわれわれに与える。万事たいへんけっこうではないか。

難点と思われるのは、どの一つが猫なのかが述べられていないことである。そのことはいっさい恣意に任されている。一つに固定するには意味論的決定が必要である。しかしその決定を、われわれはけっして行なっていない（行なうべきでなかったしおそらく行なうこともできなかったであろう）。またいかなる隠れた事実もその問いに答えてくれないだろう。というのも、そうした隠れた事実によって答えがどのように左右されうるかについては、何も決められていないからである。どの一つが「猫」

の名に値するかはわれわれ次第である。もしわれわれがこの問いに答えることを差し控えたとしても、他の何かがわれわれに代わって答えを与えたりはしないのである(6)。

恣意性を否定することはできない。否定できるのは、それが難点だということである。意味論的非決定から逃れることができず、しかしそれでも語りつづけたいのであれば、いったい何をすればよいのだろうか。その答えはもちろん、未完成な意味論的決定がほとんどの場合に問題とならないという事実を利用せよ、というものである。多くの場合、あなたが言いたいことは、すべての異なる未完成な意味論的決定の仕方のもとで真となるだろう。そのような場合、もしあなたがそれを口にしたならば、かりにあなたがみずから好んで、あるいはやむをえず、決定を永遠に完成させずに放置したとしても、あなたは真なることを述べることになる。あなたが正確に何を意味していたかは違いを生み出さない。あなたが述べたことはそのこととは無関係に真である。そしてもし、あなたが正確に何を意味していたかが違いを生み出さないのであれば、同様に、あなたが正確に何を意味するか心に決めていなかったという事実もまた、違いを生み出さないであろう。「有名な建築家がフレッドの家をデザインした」とあなたが言ったとする。そのとき、自分が「家」によって、付属のガレージを含めたものを意味しているのか、含めないものを意味しているのか、どちらなのかといった考えは、あなたの心のなかに浮かばなかったはずである。また、何らかの確立された慣習《コンヴェンション》や隠れた事実が、どちらであるかを決定するといったこともない。それでも問題はない。あなたは、自分の述べたことがいずれにせよ正しいことを知っていたのだ。

意味論的非決定を処理するこのやり方は、ファン・フラーセン(van Fraassen (1966))の「超付値」の手法である。ある文が、すべての異なる未完成な意味論的決定の仕方のもとで真であるとき、そしてそのときにかぎり、その文を「超真」であると言う。そして、すべての異なるそうした決定の仕方のもとで偽であるとき、そしてそのときにかぎり、文を「超偽」であると言う。また、あるいくつかの決定の仕方のもとで真であり、その他の仕方のもとで偽であるとき、その文は超真理値ギャップにはまっている。このように不完全な決定の仕方によって解釈される言語においては、超真理が、情報を伝えようとする協調的話者の達成点《ゴール》として、単なる真理に取ってかわる。別の言い方をすることもできる。すなわち、言語の「意図された」解釈を確定するためにわれわれが行なうことが何であれ、それによって確定されるのは、一つの解釈ではなく、ある一定の範囲の諸解釈なのである。（その範囲は文脈に依存し、それ自体やや不確定なところがあるのだが。）そして情報伝達のさいにわれわれが目指すのは、自分が何を話しているかについての、意図されたすべての解釈のもとでの真理である。

言語の意図された解釈のそれぞれが、マットの上にいる猫候補のうちのある一つを「猫」という語の外延のなかへと入れ、そして残りのすべてを外延の外へと排除する。同様に、一つの猫候補を、まさに同じ一つの猫候補を、意図された解釈のそれぞれは、「ティブルス」の指示対象として選び出す。それゆえ、たった一匹の猫のティブルスがマットの上にいるということは超真である。超真であるからこそ、それを肯定する資格があなたにある。そして、あなたは言いたいことを言うことができる。言いたいこととはすなわち、一匹の猫がいるということである。これが、超付値の手法が一〇〇一匹猫のパラドックスを解決するやり方である。

反論　候補のうち猫であるのはたった一つであり、それより多くも少なくもない。だが、どの一つがそれなのかを言おうとしてはいけない。あなたが何を言ったところでそれは超真にならないであろう。というのも、未完成のままに残されるのは、まさにこの意味論的決定だからである。つまり意図された諸解釈がさまざまに異なるのは、まさにこの点においてなのである。何かがマットの上の猫であるということは超真であるのだが、あるものについてそれがマットの上の猫であるということが超真になるようなそういうものは存在しない。(これは古くからあるパズルに似ている。私はあなたから馬を一頭借りているのだが、あなたからこの一頭を借りていると言えるような馬は存在しない。)なんとも奇妙である。

応答　いかにもそのとおり。しかし、なぜそうなるかをひとたび知れば、あなたはそれを受けいれることを学ぶであろう。

反論(7)　超付値説は効き目が強すぎる。つまり、それはそもそもわれわれが問題を述べることさえ不可能にしてしまうだろう。問題と考えられていたのは、多くの候補のすべてが猫としての資格を主張するということであった。しかし超付値説のルールに従うなら、そのようなことは言えない。理由はこうである。どの一つの未完成な意味論的決定の仕方のもとでも、ある一つの候補が猫として選ばれる。そのためどの一つの決定の仕方のもとでも、諸候補は同等の資格をもっていないのである。すべての決定の仕方のもとで真であるような事柄は超真である。それゆえ、超真であり、かつわれわれわれが言うべきであったこととは、諸候補が同等の資格をもっていない、ということである。だとすれば何が問題なのか。しかし、にもかかわらず問題は述べられた。ということは、超付値説が間違っているのである。

応答　間違っているのは超付値主義への盲信である。狂信的な超付値主義者は、超付値のルールを任意のどのような言明に対しても機械的に適用し、そのようなやり方によって言明が意味をなさなくなっても気にしない。しかしそうではなく、超付値のルールは阻却可能な前提とみなすべきであろう。それを阻却するのは、ときには、語用論の基本原理である。すなわち、何が言われているかを理解する正しい方法は（そもそも理解が可能だとして）当のメッセージを有意味にするような方法である、という原理である。超付値のルールは、例の問題を述べることを不可能にするものだったので、ただちに適用が停止された。われわれはこうした調整を行なうのに非常に長けている。それをしていることを意識することさえないだろう。超付値のルールのもとでは、たった一匹の猫がいるだけだから諸候補は同じ資格をもっていない、と述べるのが正しい。そのルールの適用を停止したなら、諸候補は同等の資格をもっており、それらのすべてが同様に確定的に猫でないわけではない、と述べるのが正しい。ルールの適用停止時には、それらのすべてが猫であると述べることすら正しいのだ。これはパラドックスに対する屈服だろうか。そんなことはない。何らかの意味でたくさんの猫がいることを認めるのは無害だからである。耐えがたいのは、たった一匹の猫がいる適切で自然な意味が存在しないことである。

反論(8)　超付値主義の不確定な指示の観念は、概念的に、端的な指示という先行する観念から引き出されている。しかしもし、多者の問題があらゆるところで生じ、意味論的非決定から逃れられないのであれば、端的な指示さえそもそも得られないであろう。すると、われわれが現実の諸事例の上に「指示を固定する」ことによって諸概念を獲得するのであるかぎり、われわれは指示の概念を手に入れられる立場にいないことになってしまう。そうしてわれわれは、意味論的非決定性に起因する不確定な指示の観念という派生的な概念を手にする立場にもいないことになる。

応答　指示の概念を手に入れるために現実の諸事例は必要ない。われわれはすでに、意味論的非決定性によって複雑化されていない端的な指示の想像上の諸事例を大量にもっている。それらの諸事例は、われわれの世界よりもシャープな世界に属している。そのような世界では、雲の周辺の外れたところに水滴はなく、猫の毛は一瞬にして抜ける、等々。幼年期に指示の概念を獲得するとき、おそらくわれわれは自分たちの住む世界がまさにこうした仕方でシャープであると思いこんでいたはずだ。(多者の問題について考え悩まなければまだ半分ぐらいそうした世界を信じていたかもしれない。)われわれは「指示」の指示を、かつて自分たちがそこに住むと考えていたシャープな世界のなかの想像上の諸事例に基づいて固定するのである。そしてもし、そのようなことが不可能であると主張する指示の理論があるとすれば、その理論はまさにその点においてより劣っていることになる。

一〇〇一匹猫のパラドックス、そして多者の問題一般に対する超付値主義的な解法はうまくいく。そう私は結論したい。しかしうまくいく解法はそれだけだろうか。そうではないと思う。ここで別の種類の解法に目を転じよう。それは、例の多くのものが猫であることを認める一方で、それらの猫が実際に多いということを否定しようとするタイプの解法である。

5　相対的同一性——多者がそれぞれ異なる猫であるということはない

ギーチ自身は、相対的同一性による解法を支持している。一〇〇一匹猫のパラドックスは、相対的同一性という彼の説を展示するショーケースとして使われている。

次のように理解すればすべてのつじつまが合う。マットの上の猫の数はマットの上の異なる猫の数であり、そしてc_{13}、c_{279}、cは三匹の異なる猫ではなく、同じ一匹の猫である、と。一〇〇一ある猫状の生体組織の集合体のどれも他の猫状の生体組織の集合体と同一でないのだが、しかしそれらのいずれもが他と同じ猫なのである。つまりそれらの集合体のすべてがある一匹の猫なのであり、そして、マットの上にいるのはたった一匹の猫である。こうしてわれわれのもともとのストーリーは維持される。〔…〕支払うべき代価は、「〜は〜と同じ猫である」を、絶対的な同一性ではなく、単に、猫に限定されたある同値関係を表現するにすぎないものとみなさなければならなくなることである。とはいえこの代価は、別のところで論じたように、いずれにせよ払わなければならないものである。というのも、論理学者が想定してきた絶対的な同一性などというものは存在しないからである。(Geach (1980), p. 216)

「同じ猫」は、部分的不可識別性の関係であり、「猫」という名辞に何らかの関連をもつ比較の観点に限定された関係である。そこにおいてわずか数本の毛による識別可能性は考慮されない。「同じ猫状の生体組織の集合体」は、部分的不可識別性とは異なる関係である。それは識別のより細かな関係である。

私は次のことには同意する。ときにわれわれは、「同じ」と言いつつ、その語によって「絶対的な同一性」ではなく何らかの部分的不可識別性の関係を単に意味することがある。また、ときにわれわれが、部分的不可識別性の関係によって物を数えるということにも、私は同意する。実際私はかつて次のように書いた。

一人の心配性の男が、目的地に行くまでに自分がいったいどれだけたくさんの道路を横断しなければならないのかを知りたがっているならば、私はその数を、道路そのものの同一性ではなく、その男の進路依存的同一性に従って数えてやるであろう。チェスター・A・アーサー通りとルート137が合流して一つになっている短い区間を横断することによって、その人物は、ただ一本の道路を横断することでそれらの両方を横断することができる。(Lewis (1976), p. 27)

さらに私はよろこんで次のように付け加えよう。すなわち、その短い区間にとっては二つの道路は同じである、と。ギーチの見解のこうした積極的によい部分を私は否定しないのであるが、彼がその見解を猫のケースに適用するとき、それが正しい適用であるように私にはみえない。

c_{13}とc_{279}とcが同じなのか違うのか述べよともし言われるのであれば、たしかに私はどう答えればよいのか迷ってしまうだろう。私はそれらはどれも違うと述べるかもしれない。だってそもそもそれらがどう違うか知っているのだから！　いや、私はそれらはみな同じだと述べるかもしれない。というのも、それらのあいだの違いは取るに足らないものであり、それゆえ私は正当にも違いを無視するから。（とはいえ、例に対して私がいま注意を払っているように注意を払いつつ、違いを無視するのは容易ではない。自分が何かを無視していることにもし注意を払えば、まさにその事実により、もはやそれを無視していないことになるからである。）かりに「同じ猫」や「同じ猫状生体組織の集合体」といった名詞句を付け加えてくれたとしても、私が前に比べて迷わず答えられるようになるということはない。ちょうど「同じ」かどうかについて返答に迷ったように、「同じ猫」か「同じ猫状生体組織の集合体」かどうかについて返答に迷うからである。

別のケースでは事情が異なる。もしあなたが、片手に月曜の『メルボルンエイジ』紙を持ち、もう一方の手に火曜の『メルボルンエイジ』紙を持って私に「これらは同じか違うか」と尋ねたり、あるいは、おのおのの手に月曜の『メルボルンエイジ』紙を持って「これらは同じか違うか」と尋ねたりしたら、やはり私はどう答えればよいか分からないであろう。しかし、もしあなたが「同じ新聞か違う新聞か」、「同じ号か違う号か」、「同じコピーか違うコピーか」などと尋ねてくれるなら、私は、まさに何を答えるべきかを知るだろう。ここで起こっていることに対してギーチが加える説明については異議を唱えることもできるだろうが、しかしすくなくとも当の事態は、たしかにギーチが起こっていると述べたような仕方で正確に起こっているのである。だが「同じ猫」vs「同じ組織の集合体」のケースに関してはそうでない、と私は考える。

ギーチの解決案には他にも欠けた部分がある。同一性でない関係によって数えることが自然になるような他のケースにおいても、同一性そのもの――「絶対的な同一性」――がどこか遠くに行ってしまうわけではない。アーサー通りとルート137が合流している区間におけるそれらの道路のローカルな同一性は、空間的な部分の端的な同一性である。同様に、物体とそれを一時的に構成している素材とのあいだの一時的な同一性は、時間的な部分の端的な同一性である。また質的同一性は、質的な特徴のあいだの端的な同一性である。月曜の『メルボルンエイジ』はある新聞のある号であり、火曜の『メルボルンエイジ』はある新聞のある号であるが、それらの新聞は端的に同一の新聞である。同様に、月曜の『メルボルンエイジ』の私のコピーとあなたのコピーは、同一号のコピーである。しかしギーチは、「同じ猫」関係が端的な同一性とどのような関係をもつのかについては、まったく語らないのである。

もちろんギーチがそれを語ることはないだろう。というのも彼は「論理学者が想定してきた絶対的な同一性などというものは存在しない」と考えるからである。(またギーチは、上の私の例のすべてを受けいれることもないだろう。とりわけ一時的な同一性と時間的部分の同一性に関する例は、確実に受けいれないはずだ。）だが、絶対的同一性を論駁しようとするギーチの議論は説得的でない。それは結局ただの異論提起になってしまうように思われる。つまり、もしギーチが、私の述べることをすべて部分的不可識別性の関係によって解釈すると決意したとして、それを止める方法が私にあるだろうか。私は彼に理解を強いることができるだろうか。（さらにいえば、片手を後ろに縛られた状態で私にそれができるだろうか。たとえば、ギーチが Geach (1967) でやはり異論を唱えていた二階の量化をまったく使うことなく、それができるだろうか。）無理だと思う。しかしそのことによって、なぜ私が、自分が同一性と不可識別性の違いを知っているということを疑わなければならなくなるのかが分からない。

ギーチには悪いが、われわれは同一性の概念をもっている。そして、猫がたくさんいるということを否定することが正当化されうるなら、同一性そのものにきわめて類似したある関係によってそれらが内的に連関しあっているということを示す必要がある。ギーチはそれを示していないし、示したいとも思っていないだろう。にもかかわらず、すぐこのあとに見るように、そのことを示すことは可能である。だがそのとき、われわれは、ギーチの相対的同一性による解決案を完全にバイパスする解法を手にすることになるだろう。

6　部分的同一性——多者はほぼ一つである

同一性の反対は何であろうか。非同一性だ、と即座に答えたいところである。どんなものもそれ自身とは同一である。そうでない場合、われわれは二つの「異なる（different）」もの、二つの「別の

(distinct)」ものを手にする。すなわち、二つの非同一的なものを手にするわけである。もちろん次のことは正しい。物体は同一であるか非同一であるかのいずれかであり、その両方であることはけっしてない。だが同一性の真の反対物は、別物性（distinctness）なのである。つまり、単に非同一という意味での別物性ではなく、重なりあって《オーバーラップして》いないという意味での別物性なのである。（それは、「非同一」を意味するために「別の（distinct）」という語をとっておきたい人たちのあいだのジャーゴンにおいて、「互いに素（disjointness）」と呼ばれているものにあたる。）われわれは諸ケースの連続体《スペクトラム》を目の前にする。一方の端には、物体のそれ自身との完全な同一性がある。あるものとそれ自身は完璧に同一であり、別であるところはまったくない。もう一方の端には、完全に別々である二つの物体のケースがある。それらは共通の部分をもたない。両者のあいだにわれわれは、部分的に重なりあうあらゆるケースを見る。つまり、ある部分は共有し、他の部分は共有しないような物体のケースである。（ある場合には重なりあうもののうちの一方は他方の部分であったりするが、別の場合にはそうではない。）それらの物体は完全には同一でないし、完全には別物でない。その中間の何かなのである。それらは部分的に同一であり、部分的に別々である。多く重なりあっているかもしれないし、すこししか重なりあっていないかもしれない。いくつかのケースは、連続体《スペクトラム》の別物性の側の端に非常に近い。たとえば指一本を共有しているシャム双生児はほぼ完全に別々であるが、ほんとうに完全にではない。別のいくつかのケースは同一性の方の端に非常に近い。たとえば、例の猫候補はどの二つもほぼ完全に重なりあっている。それらはほんのわずかの毛によって異なっている。それらは一〇〇％完全に同一というわけではないが、ほとんど完全に同一であり、完全な別物というのからははるかに遠い。

これまで哲学者たちが、連続体の端にのみ注意を集中し、われわれが日常的に同一性と別物性を考えるその仕方をずっと見落としてきたことは、奇妙なことである。日常言語と常識の哲学者がもっと前にわれわれを正しく方向づけてくれていればよかったのに、とあなたは思うだろう。しかし実際に、そのような仕事をしていた哲学者がいて、それはアームストロングである（Armstrong (1978), vol. 2, pp. 37–38）。アームストロングの数々の顕著な業績によって影が薄くなってしまっているが、それでもその功績は注目に値するし、ありがたく思うべきである。

われわれの例の猫候補たちがすべて真正の猫であると想定しよう。（超付値説的な解決のことはいまは脇に置いてほしい。）そうすると、厳密に言って、猫はたくさんいることになる。それらのどの二匹も完全には同一でない。しかしそれらの任意の二匹はほとんど完全に同一である。すでに述べたように、それらのあいだの違いは無視できる。われわれは多くの猫を目の前にしており、そのどれもが残りのいずれの猫ともほぼ同一である。

ここで、数についての言明がどのように同一性と量化の言語に翻訳されるかを思い起こしてほしい。「猫がちょうど一匹マットの上にいる」は「あるxが存在し、xはマットの上の猫であり、かつマットの上の猫はどれもxと同一である」となるだろう。しかしもし、そのときの「同一」が、連続体の一方の端にあるような完全で厳密な同一性を表現していると解釈するならば、それは偽である。だが猫の大幅な重なりあい《オーバーラップ》は完全な同一性に近似する。それゆえ正しくはこうである。あるxが存在し、xはマットの上の猫であり、かつマットの上の猫はどれもほとんどxと同一である。このようにすれば、猫が一匹マットの上にいるという言明はほぼ真になる。猫はたくさんいる。だが、ほとんど一匹なのである。否の打ちようのない近似のもとで、われわれは、猫が一匹マットの上にいると端的に述べることができる。それは正しいのだろうか。ときにはより厳密な基準が要求されるだろう。またあるときにはアンビヴァレントな評価が下されるだろう。しかしほとんどの文脈において、その言明は十分に正しいのである。よって、部分的、近似的同一性というアイデアは、一〇〇一匹の猫のパラドックスに対してもう一つの解決を与えるのである。

付け加えられた名詞句は解決に関与していない。大幅に重なりあうがゆえに、例の多くのものは、ほとんど同じ「猫」であり、またほとんど同じ「猫状の生体組織の集合体」なのである。そして、それら多くのもののすべてにあてはまる任意の名詞句について、同じことが言える。さらに、ほぼ同一であるという関係は、われわれが「端的な同一性」と呼ぶところの完全な同一性にきわめて近いのであるが、ギーチの言う部分的不可識別性の関係とは異なっている。もちろん、ほとんど同一であるこれらのものが、非常に多くのさまざまな仕方で互いに酷似しているということは期待できる。すなわち、大きさ、形、重さ、喉を鳴らす仕方、行動において、そして空間的位置づけや所有者といった関係的性質に関しても、それらはもちろん酷似しているだろう。だが、ほとんど同一であるものを完全に不可識別とするような何らかの非常に突出した特徴を考えることはほとんど不可能である。さらにあと一点、ほぼ同一であるというこの関係——べつの言い方をすれば大幅に重なりあうという関係——は、一般的には同値関係ではない。ほとんど同一であるというつながりを何ステップも経ることによって、一つのものから、それとは完全に別のもう一つのものへとたどり着くことができるだろう。たしかに現実にほとんど同一であるような多くの猫の例に話を限るなら、ほとんど同一であるという関係は同値関係になることが期待できる。しかしそのことさえ、完全に保証されているわけではない。それは、どの程度それらの猫が異なりあっているか、そして、ほとんど同一であると言える閾をどこに設定するのかに依存している（そしてそれらはわれわれが賢明にも非決定にしておこうとする事柄である）。以上の解決法とギーチの解決法とのあいだに共通するのは、厳密な、「絶対的」同一性以外の関係によって猫を数えるという点のみである。それ以外の点では、両者の理論は大きく異なる(9)。

7 解決法が一つ多すぎる？

いまやわれわれは二つの解決法を手にしていることに気づく。これは必要としていた以上の成果である。ここで、超付値による解法と部分的同一性による解法のうちのどちらか一つを選ぶべきだろうか。私はそうは思わない。それらは併用した方がよいのである。二つの解決法がいかに互いに他を補うものであるかを見ていくとしよう。

二つを組み合わせる方法は以下のとおりである。まず第一に、われわれの言語の意図された解釈が二種類存在する。たくさんのほとんど同一である猫候補に対して、ある種の解釈はすべての（十分なだけの）候補を「猫」の外延のなかに入れ、そして、他の種類の解釈は正確に一つを「猫」の外延に入れる。文脈が、一方の種類の解釈か、またはもう一方の種類の解釈を推奨するだろう。ただしどの文脈もその事柄を決定するというわけではない。ある場合、とりわけわれわれが咄嗟に対応するとき、そして非哲学的であるときには、第二の種類の解釈すなわち猫一匹型の解釈が、文脈により推奨される。そのあと超付値のルールが（何もそれを阻むことなく）「たった一匹の猫がいる」と述べる資格を与えてくれるのである。別のある場合、たとえばわれわれがたくさんの候補にずっと注意を払っているとき、そしてそれらの候補がどれも同等にいかにも猫っぽいということに気づいているときには、第一の種類の解釈すなわち猫たくさん型の解釈が、文脈により推奨されるだろう。（もし猫一匹解釈からスタートし、そして超付値ルールによってもともとの意味が失われるようなことを言うことになったならば、超付値ルールが適用停止状態にされるだけでなく、代わりに猫たくさん型解釈が適用されるようになる。）しかしそのような場合においてもわれわれは、「たった一匹の猫がいる」と言うことのできる何らかの適切な意味がほしいと思うであろう（それと反対のことを述べる仕方も手にしたいわけであるが）。それが、ほとんど同一であるという関係（「ほとんど同一」性）が与えてくれるものである。

　これが、ほとんど同一であるという関係が、組み合わせ技的な解決において役立つ一つの仕方である。その関係は、一〇〇一匹猫のパラドックスについて論じられているときにも、そこに在る。また、その多くのものはすべて猫であると述べることを明示的に選択し、そしてそれゆえ超付値的な解決法をどこかに退避させているときにさえ、その関係はそこに在るのである。

　「ほとんど同一」性はおそらく別の仕方でも役に立つであろう。超付値のルールの適用は、とりわけある種の適用例において、他の適用例におけるよりも自然であるだろう。たとえば、まったく関連のない同音異義語のケースに対してそのルールを適用するのは、不自然に思われる。「バンクに行くつもりだと言っていたが、それは本当か。いや考え込まなくていい。君はＡＮＺ銀行《バンク》にお金を預けている。そしてそれはちょうど川岸《バンク》のところにある。だからどっちだとしても君の言ったことは真実になるんだ。」――こうした受け答えが全面的に禁止されているとは言わない。だがこの例は、超付値ルールの他の適用例には見られない仕方で、奇妙である。「バンク」の語の二つの解釈はあまりにも異なっているため、自分がそれらのどちらを意味しているかはおそらくあなたの心のなかで決まっていたであろう。そのため、意味論的非決定を処理するための道具立てはこのケースでは場違いなのである。超付値ルールの適用が自然になるのは、選択肢となる諸解釈がそれほど異ならない場合に限られる。そしてもしそうした諸解釈が、ほとんど同一である猫をそれぞれが選び出すという点でのみ異なる複数の猫一匹解釈であるとすれば、それは、諸解釈が互いにそれほど異ならないあり方の一つなのである。

一方、超付値ルールは、組み合わせ技的な解決においてどのように役立つのだろうか。「ほとんど同一」性に全部の仕事をさせてはいけないのだろうか。

理由の一つは、多者の問題のすべてのケースが一〇〇一匹猫のパラドックスのようなものではないから、というものである。「ほとんど同一」性による解決はつねにうまくいくというわけではないのである。[10] すでに一つの変則的なケースが言及されていた。それは多者の問題とまでは言えないかもしれないが、すくなくとも、二者の問題である。ガレージを含むとしたときのフレッドの家も、ガレージを含まないとしたときのフレッドの家も、等しく彼の家である資格をもつ。その資格は十分である方がよい。でないと彼は家をもたないことになってしまう。とすればフレッドは家を二軒もっているのだろうか。そんなことはない。われわれはすでに、この問題が超付値の手法によって解決されるさまを見た。（もしその解決が問題ないと思われたなら、そのことは、解釈の違いが超付値ルールの適用を不自然にするほどは大きくなかったということを示している。）しかし、それら二つの家候補は、ガレージ以外のすべての部分を共有することにより非常にしっかりと重なりあっているのだが、例の猫のように大幅に重なりあっているというのにはほど遠い。二つの家候補は連続体の別物性の側の端よりは同一性の側の端に近いのであるが、しかし実際問題それらがほとんど同一であるとは言えない。そのため同様に、それらの二つの家がほとんど一つであるとも言うことができない。

別の議論として、ここまで論じてきた同一性と数に関する言明とは違う言明を取りあげてみよう。確定記述を導入することにしたい。すなわち「マットの上のその猫は毛h_{17}を含んでいる」。この言明に対してすぐに出される答えは、それはギャップに落ちる、というものではないかと思う。その言明は確定した真理値をもたなかったり、確定した超真理値をもたなかったりする（どちらであるかは場合による）。しかしもし、すべての猫候補が猫であるということにして、超付値を放棄し、そして「ほとんど同一」性に全部の仕事を任せるとしたら、いったいどうやってそのような答えを得ればよいのだろうか。確定記述をラッセル風に翻訳してもよい。すなわち、

（R1）マットの上にいるすべての猫と、そしてそれらのみと、同一であり、かつh_{17}を含むような何かが存在する。

あるいは、それと同値であるが、

（R2）マットの上にいるすべての猫と、そしてそれらのみと、同一であるような何かが存在し、かつマットの上にいるどの猫もh_{17}を含む。

これらの翻訳はいずれも偽であることが分かるだろう。なぜなら、マットの上にいるすべての猫と、そしてそれらのみと、厳密に同一であるようなものは、何もないからである。だがそれは求めていた答えではない。それゆえ「同一」は「ほとんど同一」に緩めてもよいだろう。そのように緩めたとき、二つの翻訳はもはや同値ではない。緩められた（R1）は真であるが、緩められた（R2）は偽なのである。われわれは、緩められた（R1）と緩められた（R2）とのあいだの意味論的非決定状態に置かれていたのかもしれない。もしそうであるならば、求めていたギャップを得るために超付値のルールを使うことができるだろう。あるいは、超付値のルールをより直接的な仕方で使うこともできる。異なる猫一匹解釈はそれぞれ異なるものを猫として選び出す。そしてその猫のあるものはh_{17}を含み、あるものは含まない。任意の個別的な猫一匹解釈のもとで、上の二つのラッセル風翻訳はやはり同値である。しかし異なる猫一匹解釈のそれぞれは、それらの翻訳に対して異なる真理値を与える。よってそれらの翻訳は、もとの文と同様、超真理値ギャップにはまっていることになる。あるいはもっと簡単に述べるならこうである。異なる猫一匹解釈は「その猫」の指示対象において異なっている。そうした指示対象のあるものは「h_{17}を含む」を満足するが、あるものは満足しない。こうしてまたわれわれは超真理値ギャップを手にすることになる。以上のいずれの方法を用いるにしても、超付値は、求めていたギャップを与えてくれるだろう。ギャップを手に入れるそれ以外の方法を考えるのは難しい。

注

(1) Lewis (1986), pp. 210–220 を見よ。

(2) これは Lowe (1982) のなかで提出された解決策である。

(3) 物体とその構成者という二元論は、様相的な問題も解かなければならない。すなわち、わずか一瞬であれ、物体は異なる構成素材でできていたかもしれない。したがって、その物体について真であったかもしれないことは、物体の構成素材について真であったかもしれないこととは異なることになる。それゆえ構成の関係は、同一性の関係ではありえない。この問題にもよりよい解決がある。つまりわれわれは、ある一つの世界におけるある一つの物体について真であることが、曖昧であり不定であるということを認めなければならないのである。同等に正しい複数の相反する答えが、ある同じもの——たとえば猫として、あるいは猫構成者として同じもの——に対する異なる指示の仕方によって出されうるだろう。私の対応者説はこの望まれる不定性を取り扱うことができる。ライバルとなる他の多くの理論も扱えるだろう。これについては Lewis (1986), pp. 248–263 を見られたい。

(4) 多くの精確化が存在し、われわれがそれらのあいだで未決定の状態に置かれるものとしての話である。もしそのことを否定したならば、あなたはむしろ曖昧な物体を必要とすることになるだろう。van Inwagen (1990), pp. 213–283 を見られたい。

(5) 曖昧な物体という次の仮説は、誤りではあるもののすくなくとも整合的にすることができる、ということを私は認める。もし曖昧な物体があったとすれば、疑いなくそれらは互いに「曖昧な同一性」の関係を結ぶことがある。そこで、aとbが曖昧に同一な曖昧物体であるとすると、a＝bという同一性言明は真理値ギャップに陥る、と考えられるかもしれない。だが実際にはこの曖昧な同一性の観念は、意味論的非決定としての曖昧さの理論に属しているのである。ギャレス・エヴァンズが示したように、それは、曖昧な同一性が自然のなかの曖昧さに由来するという考えと混同されるべきものではない。というのも、もしaとbが曖昧に同一であるとしたら、両者はaに対する曖昧な同一性の点に関して異なっているはずだからである。つまり、何ものも――それがどれだけ奇妙な物体であろうとも――それ自身からはどんな仕方であれ異なることはないのである。それゆえa＝bという同一性言明は確定的に偽である。これについては、Evans (1978) を見られたい。（エヴァンズのあまりに簡潔な論文はいろいろ誤解を招いているが、この私の解釈はエヴァンズ自身の口頭証言による承認を得ている。Lewis (1988) を見られたい。）エヴァンズが標的とした粗悪な理論とは異なる、曖昧な物体についての整合的な理論を得るために、われわれは「曖昧な同一性」を同一性言明における真理値ギャップから切り離さなければならない。つまり、a＝bが確定的に偽であったとしても、aとbは、それらの精確化のうちのすべてではないがいくつかを共有しているという意味において、なおも「曖昧に同一」でありうるのである。

(6) 指示が完全にわれわれの選択に委ねられている、と私は考えていない。ある物はその本性によって他の物よりも指示や思考の対象として適格であるだろう。そして、われわれが、適格でない方に有利になるような勝敗の付け方でもしないかぎり、より適格な方が戦わずして勝者に選ばれるだろう。これについてはLewis (1984) を見られたい。ただしその論点はここでは助けにならない。というのも、自然は漸次的であるため、cやc_nのうちの一つを残りの他のものから選び出してくれるような便利な節目は、自然のなかに存在しないからである。

(7) この箇所の論点は、私が何年も前にソール・クリプキからもらった意見に負っている。ただし、クリプキの求めに応じて注記すると、ここで私が述べることは、そのときクリプキが言ったことのすべてには正確に対応していないかもしれない。

(8) この論点はアンドリュー・ストラウス（一九八九年の私信）による。

(9) 厳密な同一性以外の関係によってときにわれわれは物を数えるということなのだが、そのような数え方は他にもある。あなたはある正方形に二本の対角線を引き、そこにいくつ三角形があるかを尋ねる。私は四つと答える。あなたは、私が四つの大きな三角形に気づかずに小さな三角形だけを数えている、と馬鹿にする。だが馬鹿なのはあなただ。というのも、私は日常的な言語発話者としての権限を何ら越えてはおらず、あなたはその点を、厳密な同一性によって数えるよう私に要求するあまり、見抜けなかったからである。私は次のことを意味していたのだ。すなわちあるw、x、y、zが存在し、(1)wとxとyとzは三角形であり、(2)wとxは別物であり、wとyは別物であり…（同様の節が計六つ）、そして、(3)任意の三角形tについて、tはwと別物でないか、またはtはxと別物でないか、または…（同様の節が計四つ）である。そして、「別物」の語によって私は非同一性ではなく重なりあわないことを意味していたので、私の述べたことは正しかったわけである。

(10) ここはフィリップ・ブリッカー（一九九〇年の私信）に負っている。

文献

Armstrong, D. M. (1978), *Universals and Scientific Realism*. 2 vols., Cambridge University Press.

Evans, Gareth (1978), "Can There be Vague Objects?" *Analysis* 38, 208. Reprinted in *Collected Papers*, Oxford University Press, 1985.

Geach, P. T. (1967), "Identity," *Review of Metaphysics* 21, 3–12. Reprinted in *Logic Matters*, Basil Black-

well, 1972, 238–247.
—— (1980), *Reference and Generality*. 3rd ed., Cornell University Press.
Lewis, David (1976), "Survival and Identity," in *The Identities of Persons*, ed. Amélie Rorty, University of California Press, 17–40. Reprinted in Lewis, *Philosophical Papers*, vol. 1, Oxford University Press, 1983, 55–72.
—— (1984), "Putnam's Paradox," *Australasian Journal of Philosophy* 62, 221–236.
—— (1986), *On the Plurality of Worlds*, Basil Blackwell.
—— (1988), "Vague Identity: Evans Misunderstood," *Analysis* 48, 128–130.
Lowe, E. J. (1982), "The Paradox of the 1, 001 Cats," *Analysis* 42, 27–30.
Unger, Peter (1980), "The Problem of the Many," *Midwest Studies in Philosophy* 5, 411–467.
van Fraassen, Bas C. (1966), "Singular Terms, Truth-Value Gaps, and Free Logic," *Journal of Philosophy* 63, 481–495.
van Inwagen, Peter (1990), *Material Beings*, Cornell University Press.

David Lewis, "Many, but Almost One," in J.Bacon, K.Campbell and L. Reinhardt (eds.), *Ontology, Causality and Mind: Essays in Honour of D. M. Armstrong*, Cambridge University Press, 1993, 23–38. なお，この論文は Lewis, *Papers in Metaphysics and Epistemology*, Cambridge University Press, 1999, 164–182 に再録されている。

〔訳注1〕人や物体は時間のなかを耐時（endure）していく存在者であるという考え方が、一般に、このルイスの考え方と対比される。耐時と永存をめぐる議論については、本論文集の第二論文を参照されたい。

耐時的存在者と永存的存在者の両立不可能性

トレントン・メリックス

現在主義（presentism）とは、現在の時点が存在論的に特権化されるという学説である。現在主義者によれば、存在するすべてのものは現在の時点に存在する。そして物体は、それが現在の時点で例化している性質のみを所有する。現在主義を拒否する人々は、すべての時点は存在論的に等しく、現在の時点はわれわれが（あるいは、われわれの最新の時間切片、最新の発話、最新の行為、最新の思考などが）位置する時点だという理由で特別であるにすぎないと考える。彼らによれば、現在の時点とは単にこの時点である。この場所（私がいま座っている場所）が多くの場所のうちの一つにすぎないのと同様、現在主義の批判者は、現在という時点もまた多くの時点のうちの一つにすぎないと主張する。私は現在主義に対立するこの見方を、それが現在を単にこの時点として扱うという理由から、「現在についての指標的見解」、もしくは簡略に「指標主義（indexicalism）」と呼ぶことにする。(1)

次のように怪しむ人々がいるだろう。私が描写したような現在主義は些末に真であるため、実質的な哲学的テーゼとしてそれを描写しようという私の試みは、失敗しているのではないか、と。おそらくそうした人々は、単に言語とその時制の用法さえ知っていれば、物体が現在の瞬間にもつ性質のすべてをもちそしてそれだけをもつなどということは十分に分かる、と考えている。こうした懸念を抱く人々に対し、現在主義では「ほんとうに存在するもののすべてが現在に存在し、物体がほんとうにもつ、まさしくほんとうにもつ性質のすべてが現在においてもたれる」ということが主張されているのだ、と述べたところで何の助けにもならないだろう。それゆえ私は、まったく異なるアプローチを試みたい。私は上述の反論は無視し、現在についてのそれぞれの見解が、持続（persistence）についての異なる説明を排除する、ということの論証へと移るつもりだ。以下の論証において、それぞれの説明が認める論争含みの推論がどのようなものであるかを確認することは、それらがどうすれば実質のある哲学的テーゼとなりうるかをあきらかにしてくれるはずである。

1

私は以下のことを論証するつもりである。

(1)現在主義からは、永存（perdure）する四次元的物体が存在しないことが帰結する。〔訳注1〕
(2)指標主義からは、耐時（endure）する三次元的物体が存在しないことが帰結する。

(1)と(2)の連言がさらに目を見張る主張——すなわち単一の世界は時間的に延長した永存的出来事と三次元的な耐時的物体の両方を含むことができないという主張——をも導くことを、私は結論として示したい。

(1)がなぜ真なのかを知るには、次の事柄をまず考えるべきである。

(3)ある一つの物体は別の一つの物体を、もしその別の物体というのが存在しないならば、部分としてもつことができない。

(3)は、第二の物体が存在しないとき、第一の物体が第二の物体を部分としてもつことはできない、ということを述べている。(3)はまた、部分であるということは存在しないものによっては例化されえない、というテーゼからも帰結する。私の考えでは、(3)は申し分なく正しい。たとえば「諸天体を覆う巨大な透明の球体は宇宙の部分なのだろうか」という問いが、そのような球体の不在がひとたび示されたならば解消されるだろうということには、誰も反対しないはずである(2)。

四次元的物体は「時間的部分」から構成されている。時間的部分のあるものは三次元的であり、瞬間的にのみ存在する(3)。四次元的物体は、異なる時点に存在する異なる時間的部分をもつことによって存続する(4)。こうした種類の存続あるいは持続は、「永存（perduring）」と呼ばれる。永存説あるいは四次元主義の中心的なテーゼは、次のようなものである。すなわち、時間をまたいで存続する物体は、異なる多数の時点に存在する部分——つまり時間的部分——をもち、かつ、どの単一の時点にも物体のすべての部分が存在することはない。よって、永存的物体の諸部分のすべてが、現在という単一の時点に存在することはできない。現在主義がもし正しいなら、物体の現在の時点に存在しない諸部分は、そもそも存在しない。したがって現在主義が正しければ、永存的物体がもついくつかの——実際には圧倒的大多数の——部分は存在しないことになる。だがその可能性は(3)によってすでに否定されている。それゆえ、もし現在主義が正しいなら、永存的物体は存在しないという結論になる。(指標主義が真であるとすれば、四次元的物体が現在の時点に存在しない部分をもつという事実から、それらの部分が存在しないということが導かれることはない。それこそまさに、指標主義が否定する種類の推論である。)

物体が永存により存続するという説はもちろん、二つの競合する見方の一方にすぎない。競合する他方の見方によれば、物体は、時間的部分をもたず、永存によってではなく「耐時(enduring)」によって存続する。耐時的物体は時間的な延長を欠き、四次元的ではなく三次元的である。三次元的な耐時的物体がある時点から別の時点まで存続するとすれば、それらの時点の一つにおいて三次元的物体が存在し、その対象は別の時点において存在する三次元的物体と文字どおり同一であることになる。永存概念と現在主義の組み合わせは(3)と衝突するが、耐時概念と現在主義との組み合わせはその種の問題に悩まされない。なぜなら耐時説支持者(endurantist)は、ある物体の存在するいかなる一時点においても、その物体の諸部分のすべてがその時点に存在すると主張するからだ。この主張は、耐時的物体はそれが存在するそれぞれの時点に「全体としてそっくり在る(wholly present)」というスローガンによって捉えられる。耐時説支持者はもちろん、物体は部分を変化させうると考え、そして、かつて耐時的物体の部分であったものはもはや存在しないと主張するかもしれない。だが現在主義は(3)と結びついても、耐時的物体がもはや存在しないものを部分としてもっていたことと、整合的である。なぜなら、Oがpを過去のある時点においてもったという事実から、Oがpを部分としてもつということは、現在主義に従っては導かれないからだ。永存説支持者（perdurantist）はもちろん、永存的物体が現在の時点に存在しない部分をもつ、ということを否定できない。それを否定することはまさに、時間的部分を永存的物体がもつのを否定すること——すなわち永存概念を放棄すること——だからである。[5]

よって(1)の主張「現在主義からは、永存する四次元的物体が存在しないことが帰結する」は真であることが分かる。永存概念と現在主義との不整合は、永存概念の修正可能で副次的な特徴から生み出されたものではなく、永存概念のまさに本性に由来するものである。その本性とはつまり、存続する物体のすべての部分が単一の時点に存在することはない、というものである。

指標主義から耐時的物体の不在が帰結する（つまり(2)が真である）ことを論じるための第一のステップは、物体が変化をこうむるという明白な事実に注目することである。この明白な事実を否定することはもちろん、物体が耐時するという説の本意ではない。よって耐時説の支持者はみな、次を受けいれなければならない。

(4)耐時的物体OがFであり、かつ過去のある時点においてOが$\neg$Fであった、ということは可能である。

耐時説支持者は、⑷を、過去のある時点に存在し$\neg F$であった物体が、現在の時点に存在しFである物体と同一である、ということを述べたものとして理解しなければならない。このときしばしばなされる反論は、そこから、ある物体がFでありかつ$\neg F$であるということが導かれてしまうというものだ[6]。この反論へのすぐに思いつく応答は、それが誤謬推論——つまり、Oが現在以外のある時点においてFを例化しないということから、OがFを例化しないということを導く推論——に依拠しているというものである。この応答によれば、Oは現在の時点にそれがもつ性質のみを例化するのだから、その推論は誤っている。それゆえもし現在主義を受けいれられるなら、耐時説支持者は、変化に直面しても、たやすく矛盾を避けられることが分かる。

しかしながら、指標主義の立場から現在主義を退ける人々を考えてみよう。さきほどの「すぐに思いつく応答」、すなわち⑷によって矛盾に陥ることから耐時説支持者を救う応答は、もはや役に立たない。指標主義を前提にしてわれわれは次のように結論できる。もし単一の物体がある時点でFであり、別の時点で$\neg F$であるなら、その物体はFでありかつFではない。だが、これはもちろん矛盾だ。物体が変化をこうむることを自明とするなら、われわれは耐時概念と指標主義の不整合をみることになり、⑵が真であることが分かる。⑵を擁護するこの論証は、変化・耐時・同一者不可識別性から不条理を導くお馴染みの論証である。私がそこに付け加えたのは、指標主義の果たす役割の明示的説明にすぎない[7]。

永存説の支持者は、指標主義と変化の可能性によって、不条理に陥らざるをえなくなったりはしない。永存的物体が現在の時点においてFであるが他の過去の時点では¬Fであるという主張は、Oの現在の時間的部分がFであり、Oの過去の時間的部分が¬Fであるという主張に等しい。このことは何の矛盾も導かない[8]。変化を指標主義に整合させるこのやり方は、永存する物体が、特定の時点に特定の性質を有する時間的部分をもつということによって、その時点にその性質をもつ、という事実を用いている。他方、耐時説の支持者は、物体が時間的部分をもつということをそもそも否定するので、ある物体が特定の性質を有する時間的部分をもつことによりその性質をもつ、ということを否定せざるをえない。それゆえ、永存説支持者が指標主義と変化を調和させるこの道は、耐時説支持者には開かれていない。

しかしながら、幾人かの論者は、耐時概念と指標主義を調和させようと努力してきた。もちろん永存説支持者の戦略を用いるのではなく、代わりに彼らは次のように述べる。すなわち、耐時的物体が得たり失ったりするようにみえるすべての性質は、実際には、時点との偽装された関係であるか、さもなくば時間指標的性質である。この考えの擁護者によれば、単純に赤であるような耐時的物体は厳密にいえば存在しない。むしろ耐時的物体は、特定の時点tに対して「〜において赤い」という関係をもつか、あるいは、時間指標的な性質「時点tに赤であること」を例化するのである[9]。もちろん単一の物体が、「時点tにおいて赤であること」を例化するとともに、「時点t*において赤でないこと」を例化するのは矛盾ではないし、単一の物体が、ある時点に対しては「〜において赤い」という関係にあり、別の時点に対してはその関係にないということも矛盾ではない。

だがある物体が得たり失ったりするようにみえる性質のすべてが、実際には時点との関係であるか時間指標的であるというわけではない。[10] それにあてはまらない性質——「一時的内在的性質（temporary intrinsic)」〔訳注2〕として知られる——の短いリストをあげるなら、そこには形、色、大きさ、質量が含まれる。私はこうした主張を別のところで擁護した（Merricks (1994)）。ここではその論証を繰り返す代わりに、簡単に次のように述べておこう。私がもしその論証に成功しているならば、われわれは、一時的内在的性質の存在とともに(2)を認めることができる。

変化の概念に基づいて(2)を擁護する論証を終える前に、耐時概念の中心的主張を用いたこの論証のあるバージョンに注目しておきたい。耐時的物体はそれが存在するそれぞれの時点に全体としてそっくり在る、というのが問題のその中心的主張である。もしある耐時的物体が時点tに存在し場所Pを占めているなら、その物体の諸部分のすべては時点tにおける場所Pの内部に位置づけられる。しかしながら耐時的物体が運動することは可能であり、ある時点tに場所Pにある物体が、別の時点t*に場所P*（Pと重なりあわない場所）にあることは可能である。もし指標主義が正しいと考えるならば、次のように結論できるだろう。耐時的物体は一つの場所においてその諸部分のすべてをもつことができるし、その場所と重なっていない別の場所P*においてもその諸部分のすべてをもつことができる。この不条理は、指標主義と、および、物体はそれが存在するそれぞれの時点に全体として在るという見方とを、運動の可能性に組み合わせることによって導かれる。それゆえもし指標主義が真であるなら、われわれは、物体はそれが存在するそれぞれの時点に全体としてそっくり在る、という主張を退けねばならない。つまり、もし指標主義が真であるなら、われわれは耐時概念を退けねばならない。もちろん指標主義が真であっても、永存的物体の運動からは何の不都合も導かれない。なぜなら、ある時点のある場所における永存的物体の存在が含意するのは、同じ時点の同じ場所にその物体のすべての部分があるということではなく、同じ時点の同じ場所にその物体の時間的部分の一つがあるということにすぎないからだ。こうして永存的物体は場所PとP*の両方にあることができ、それはすなわち、物体の一部がPにあり別の一部がP*にあるという意味にほかならない。

われわれは、永存的物体が時間の現在主義のテーゼと両立しないことに加え、指標主義が耐時概念と不整合であることをみた。(1)と(2)が真であるというこの結論は、多くの人々にとって驚くべき発見ではないかもしれない。だが私は次節において、この結論からまさに目を見張る結論がただちに導かれることを論じるつもりである。[11]

2

(1)と(2)を支持する論拠が耐時的物体と永存的物体に特有のものでないことを指摘しよう。ここでの論証は物体だけでなく、出来事にも（さらには、三次元あるいは四次元的ないかなる種類の存在者についても）あてはまるほど一般的なものだ。出来事は耐時すると考えている人を想定しよう。その人は、出来事はそれが存在したどの時点にも全体としてそっくり在ると考える。[12] (2)のための論証の一つを採用することで、耐時する出来事が指標主義と不整合であることはすぐに分かる。ある日の場所Pに全体として在るような特定の出来事、たとえば移動する祝祭を考えてみよう。祝祭が動くことで、次の日にそれがPと重なりあわない場所P*にある、ということは驚くに値しない。もし移動祝祭が耐時するなら、祝祭がP^*にあるとき、それは全体としてそこにあるため、そのときにPにおいて部分をもつことはない。よって、もし祝祭が動き、かつ指標主義が真であるなら、祝祭のすべての部分が場所Pにあり、かつ祝祭のいかなる部分もPにはないということになる。[13] これは受けいれられない。現在についての指標的見方がもし正しいならば、変化する出来事も変化する物体と同様耐時できない、ということを示すために、変化と指標主義の観点に基づくより一般的な反論が利用できることも、簡単に分かるだろう。結局、出来事も、物体と同様、Fであり「Fであることはできないのである。[14] こうして次の結論が得られる。

(2*) 指標主義からは、耐時的存在者が存在しないことが帰結する。

ここおよびこれ以降における「存在者(entity)」の語は、すくなくとも物体(object)と出来事(event)の両方を含むほどに広い意味で用いられる。

現在主義が真であり、存在するすべてのものは現在の時点に存在すると考えてみよう。また背理法の仮定として、出来事は四次元的であり、現在の時点に存在しないたくさんの(時間的)部分をもつとする。さらに仮定を加え、いかなるものも、もしそれが存在しないなら部分(時間的部分も含めて)になることはできないとしよう。するとこれらのすべてから、現在主義と永存的物体の組み合わせから導き出されたのとまさに同じ種類の矛盾が得られる。それゆえわれわれは、次のように結論できる。

(1*) 現在主義からは、永存的存在者が存在しないことが帰結する。

われわれはいまや、三次元的な存在者と四次元的な存在者がいっしょに存在することがない（存在しえない）ことを示すのに、必要にして十分な資源を手にしている。

(1*) 現在主義からは、永存的存在者が存在しないことが帰結する。
(2*) 指標主義からは、耐時的存在者が存在しないことが帰結する。[15]
(5) 現在主義か指標主義のいずれかが真である。
ゆえに、
(6) 永存的存在者が存在しないか、耐時的存在者が存在しないかのどちらかである。
ゆえに、
(7) 永存的存在者と耐時的存在者がいっしょに存在することはない。

野球のボールのような耐時的存在者が、野球のゲームのような永存的出来事とともに存在しうるというのは、直観的にはきわめてもっとももに思える。そして四次元的歴史をもった三次元的物体が存在しうるということも、直観的にはもっともらしい。だがもし(7)が真であるなら、これらの直観は誤って導かれたものだということになる。

三次元的存在者と四次元的存在者を組み合わせた存在論は、直観に訴えるだけではなく、幾人かの哲学者によって明示的に擁護されている。そのなかには、デイヴィド・ウィギンズ（Wiggins (1980), p. 25, n. 12）やローレンス・ロンバード（Lombard (1986), pp. 127–131）がおり、彼らはともに、猫や犬のような対象（object）は耐時し出来事は永存すると主張している。これらの哲学者は、永存的出来事を擁護する点で特異であるわけではない。出来事の永存は、物体を四次元的とみなすのを拒む人々の間でさえ、正統的な哲学的テーゼとしての地位を得ている。それゆえ(7)が、存在論一般にとって——とりわけ、どのような出来事理論が三次元的物体の存在論と整合的であるのかに関して——重大な帰結となることはあきらかである。

最後に、人（person）の同一性にまつわる論証に対して(7)が与える衝撃に注目しておこう。もし、人とは複数の「人段階」によって構成された永存的存在者であると主張する論者がいるなら、永存的な人は耐時的な物体と不整合であるため、その論者は徹底した四次元主義に与することになる。反対にもし、身体や家や形而上学的単純物といったすくなくともいくつかの物体は耐時すると考える論者がいるなら、その論者は、人が複数の人段階によって構成されるとみなす流行の見解を支持することができないだろう。物体や出来事一般の持続に関する問いと独立には、時間経過を伴う人の同一性の問い、すなわち人の持続の問いに接近することはできないのである。[16]

注

（1）現在主義者は「時制を真面目に受けとる」人々、あるいは「時間的なる（becoming）」を信じる人々としても知られる。一方、指標主義者は、時間が「静的である」とか「空間的である」と考える人々、あるいは「時制を真面目にとらない」人々としても知られる。

(2)　(3)は「堅固な現実主義」として知られる立場に含意される。この立場によれば、物体はそれが存在する世界においてのみ、性質を例化することができる。幾人かの論者は、堅固な現実主義に対して、物体はそれが存在しない世界において非存在であることを例化していると主張することによって反論してきた。この反論が堅固な現実主義への反証に値するのかどうかはさておき、注目すべきなのは、ある物体がそれが存在していない世界において部分であることを例化しうると述べることで堅固な現実主義に反対する人物は、誰もいないという事実である。

(3)　四次元的物体の時間的部分のあるものは時間的な延長をもつため、そうした時間的部分はそれ自身の時間的部分をもつ。永存説の支持者のなかには、ホワイトヘッドのように、物体の部分のすべてはいくらかの継続期間（duration）をもつ——瞬間にのみ存続するものなどはない——ため、物体の部分のすべては四次元的だと考える人々もいる。本稿では、永存的物体はいくつかの三次元的な瞬間的部分をもつと仮定する。しかし本稿の議論がその仮定に依存することはない。私は以降の部分で、現在主義と永存概念の組み合わせが、永存的物体が存在しない部分をもつという見解へと導くということを論証している。その論証は、たとえすべての時間的部分がいくらかの継続期間をもつと考えたとしても、うまくいくだろう。それどころか(1)を擁護する議論は、ホワイトヘッド的な見方をとる場合に、より容易にさえなるかもしれない。というのも、現在の時点が継続期間をもたないと仮定し、すべての物体と部分が継続期間をもつとするなら、いかなる物体も部分も現在の時点には存在しないからだ。こうした指摘の関連性は、以降の議論で明らかとなる（ホワイトヘッドに関しては、Whitehead (1920), p. 56をみよ）。マーク・ヘラーもまた、永存説支持者が「永存的物体が三次元的な時間的部分をもつこと」を否定するためにあげそうな理由について論じている（Heller (1990), pp. 4–6)。

(4)「持続している」、「永存する」、「耐時する」といった表現に関する私の用法は、マーク・ジョンストンとデイヴィド・ルイスによって導入された慣例に従っている (Lewis (1986), p. 202)。私は「永存する」と「四次元的」(そしてその類語) を交換可能な表現として用いている。「持続している」、「三次元的」、「耐時する」の表現もまた同様である。しかしながら、これらの表現は完全に同等ではない。ひょっとすると「時間のなかに延長する」魂というものがあるかもしれない。もしそうなら、対象 (object) は空間的な次元性を、ひいては四次元性をもつことなしに永存することがありうる。同様に、延長のない点が耐時していながら、まさにその延長性のなさゆえに、三次元性をもたないということもありうるだろう。反対に、空間が四次元以上の次元性をもつことを、物理学者は発見するかもしれない (あるいは、そのようなことが可能かもしれない)。このとき、耐時する物的存在者は空間と同数の次元性をもち、永存的存在者はそれより一つ多い次元性をもつことになるはずだ。

(5) 永存説支持者がかりに、ここでの耐時説支持者にならい、次のように述べたとしよう。「永存的物体Oのすべての諸部分は現在の時点に存在する。なぜならOは、過去の時間的部分を部分としてもっていたとしても、いまその時間的部分をもっているわけではないからだ」。つまり永存説支持者が、「Oがもつ部分 (Oがもった部分や、もつであろう部分ではなく) のみが現在の時点に存在する」と述べたと仮定するのである。すると、Oはいま存在する部分のみをもつということが——すなわちOは現在のその時間切片がもつもののすべてを、そしてそれのみをもつということが——導かれる。だがこのときOは、現在のその時間切片へと縮退してしまうだろう (たとえば、それらはまさしく同じ諸部分をもっている)。こうしてOは、非持続的な時間的部分であり、そもそも持続する物体ではないことがあきらかとなる。あるいは逆に永存説支持者が、Oが何であれ持続する存在者であることを要求するなら、三次元的なもの——一つの時点にのみ存在する諸部分から成るもの――がまさに持続しているという結論が得られてしまうだろう。(持続するものが瞬間的に存在するものへとこのように縮退するという結末は、もちろん、耐時説の支持者が望むものにほかならない。)

(6) この反論はとりわけ、D・M・アームストロング(Armstrong (1980), pp. 68–69)、マイケル・ジュビアン(Jubien (1993), pp. 24–27)、デイヴィド・ルイス(Lewis (1986), pp. 202–204)らによって提唱され、擁護されてきた。

(7) この論証への私の「付け足し」は、それがすでに含んでいたものの明示化にすぎない、という主張の擁護として、同じ論証を擁護するさい、ルイスが明示的に現在主義を拒否している点に注目しよう。「物がもつ唯一の内在的性質は、それが現在の瞬間にもつものである」との見解に対する、ルイスの攻撃をみられたい(Lewis (1986), p. 204)。

(8) 永存的物体の変化のいくつかのケースにおいて、説明の役割を果たすのは刹那的な時間切片ではなく、その永存的物体のより大きな、時間的に延長した部分であるだろう。それゆえ人は以下のように説明するかもしれない。すなわち、Oはいまちょうど生後十日であるが、明日にはそうでないだろう。このことは、ようするに、誕生時から現在に至るまでのOの時間的延長部分がちょうど十日間存続しているのに対し、Oの誕生から明日にまで伸びた部分についてはそうではない、ということを意味している、と。

(9) あるいは「副詞主義」によれば、物体は時点t的な仕方で赤であることを例化する。副詞主義の明確な説明と擁護については、ハスランガー(Haslanger (1989))をみよ。

(10) この論点はルイスによって強調されている(Lewis (1986), p. 204)。

(11) これとは別の、より拡張された(1)と(2)の擁護としては、カーターとヘステヴォルトの議論を推奨しておく(Carter and Hestevold (1994))。

(12) この想定は、おそらく奇妙なものである。私の知るかぎり、明示的にこのような主張を擁護する人物はいないからだ。しかしながら、このような主張が擁護できない原理的な理由があるわけではない。出来事とは、性質の例化（「Oが赤であること（O's being red）」のような）であると考えてみよう。このとき、「Oが赤であること」が二つ以上の時点に全体としてそっくり在ると考えて、なぜいけないのか。

(13) 矛盾に導くような種類の変化をこうむる出来事という概念は、あまりもっともらしくないようにみえるだろう。物体は移動するが出来事はそうではない、と主張する人物もいるかもしれない。たとえば、ロンバードによるそうした主張の擁護をみよ（Lombard (1986), pp. 127–130）。しかしながらその主張は、出来事が耐時せず、代わりに時間的部分をもつと仮定した場合（ロンバードが仮定したように）にのみ、理にかなったものとなる。もし出来事が耐時するなら、出来事は物体がこうむるような種類の変化をこうむることができなければならない。すなわち、指標主義と結合したさいに問題を生じる種類の変化を、である。

(14) 指標的世界における耐時的出来事が、この最後の、もっとも一般的な問題に巻き込まれてしまうという結末は、出来事が一時的な内在的性質をもつという事実に依存している（出来事とその部分についての、より限定された主張についてはそうではないが）。

(15) 私はこのことを論証抜きに主張する。現在主義と指標主義は、私がここでそれらを提示したとおり、選択肢がそのどちらかにかなり明白に尽くされてしまうほど、一般的なものである。次のトートロジーのいずれからも(5)が導かれるとさえ言えるかもしれない。「現在の時点は存在論的に特権化されるか、そうでないかのどちらかである」、「すべての時点は存在論的に等しいか、そうでないかのどちらかである」。何にせよ、もし誰かが現在主義か指標主義のどちらでもない真の代案をもちあわせているにしても、本稿の議論は(7)かあるいは(5)の否定かのいずれかであるということの論証として理解できる。そうした結論はなおも興味深いものであろう。

(16) この論文にとって有益なコメントをしてくれたマリアン・デイヴィド、アンソニー・エリス、ジェグォン・キム、ユージン・ミルズ、アルヴィン・プランティンガ、フィリップ・クイン、マイケル・リー、ピーター・ヴァレンタイン、ジェームズ・ヴァン・クリーヴ、ディーン・ジマーマンに感謝したい。

文献

Armstrong, D. M. (1980), "Identity Through Time," in van Inwagen (1980), 67–78.

Carter, William S., and Hestevold, H. Scott (1994), "On Passage and Persistence," *American Philosophical Quarterly* 31, 269–284.

Haslanger, Sally (1989), "Endurance and Temporary Intrinsics," *Analysis* 49, 119–125.

Heller, Mark (1990), *The Ontology of Physical Objects*, Cambridge University Press.

Jubien, Michael (1993), *Ontology, Modality and the Fallacy of Reference*, Cambridge University Press.

Lewis, David (1986), *On the Plurality of Worlds*, Basil Blackwell.

Lombard, Lawrence (1986), *Events: a Metaphysical Study*, Routledge & Kegan Paul.

Merricks, Trenton (1994), "Endurance and Indiscernibility," *Journal of Philosophy*, 91, 165–184.

van Inwagen, Peter (ed.) (1980), *Time and Cause: Essays Presented to Richard Taylor*, D.Reidel Publishing.

—— (1990), *Material Beings*, Cornell University Press.

Whitehead, A. N. (1920), *The Concept of Nature*, Cambridge University Press.〔藤川吉美訳、『科学的認識の基礎——自然という概念』、理想社、一九七〇年。〕

Wiggins, David (1980), *Sameness and Substance*, Harvard University Press.

Trenton Merricks, "On the Incompatibility of Enduring and Perduring Entities," *Mind* 104 (1995), 523–531.

〔訳注1〕「永存（perdurance）」と「耐時（endurance）」は（本文で以下に説明されるように）持続を説明する二つの考え方である。訳語についていえば、まず、「耐時」が、われわれ訳者のひねり出した造語にちがいないと思った読者は、『いきの構造』において九鬼周三が「感覚および感情の耐時性」に言及していることを確認してほしい（岩波文庫、六六頁）。もとより九鬼はそこで物体の持続に関する形而上学的問題を論じているわけではないが。他方「永存」は、もちろん、永遠に持続するという意味にとってはならない。むしろ「永」の字は、永存する対象の全体が、時間を超えた（あるいは時間が終了した）ところからはじめて眺められる、という含みを示唆するためのものである。永存の概念と指標主義の相性のよさを指摘する文脈において、その含みを強調することは自然であるだろう（原注の（1）も見られたい）。なお、持続を説明する概念の表現に「持」の字も「続」の字も使われていないというのは、美しい光景である。

〔訳注2〕物体が一時的にしかもつことのない性質のなかには、あきらかにその物体に内在的であると思われるものがある。物体の形などがその典型である。たとえば私はいまひざを曲げているが、別の時点ではそうではない。（他方、物体に内在的な性質とは、それをもつのにその物体以外の個別者の存在を必要としないような性質のことである。もっともこれはかなり大雑把な言い方である。内在的性質の完全に一般的な定義が、この大雑把な定式化を洗練することによって与えられるかどうかについては、異論がある。）もし、ひざを曲げているという性質が、じつは私とある時点（これも存在者である）とのあいだの関係であると言う

のであれば、ひざを曲げているという性質は、もはや私に内在的な性質とはみなせなくなる。ちなみに、物体がいくつかの可能世界においてしかもつことのない内在的性質というものも考えられる。それは「偶然的内在的性質（accidental intrinsic）」と呼ばれ、一時的内在的性質のケースと類似した——ただし完全に同様に対処すべきとはかぎらない——問題を生じさせることが知られている。

そもそもなぜ何かがあるのか

ピーター・ヴァン・インワーゲン

表題の問いはあらゆる問いのなかでも、もっとも深遠で困難なものだとされている。何人かの論者は実際、この問いが心を引き裂きかねない危険なものだと述べてきた。だが私の考えでは、恐慌に陥らなければ、われわれはこの問いをいくらか推し進めることができる。

何がこの問いへの答えとみなされるのかを尋ねることから始めよう。手に入るならばそれに越したことのない一つの答えは、何もないということが不可能であることが証明されるというものである。(1)あるいは、それが答えになると仮定させてほしい。ある事態の成立の不可能性を示すことが、その事態がなぜ成立しないのかという問いへの答えとみなされないのなら、いったい何がそれへの答えとみなされるのだろうか。私には分からない。

何もないことが不可能であることを証明するには、どうすればよいのだろうか。一つの方法は、必然的存在物があるということを証明するというものである。「存在物（being）」という語で私は、具体的対象（それが何を意味するにせよ）を意味する。それゆえ「必然的存在物」とは、必然的に存在する具体的対象のことを意味する。私は、すくなくともいくつかの抽象的対象——数、純粋な集合、「純粋に質的な」性質と関係、可能性、可能世界そのもの——がすべての可能世界に存在するということを、当然のこととみなそうと思う。とはいえ「そもそもなぜ何かが存在しなければならないのか」と尋ねる人々がほんとうに尋ねようと意図している問いに対して、「数の510は何であれ存在するだろう」（ここでは説明のためにこの言明を真とみなすが、私自身は実際この言明が真にちがいないと考えている）と指摘したとしても、答えにはならないと思う。そもそも抽象的対象という観念が意味をもつとして、次のことは明白であるように思われる。もしすべてのものが抽象的対象であるなら、つまりもし唯一の対象が抽象的な対象であるなら、その場合に「まったく何もない」とするのは明確かつ完全に意味をなす。というのも、その場合には、物理的事物も、物質も、出来事も、空間も、時間も、デカルト的自我も、神も…そうしたものがいっさいないからだ。(2) そもそもなぜ何かがあるのかを人々が知りたがるとき、彼らは、この荒涼たる事態がなぜ成立しないのか、を知りたがっているのである。

何もないことの不可能性の証明が、必然的存在物があることの証明という形を取らねばならないというのは、けっして些末な主張ではない。もしそれが証明できたなら、何らかの存在物があるという命題が必然的に真であることを示すのにはたしかに十分であろう。そしてその命題からは、必然的存在物があるということは形式的に帰結しない。（すべての可能世界に共通して存在するような一つの存在物がないとしても、それぞれの可能世界に何らかの存在物がすくなくとも一つ存在するということはあるかもしれない。）私に言えるのは次のことだけである。必然的存在物があるとする論証でない形で、何らかの存在物があることが必然的に真であるとする論証を組み立てようとしても、望みはないだろう。率直にいって私は、いかにしてそれに取りかかればよいのかについてさえ、アイデアを持ち合わせていない。いずれにせよ、必然的存在物があるということを示すことがわれわれの望みをかなえるのは事実である。もし必然的存在物があるのなら、何もないことは不可能である。

しかしそんなことができるのだろうか。つまり、必然的な存在物があるということを示すのは、可能なのだろうか。存在論的論証の信奉者（そのような人たちがまだいるとして）は、きっとわれわれに次のように注意を促すだろう。必然的存在物の存在証明こそ、自分たちの論証がとりわけ得意とするものであることを忘れるな、と。彼らの存在論的論証が、われわれの問いにとって助けとなるのかどうかを確認してみよう。存在論的論証のすべてのバージョンのなかで、私が「最小限の様相的存在論的論証（Minimal Modal Ontological Argument）」と呼んできたものは、必然的存在物の存在を結論とするような論証を求める哲学者にとって、最も考察する意味のあるものである。（その論証は議論の余地なく論理的に妥当であり、それはまさしく望まれている結論を与え、また、存在論的論証の他のバージョンのうち議論の余地なく論理的に妥当なものはどれも、この最小限の様相的論証のもつ前提よりも擁護困難な前提または諸前提をもっている。）その論証は、簡単に述べることができる。

二つの性質を考えよ。必然性（すなわち、必然的に存在する、あるいはすべての可能世界に存在するという性質）と、実体性または具象性（すなわち、存在物である、あるいは具体的対象であるという性質）である。これらの二つの性質は両立可能である。つまり何かがこれらの両方の性質をもつことは、絶対的にも、形而上学的にも、内在的にも、不可能ではない。それゆえ、これらの性質をあわせもつ何かがある。すなわち何らかの必然的存在物がある。(3)

しかしなぜわれわれは、必然性と実体性が両立可能であるという、この論証の前提を受けいれなければならないのか。これら二つの性質の両立可能性のための論証で、一見もっともにさえ思われるものを、私は一つだけ知っている。それは宇宙論的論証の一種であり、次の三つの前提からなる。

・すべての事実には、それについての説明がある。
・もし性質Fが、偶然的事実として、空でない外延をもつならば、この事実についてのどのような説明も、Fをもたない存在物（具体的な物）と何らかの仕方で関わらなければならない。
・偶然性（偶然的存在物であるという性質）は、偶然的事実として、空でない外延をもつ。

これら三つの前提から、次のことがあきらかに導かれる。もし偶然的事実として偶然的な存在物があるならば、偶然的でない存在物、すなわち必然的な存在物もあることになる。しかるにわれわれは観察によって存在物があることを知っており、また、すべての存在物は偶然的であるか必然的であるかのいずれかである。それゆえ、もしこの宇宙論的論証の一種が正しいならば、存在物があるという観察的事実からは、すくなくとも一つの必然的存在物があることが帰結し、したがって何もないことが不可能であるということが帰結する。（以上の結論は、偶然的な存在物があるとすればその事態は偶然的事実としてのみ成立する、というわれわれの仮定に依存している。だが、必然的な仕方で偶然的な存在物があるとしても、何もないということが不可能であることは導かれるだろう。）

実際には、われわれは観察にいっさい訴えることなく、この結論に到達できる。われわれは観察された事実をまったく前提に用いずに、それどころか何らかの存在物があるという事実さえ用いずに、何もないことが不可能であるのを示すことができる。われわれの論証のはじめの二つの前提がそもそも真であるとすれば、もちろんそれらは必然的に真なのであり、それゆえわれわれの論証は、偶然的存在物があることが偶然的真理であるようないかなる可能世界においても、妥当する。したがってもし、われわれのはじめの二つの前提が真であり、そして、どのような種類のどのような存在物であれとにかく存在物があるということが可能な事態であるとするならば、必然的存在物があるということは可能になる。すなわち、必然性と実体性が両立可能な性質であることになる。そして、最小限の様相的存在論的論証を考察して分かったように、もし必然性と実体性が両立可能な性質であるなら、何らかの必然的存在物があるということになる。よって、宇宙論的論証のわれわれのバージョンのはじめの二つの前提が真であるなら、存在物があるということが可能であるときに、存在物があるということは必然的真理となる。言いかえれば、宇宙論的論証のわれわれのバージョンのはじめの二つの前提が真であるなら、何かがあるということが不可能であるときにのみ、何もないということが可能となる。この結論を立証する以外に、「そもそもなぜ何かがあるのか」の問いにうまく答える道はありそうにない。しかし、残念なことに、われわれはこの結論を立証していない。なぜなら、充足理由律の変種であるわれわれの宇宙論的論証の最初の前提――すべての事実には説明が与えられる――はまったく信じがたいからだ。信じがたい理由は、すべての真理が必然的真理であるという馬鹿げた帰結を、それがもっているからである。すくなくとも私にはそのように思えるので、それを別のところで論じた。その私の論証の一般的な形式はこうであった。「アルファ」を現実世界の固有名としよう。もしすべての事実に説明が与えられるなら、アルファが現実であるという事実についても説明がある。しかしもしその事実にも説明があるなら、すべての真理は必然的真理となってしまう(4)。

私の判断するところ、必然的存在物があるということを証明すると言えるもっともな既知の論証は、存在しない。つまり、何もないということの不可能性を証明すると言えるもっともな既知の論証は存在しない。

それゆえ私は、「そもそもなぜ何かがあるのか」という問いへの別の種類のアプローチを提案したい。論文の以降の部分では、何もないことが不可能であるということを示そうとはしない。代わりに私は、何もないということは、不可能ではないにしても、まずありそうにない(improbable)――何よりもありそうにない――と論じようと思う。もしある事柄が、何よりもありそうにないとするなら、その事柄のもつ確率はもちろんゼロである。私は、何もないことの確率がゼロであることを示すつもりである(5)。

白状すれば、私は、自分がこれから提出する論証に満足していない。デカルトの存在論的論証と同様、それは単純さの美徳をもっているが、やや単純すぎるように思われる。そこには疑いなく何らかの間違いがある(デカルトの論証と欠点を共有しているのかもしれない)。むしろ私は、それがどのような間違いなのかを教えていただきたい(6)。

私の論証は四つの前提をもつ。

(1)何らかの存在物がある。

(2)もし二つ以上の可能世界があるなら、無限に多くの可能世界がある。

(3)いかなる存在物もないような可能世界は、たかだか一つである。

(4)どの二つの可能世界も、現実である確率は等しい。

可能世界がただ一つであるという主張を「スピノザ主義」と呼ぶことにする。ここから場合分けして論証しよう。

もしスピノザ主義が真であるなら、前提(1)により、何らかの存在物があるということは必然的真理となり、存在物がいっさいない確率はゼロとなる。

もしスピノザ主義が偽であるなら、前提(2)により、論理空間は無限に多くの可能世界を含むことになる。もし論理空間が無限に多くの可能世界を含み、かつ（前提(4)のとおり）任意の二つの世界が等確率であるなら、どの世界のもつ確率もゼロである。そしてもし、たかだか一つの世界で真となるような命題があり、どの世界の確率もゼロであるとするなら、その命題のもつ確率もゼロである。だがそうすると、前提(3)により、いかなる存在物もない確率はゼロとなる。

以上により、いかなる存在物もないという確率はゼロである。

この論証の結論と、表面上類似したさまざまな命題とを混同しないことが重要である。この論証の結論は、「神（または何であれとにかく物理的宇宙を生み出す原因となるもの）が物理的宇宙を生み出す確率は、ゼロよりもずっと大きい（たとえば0・8である）」といった命題と整合的である。私の論証の結論は、物理的な存在物が何もない確率に関するものではなく、いかなる種類のものであれ存在物が何もない確率に関するものである。「何であれとにかく物理的宇宙を生み出す原因となるもの」が存在し、しかし物理的宇宙を生み出さなかったとしても、すくなくとも一つの存在物があるということは依然として真であるだろう。（神が宇宙を生み出さなくても、神が必然的存在であるならば、すくなくとも何かがあるという確率は1――すなわち確率がとりうる最大値――になる。）とにかく、存在物がまったく何もないという場合に、物理的宇宙を生み出しうる（しかし実際には生み出さない）「原因」などというものがいかにして存在しうるのか、私には分からない。そのような原因は、一つかそれ以上の存在物における性質として、あるいは、二つかそれ以上の存在物のあいだの関係として、具現化されていなければならない。こうしたことは、すくなくとも私には自明に思われる。（ジョン・レスリーはこれに反対するだろう。ほかに誰が反対するのか、興味のあるところである。）

私の論証の前提をチェックしてみよう。

前提(1)の正しさは、仮定として十分問題のないものにみえる。

前提(2)の擁護としては、二つ以上の可能世界があるならばそれらの世界の物はさまざまに異なりうるという点を、指摘することができるだろう。われわれが観察する物は種々の性質をもっており、しかもそれらの性質は、ある種の無数の尺度の存在を、すなわちその尺度にそって物が連続的に変わっていけるような無数の尺度の存在を、含意しているようにみえる。そうだとしたときに、世界が正確に2、あるいは正確に7、あるいは正確に510の数だけ存在すると仮定するのは奇妙であると思われる。

前提(3)は次のように擁護できる。抽象的対象のみを含む二つの世界に違いをもたらすものは何もない。もし二つの世界が区別されるなら、それらの世界の一方では真となり、他方では偽となるような何らかの命題があるはずだ。それゆえもし、存在物が何もないような二つの世界があるならば、肯定と否定のいずれもが具体的存在物の不在と整合的であるような、何らかの命題があるにちがいない。（もちろんそれは偶然的命題でなければならない。というのも必然的命題とその否定の両方が何かと整合することはありえないからだ。）だが、この条件に合う命題がどのようにしたらありうるのかを理解するのは非常に困難である。その（可能的な）一例を思いつくことは、なおさら、難しい。

前提(4)は、人々の論争を招くものであろう。なぜ、任意に選ばれたある世界が現実となる可能性が、任意に選ばれた他の世界が現実となる可能性と、等しくなければならないのか。

ところで、私には、このことはきわめてもっともに思われる。前提(4)がもっともであると思われるという結論を擁護するためのアポステリオリな論証を、じつは私はもっている。それも、その前提がもつ「そもそもなぜ何かがあるのか」という問いに答えるための諸帰結とは独立にである。最近の論文のなかで私は、客観的確率を考えるある仕方について概略を述べた[7]。その論文は、すなわち、すべての命題がその本質的特徴の一つとして確率をもつという、確率に対する見解の概略に関するものである。それによれば、それぞれの命題がある確率をもつのであるが、それはまさに、それぞれの命題が様相的身分をもったり、それぞれの集合が濃度をもったりするのと同じ意味においてである。（とはいえこれは誇張である。確率の哲学について知識のある人には、私がこのように言うとき、混乱に陥っているか誇張しているかのどちらかだということが分かるだろう。私としては、後者の選言肢にとどまっていることを願う。すべての命題が確率をもつというのは真ではありえない。その理由は、線上にある点のどの集合も測度をもつということがありえないという事実と関係している。ともあれ、私がその論文でめざしたのは、非常に大きな命題のクラス――そのクラスは、われわれが選び出したり名指したりできるすべての命題を含むことが望ましい――が「内在的な」諸確率をもつという趣旨の、確率についての一つの見方である。）そこでの私の目的は存在論的な問いに関わっていなかった。私の関心は、主観的確率という概念が、私が描写しようとした種類の客観的確率が存在することを仮定してのみ意味をなす、ということを示すことにあった。そしてその企ては、次に、いわゆる悪からの確率論的論証を明確にする試みにつながっていた。客観的確率についてのこの哲学的描像の構築において、私は、自分の描く描像に次の特徴を躊躇することなく組み込んだ。その特徴とは、無限に多くの可能世界があるという仮定のもとでは、どの世界が現実になる確率もゼロである、というものである。その論文で私は、自分の描像のいま述べた側面について、擁護を提出しようとはしなかった。なぜなら私にとってそのことは擁護の必要がないほど自明に思われたからだ。私がいまここで検討している論証は、この描像の上記の特徴（および、何もない世界はたかだか一つであるという仮定）から、何もない確率はゼロであるという結論が導き出される、という事実を振り返ったときに心に思い浮かんだものにちがいない。だが、ひとたび重要な哲学的帰結をもつことが分かったあとでは、かつては些末にみえた事柄が些末にみえなくなる。そういうわけで、私はいまや次の問いを立てるべきである。すなわち、任意の二つの可能世界が等確率であるというテーゼを支持するために、いかなる論証を与えることができるのか。（そのテーゼに対する私の忠誠心は、確率に関して私自身が行なっている心的描像の内的操作に依拠している。内的なその操作を明確に言葉にすることは困難であるし、明確に言葉にする努力の成果を論証の形に再構成することも困難であると思われる。この論文の以下に続く部分は、私にとって最良の努力の結果である。）

「リアリティ」と呼ばれる虚構的対象について考えていると仮定しよう。可能世界とは、リアリティの、極大的に特定化された（そのため互いに矛盾するような）諸状態であると考えられる。そして論理空間、あるいは、すべての世界の集合またはクラスとは、リアリティがなりうる極大的に特定化されたこれらの諸状態のすべてによって構成された統一的全体のことである。かりに『論理哲学論考』の存在論が正しいとして――つまりどの可能世界においても基礎的な具体的対象は同じであるとして――、かつ、基礎的な諸対象のメレオロジカルな総和もすべての可能世界において同じであるとすると、リアリティは虚構的対象でなくなるだろう。その場合リアリティとは、基礎的な物すべてのメレオロジカルな総和のことであり、また、可能世界は、無矛盾で完全に特定化されたリアリティの記述のどれかであることになる。とはいえ私は、これらの前提のいずれをも認めたくはないので、リアリティを虚構的対象と呼ぶ。にもかかわらずそれは、これからあきらかになる理由により、有益な虚構であると私は考える。

対象あるいは諸対象の系について考えるさいに、その対象や系の可能な状態をもし確率の等しい状態の集合に分割することができないならば（もちろんその分割は、われわれが確率を割り当てたい命題のそれぞれを、そうした状態の特定の集合と同一視することができるほど、十分にきめ細かいものであるとして）、それらの対象や系について確率論的な推論を行なうことは難しい。たとえばわれわれは、次の仮説に基づくことで、あるサイコロについての確率論的な推論を、非常に効果的に行なうことができる。その仮説とはつまり、そのサイコロを投げた場合、どの二つの目が出る確率も等しいという仮説である。ただしそれは、われわれが確率を割り当てたいそのサイコロに関するあらゆる命題の真理値が、サイコロがどの目を上にして落ちるかによって決定されるようなものであると仮定しての話である。

このように等確率を割り当てる理由を、われわれは、さまざまな場面で目にすることができるように思われる。抽象的なサイコロか、あるいは、投げられたことのない（それゆえ出た目に関する過去の記録のない）特定のサイコロについて考えているとしよう。上述の仮説が真であるかどうかを知りたいならば、つまり、あるサイコロのどの二つの目も等確率で出るということが実際に真であるかどうかを知りたいのなら、そのサイコロが均等な密度をもっているかどうかを問うことはあきらかに重要である。私がこの例をここで提示するのは、もっぱら、諸対象からなるある系の二つの可能的状態が等確率であるかどうかという問いにとって重要な要因を、われわれがときに同定できる、という事実を説明するためである。(8) サイコロが均等な密度をもっているかどうかという問いは、そのサイコロが投げられたときのそれぞれの目の出やすさが等しいかどうかという問いにとって重要である、と私は確信している。そして私のその確信は、まちがいなく、いかさまサイコロの存在やサイコロに細工をする方法に関する私の知識に、部分的に依拠している。しかし私は、この要因が重要であるという自分の確信のなかには、アプリオリな要素があると考える。つまりたしかに、ある系のある諸状態が等確率であるということをアプリオリに決定するための何らかの能力を、われわれはもっているようにみえる。私はおそらく、不条理なほど、この能力の信頼性に関して自信過剰になっている。しかし、私はこの能力を、非常に抽象的なケースへの適用においてさえ発揮させることを試みる気でいる。私は、系の状態のある特定の分割に属する諸状態が等確率であるための十分条件を、提出するつもりである。そして、私の提出するその十分条件が、すべての可能世界が等確率だという帰結をもたらすことを論証しようと思う。

ある諸対象の系について考えてみよう。そして、その系には「状態」と呼ばれるある特定の抽象者が結びつけられていると想定する。そうした状態のそれぞれについて、系は、無条件に、その状態にあるか、その状態にないかのいずれかである。状態は、まるで命題のように、論理的にうまくふるまう。（それらはまさしく命題でさえあるかもしれない。そのときの命題とは、おそらく、系を構成する諸対象の内在的性質と、それらの対象がお互いに担う関係についての命題である。）つまり状態は、連言的に結合したり、選言的に結合したり、あるいは否定や補集合を伴ったりする。とはいえ、二つの状態の連言的結合がかならず状態であるとはかぎらない。というのも私は、「状態」を「可能的状態」と同じ意味にとりたいからだ。ある系の状態xが「極大」であると言われるのは、次のときである。すなわち任意の状態yについて、必然的に、系がxの状態にあるならばその系はyの状態にあるか、さもなくば、必然的に、系がxの状態にあるならばその系は状態yの補集合に属する状態にあるかのいずれかである、というようなときである。もしくは同じことであるが、ある系の状態xが極大であるのは次のときである。すなわち、その系の任意の状態yについて、xがyとその他の状態との連言的結合でない場合には、xとyとの連言的結合が状態でなくなってしまう、というようなときである。

系の外部にある対象についてのいかなる事実も、何らかの仕方でその系に影響することがありえないならば、その系は「孤立している」と言うことにしよう。より精密にいうなら、系がその系の状態のある特定の集合に関して孤立しているのは、以下のときである。すなわち、その系の外部にある対象についてのいかなる事実も、その系がその特定の集合に属する状態のどれにあるかについて、何らかの仕方で影響を与えることがありえないときである。ただし本稿の以降の部分では、微調整された後者の孤立概念はほとんど無視し、端的に系それ自体の孤立について語ることにする。

さて、私は次のように提案したい。諸対象の（極大状態にある）任意の系について、もしその系が孤立しているなら、その系の極大的な諸状態は、いずれも同じ確からしさをもつとみなすべきである。

私のコンピュータについて考えてみよう。コンピュータという一つの系の状態について、われわれは、プログラマーが行なう定義づけ、すなわち何らかのソフトウェア的な定義づけを受けいれるとする。（そうした定義づけに対置されるのは、たとえば、コンピュータを物理的に構成する基本的な粒子の状態に基づく定義づけである。）そのとき、私のコンピュータの極大状態のそれぞれが同じ確からしさをもつというのは、疑いなく偽である。ウルドゥー語で書かれた小説がハードディスクに記録されている状態が、私のコンピュータの実際の状態よりもずっと低確率であることはまちがいない。だが、われわれがそう判断するのは、そのコンピュータが孤立した系でないことをわれわれが知っているからである。私というものがコンピュータの外にいてコンピュータの状態にかなりの影響を与えているということ、そして、私がコンピュータをウルドゥー語の小説を記録しているような状態にしそうにないということを、われわれは知っている。とすると、孤立した系としてのコンピュータというものにいったい何が期待できるのか。そもそも、「孤立した」コンピュータにすくなくとも近いと言えるようなものを、われわれはどのようにして思い描けばよいのか。

よろしい。私のコンピュータによく似たコンピュータが、「蒸発しつつある」ブラックホールから飛び出してきたと考えてみよ。(われわれはここでスティーブン・ホーキングの言葉を借りることができる。すなわち彼によれば、蒸発するブラックホールはグランドピアノでさえ生み出しかねない。)われわれはこのとき、英語やフランス語、あるいはウルドゥー語やエスペラント語で書かれた小説を記録したハードディスクが、それぞれほぼ等しい確率でそこにあると期待するだろう。[9](さらにわれわれはそれらの確率が、完全にゼロではないがきわめてゼロに近いと予想するだろう。そして、それらの確率のそれぞれが互いに他の確率にきわめて近いと予想するだろう。)われわれがそのように期待するのは、もちろん、それぞれが極大的なソフトウェア的状態であるような点によって構成された空間において、体積のほぼ等しいかたまりが、それぞれフランス語とウルドゥー語で書かれた小説の記録されたハードディスクを表すと考えるからである。(それは単純に、系の極大状態の数が有限であり、そしてほぼ同じだけの数の諸状態が、それぞれの言語で書かれた小説を記録したハードディスクをその状態のなかに含んでいるからである。)そして、ブラックホールは、どの極大状態をも同じ確からしさで生み出しそうだ、とわれわれは考える。(もちろん、われわれが想像したのは真に「孤立した」コンピュータではない。とはいえ、コンピュータがその存在を依存させているブラックホールが、コンピュータという系の可能なソフトウェア的状態のどれか一つを、その系の他のソフトウェア的状態の一つよりも「好む」、と仮定することは容易ではない。それゆえわれわれは、孤立したコンピュータがもしあるならばもつであろう特徴のうちの重要で関連するものを、捉えているのである。しかしながら次の注釈は必要である。ブラックホールが実際のところ無関与であるのは、それが生み出すコンピュータがどのような可能的な物理状態にあるのか、ということである。コンピュータの極大的なソフトウェア的状態のいくつかが、その系の可能な物理的諸状態からなる空間のなかの、体積のいちじるしく異なるかたまりにそれぞれ対応している、ということはあるかもしれない。われわれは、そのような認識的可能性を排除する何ごとも行なっていない。そのようなケースは、コンピュータが「理論はともかく実際上は」そのソフトウェア的な状態に関しては孤立していないと言えるようなケースであるだろう。つまりそれは、コンピュータのソフトウェア的な状態がハードウェアの状態によって決定される、という事実を無視することができないようなケースである。）

したがって私がさきほど提案した原理は、それなりにもっともであると思われる。さきほど提案した原理とは、もし系が孤立しているならばその系の任意の二つの極大状態は等確率的である、という原理である。しかしそうだすると、われわれは、任意の二つの可能世界が等確率的であるという結論へと至る論証を手にしたことになる。というのも「リアリティ」は孤立した系であり、可能世界はリアリティの極大状態だからである。

しかしながら、「空っぽな世界」の確率が他のあらゆる世界と同じぐらいに低いというテーゼには、反対の直観がある。われわれはそれを吟味しなければならない。一例として「理性に基づく自然と恩寵の原理」のなかの有名な一節を検討することにしよう。そのなかでライプニッツは、無ではなく何かがあることの説明を探す必要があると論じている。なぜなら「何もないことは、何かがあることに比べて、より単純であるし、より容易」だからだ。もしほんとうに「無」が「何か」よりも単純なのだとしたら、「無」のもっているその単純性は、「無」が「何か」よりも確からしいということを——あるいはすくなくとも、「何か」による特定の配列の任意のどれかに対して、それがあるというよりも確からしいということを——すくなくとも示唆してはいないのだろうか。

「無」が「何か」よりも単純だというのは、どのような意味においてであるのか。その考えに対して私が与えることのできる唯一の意味は、次の二つの言明のなかにすべて含まれている。すなわち、⑴「まったく何もない」というのは——何もないことがほんとうに可能だとして——リアリティがありうる仕方の完全な特定化の一つである（そこにおいてもすべての命題の真理値が確定していることに注意せよ）。そして、⑵それは実際ほんとうに単純な特定化である。というのも、リアリティがありうる仕方の完全な特定化の他のいかなるパターンも、とてつもなく、そしておそらくは無限の仕方で、複雑だからである。[10]

「無」が以上の意味において「何か」よりも単純だという事実は、「無」が「何か」よりも確からしいというテーゼ——あるいは「無」の方が、「何か」による特定の配列の任意のどれかについてそれがあるというよりも確からしいというテーゼ——に対して、何らかの支持を与えるだろうか。実際ありえない想定であるが、空っぽな世界とわれわれの世界という正確に二つの可能世界があったと仮定しよう。次の二つのテーゼを考えてほしい。

・空っぽな世界が現実となる確率は3分の2であり、われわれの世界が現実となる確率は3分の1である。（それゆえわれわれは、六つの薬室に四発の弾をこめた回転銃でロシアンルーレットを行なって自分の順番のときに死ななかった人と、同じぐらいに幸運である。）

・空っぽな世界が現実となる確率は2分の1であり、われわれの世界が現実となる確率も2分の1である。（それゆえわれわれは、六つの薬室に三発の弾をこめた回転銃でロシアンルーレットを行なって自分の順番のときに死ななかった人と、同じぐらいに幸運である。）

この二つの確率割り当てのとにかくどちらかが真であると、何らかの仕方で分かったとしよう。空っぽな世界を記述することがわれわれの世界を記述することに比べ、はるかに（無限の仕方でさえ）容易であるという事実は、第二の確率割り当てよりも第一のものを選ぶべきであるとする理由をわれわれに与えるだろうか。与えるだろう、と誰かが考えるべき理由を見つけ出すことは難しい。可能世界をその極大状態とする「リアリティ」の外側に、何かがあると暗に想定したときにはじめて、そのように考えることがもっともになるように私には思われる。外側にあるその何かとは、現実化される資格を備えた世界であればどのような世界にも現実性を付与する働きをするような何かのことである。たとえば、「前宇宙史的選択機械」といったものを信じている人がいるかもしれない。その機械は、リアリティの一部ではなく、むしろリアリティがどの極大状態をとるかを選択する働きをする。そして、完全には決定論的でない機械の働きに関する何かのために、その機械は、非常に複雑な記述を要求する状態を選択するよりも高い確率で、単純に記述可能な状態の方を選択するようになっている。

このように考えるならば、人は、空っぽな世界の偉大なる単純さが、空っぽな世界をわれわれの世界よりも確からしいものにする、と信じるに至るかもしれない。

ライプニッツはこれと似たようなことを信じていた。ただし彼にとっての選択者は、機械ではなく、神なのであるが。しかしその考えは似ているというだけである。ライプニッツの「可能世界」は、今日言う意味での可能世界ではない。それは可能的創造に近い。すなわち彼の可能世界は、リアリティの極大状態ではなく、そうした諸状態のうちの創造された部分にすぎない。もちろん単純性は、「可能的創造のどれを現実化すべきか」という問題について熟慮している未来の創造者に対して、特定の可能的創造を促すような要因にはなるだろう。

容易さについても非常に類似したことが言える。たとえば、「神以外に何かがある」という事態よりも、「神以外に何もない」という事態の方が、神にとって現実化が容易であるとしてみよう。後者の事態を生じさせるためにおそらく神は何もしなくてよいが、前者の事態を生じさせるためにはかなり難しいことをしなければならないだろう。その困難さは、たとえば、六日間働いてそのあと一日休まなければならないほどのものであるかもしれない。神がもし、われわれの大部分と同じように、たいした理由もなしに苦労することを好まないのであれば、何らかの被造物があることよりも何もないことの方が、より確からしいといえるかもしれない。

これらの思弁にどのような価値があるにせよ、そもそもまったく何もない確率について何かを知りたいと思っている人にとって、それは何の役にも立たないだろう。こうした思弁が関連性をもつのは、ある条件付き確率に関する問いにかぎられる。その問いとはすなわち、創造可能であるにもかかわらず創造されない存在物があるという条件のもとで、そもそも何も創造されない確率はどれだけか、という問いである。

空っぽな世界のもつ単純性から、空っぽな世界が他のどの世界よりも確からしいということが導き出されるという直観を妨げる、一つの例を提出したい。もしあなたが十分な年齢であるなら、一九六〇年代の中国の政治的大会において、数千人の人々が厚紙でできた大きなパネルをそれぞれ掲げて、毛沢東主席の巨大な肖像を作ったことを、思い出せるだろう。合図に従い、競技場の片側を占める人々が赤か白のどちらかのパネルを掲げると、白地に赤で描かれた偉大な指導者の肖像が瞬時にして現れる。われわれは、この肖像画法のシステムにおける参加者と設備（それが使用された特定の大会における）とを、諸対象の一つの系を構成するものとみなすことができる。その系のそれぞれの極大状態は、それぞれの参加者の立ち位置に対する「赤」または「白」の色の割り当てに、対応している。そのような系はもちろん孤立しておらず、理想化された状態においてさえ孤立したものとはみなせない。なぜなら、それぞれの参加者は、赤と白のパネルとともに座席番号を与えられており、細心の注意を払って自分の番号の席に座るよう指導されているからである。（まさにこのようなやり方で肖像が作られたのだと私は仮定する。）さて、こうした大会の一つにおいて、反革命分子が、割り当てられた座席番号に手を加えたと仮定しよう。いや、手を加えたどころか、彼らは座席番号を完全にランダムにしてしまったとする。合図が与えられ、人々は肖像画が現れるはずのエリアに注目する。そのとき人々はそこに何を見ると予想されるだろうか。人々が見ることになるのは、まちがいなく、彩度のほぼ均等なピンク色の広がりであろう。ここで次のように論じてもまったく説得的ではない。すなわち、真っ白（あるいは真っ赤）は問題の系の最も単純な極大状態であるのだから、真っ白（や真っ赤）を目にすることの方が、ピンク色や毛沢東の肖像やゾウリムシの構造図を目にすることよりも、ずっと確からしい、と論じてもである。実際、「真っ白」が問題の系の他の極大状態のどれかよりも確からしいというのは、偽である。すべての極大状態は正確に等確率であり（席の割り当てはランダムにされたままだとして）、そして、極大状態のいずれが出現するチャンスも、たとえば蒋介石の肖像が表示される極大状態のうちのある一つが出現するチャンスと、正確に同じなのである。〔訳注1〕（あくまで、蒋介石の肖像を表示する極大状態のうちのある一つである。蒋介石の肖像は、もちろん、「真っ白」の数十億倍出現しやすいであろう。蒋介石の肖像とみなすことのできる極大状態は何十億とあるからである。）

　空っぽな世界の単純さは、空っぽな世界が他の可能世界より確からしいとする根拠を与えない、と私は（暫定的に）結論したい。空っぽな世界はとにかくすべての世界のなかで最も確からしいものでなければならない（そのような世界はゼロより大きい確率をもたなければならない）という感覚は、おそらく次のような仮定を思考のなかへ密輸入することに由来していると思われる。すなわち、可能世界をその極大状態とする「リアリティ」の外部にとにかく何かが存在し、その何かが、リアリティを「何もない」という状態へと向かわせる傾向をもっている、という仮定である。あるいは、ひょっとすると、その何かとは、「何もない」という状態がリアリティのコントロールボードの「初期設定状態」であるように定める存在なのかもしれない。だが、そのようなものは存在しえないだろう。というのも、リアリティの外部には何もないからである。

　私の結論は以上である。しかし私は、以上の結論を支えるような何かをほんとうに述べたのだろうか。ほんとうに述べたかどうかは、次の二つの問いに対してどう答えるかに依存している。

・「孤立した系の極大的な諸状態は等確率である」という原理が、それが適用されるケースにおいて真であるのか。

・私がその原理を適用したケースは、ほんとうにそれが適用できるようなケースの一つなのか。

後者の問いに関して、問題の原理は『論考』的な系にのみ適用可能であると論じる人がおそらくいるだろう。『論考』的な系とは、系がどのような状態にあるにせよ同じ「基礎的諸対象」が登場するような系である（そして、系の極大状態はそれら基礎的対象のさまざまな可能的配列によって定義される）。次のように論じられるかもしれない。すなわち「中国の競技場」のケース――それは、系の最も単純な極大状態をその系の最も高確率な極大状態と考えるべきだというテーゼに反論するために、私が利用した例だが――は、『論考』的な系への適用においてのみ説得的である、と。（中国の競技場のケースはもちろん『論考』的な系の一つである。）そしてさらに次のように論じられよう。『論考』的な系にのみあてはまるような議論は、いずれも、私が論証してきた結論を支持するものではない。というのも「何もない」という状態は、『論考』的な系の可能な状態ではないからだ、と。『論考』的な系は、ある意味で、「何もない」という状態を偽装するような状態をもつかもしれない。たとえば中国の競技場で白いパネルだけが見えているという状態は、一種の「無」の模造品である。もしかすると、「可能世界をその極大状態とするリアリティ」という（認められた）虚構の私の用法は、あるレベルで、私が論理空間を『論考』的な系の状態空間と考えていることを示しているのかもしれない。そしてもしかすると私は、自分では公式に否定しているにもかかわらず、あるレベルで、同じ基礎的対象がそれぞれの世界に登場することを含意するような仕方で、可能世界について考えているのかもしれない。さらに、ひょっとすると私は、ルイスが『反事実的条件法』で描写した「代用世界（ersatz worlds）」の具体的アナロジーの一種として、可能世界を考えているのかもしれない。かりにそうした場合、各世界に登場する基礎的対象は、空間における点のようなものとなり、そのそれぞれが「オン」／「オフ」あるいは「満」／「空」といった二つの可能的状態をもっていることになるだろう。そうすると私は、空っぽな世界を、基礎的対象のすべてが「オフ」または「空」の状態にあるような世界として捉えているということだろうか。そうかもしれない。私はこの種の描像を使うつもりはないが、それはたしかに強力で魅力的な描像であり、もしかすると私は、あるレベルでは、その描像にすでに魅了されてしまっているのかもしれない。

「孤立した系の極大的な諸状態は等確率である」という原理は、非『論考』的な系にそもそも適用できるのだろうか。とくに、「何もない」という状態——広大な空間を構成する点のすべてが潜在的には「満」でもあるが実際のところ「空」になっているというような偽装的な「無」ではなく、ほんとうの「無」——を系の一つの状態として許すような系に、その原理は適用できるのだろうか。そうであると考えたい気持ちが私にはある。しかし、その気持ちが信頼に値するものであるかということに関して、私はまだ、自分自身を説得できないでいる。

注

(1) 本稿の論証の大部分は、何らかの種類の様相的論証となるだろう。それらの論証を提出するにあたって私は、様相に関するデイヴィド・ルイスの形而上学——すなわち「真正の様相実在論」——は誤りであり、代わりにクリプキ、プランティンガ、スタルネイカーといった「抽象論者」の様相形而上学が正しいものであると仮定している。様相的推論の妥当性と説得性に関する問題は、通常、可能世界がルイスの語るようなものなのかそれとも彼への反論者が語るようなものなのか、という問いへの答え方にはとくに影響されない。しかしながら、われわれが考察したい論証は、この一般則の例外である。「そもそもなぜ何かがなければならないのか」という問いは、ルイスが与える観点から見た場合と、クリプキらが与える観点から見た場合とでは、非常に異なったものになる。様相の形而上学に関してルイスは誤っている、と論証抜きにただ仮定してこの論文を始めざるをえないことについては、遺憾に思う。だが一つの論文のなかですべての問いに答えることはできない。ルイスの「真正の様相実在論」について私は、van Inwagen (1986) で論じている。

(2) 「純粋物質」というものがあると仮定してみよう。空間のある領域に純粋物質があることは、その領域に何らかの存在物が、全体としてあるいは部分的に、あることを要求しない。(たとえばかりに、バターが存在しているものの、しかし(i)バターから構成されるものが何もなく、かつ、(ii)空間のある領域にクォークや電子や原子やその他の具体的な物が何もないにもかかわらず、その領域がバターで満たされているすると、バターは純粋物質であることになる。) このとき、存在物のないことは可能であるだろう。だがそれは「無」ではない。あるいは「純粋な出来事」というものがあると仮定してみよう。純粋な出来事とは、その生起が、何らかの存在物における内在的性質の変化や、二つかそれ以上の存在物のあいだに成り立つ外的関係の変化に存していないような出来事である。このときもやはり、存在物がないことが可能であるだろうが、しかしそれは「無」ではない。とはいえ、私の見解では、純粋物質や純粋な出来事は形而上学的に不可能である。もし私が、逆に、そうでないと確信するようになったなら、本稿の記述のある部分を書きなおさなければならないだろう。だが私の考えるところ、その場合でも、本稿の中心的テーゼのどれかに影響を与えるような仕方で書きなおされることはない。

（3）「最小限の様相的存在論的論証」に関する議論としては、その妥当性の証明を含んだものとして、van Inwagen（1977）を見られたい。その論文は van Inwagen（1995）に再録されている。

（4）この証明については van Inwagen（1993）, pp. 104–107 を見よ。

（5）どの不可能な出来事もその確率はゼロである。しかし、確率がゼロである出来事のすべてが不可能だというわけではない。（たとえば、もしすこしばかりの無害な理想化がすくなくとも許されるのであれば、ダーツボード上の特定のどの点についてもその点にダーツが刺さる可能性はゼロである。）あるいは、この論文で私が仮定するように、もし確率が実数値をとるなら、いずれにせよこのことは真であるだろう。私は、確率が実数値であるというこの仮定を擁護するための議論を提出するつもりはない。そのおもな理由は、かりに私がその仮定を退け、無限小の確率（つまりゼロよりは大きいが、ゼロより大きいどの実数よりも小さいような確率）というものがあると仮定したとしても、そうした仮定が論証に与える影響は、主として言葉のうえのものにかぎられるからだ。つまりその場合私は、ちょっとだけ違う言い方で、いくつかの事柄を記さねばならないだろう。

（6）ロビン・コリンズは、この論証のエッセンスについての簡潔な叙述が、Nozick（1981）, pp. 127–128〔邦訳書一八八〜一八九頁〕のなかにあるという事実に気づかせてくれた。私はその本を出版されたときに読んだが（それどころか大学院の演習でそれを取りあげたが）、いま私に言えることは、そのようなくだりがあったことを私が完全に忘れてしまっていたということである。哲学的な文献の他のどこかでこの論証を目にした記憶はないが、とてもシンプルな論証なので、見ていればそれに気づかないことはないと思う。(サイエンスライターのジム・ホルトは Holt (1994) のなかでこの論証の一つのバージョンを書いている。彼はノージックからその論証を得ているようだ。ロビン・コリンズは、彼が大学院の初年度に書いた論文を私に見せてくれた。その論文は、たしかにノージックとは独立の、この論証の一つのバージョンを含むものである。)

(7) van Inwagen (1996).

(8) とはいえ Hacking (1975), pp. 51–52 を見られたい。私の解答は次のとおりである。このケースにおいて働いている直観は、(理想化された) 物理的な物——「中くらいの大きさの標本」——に関わっている。少数の光子や少数の電子によって構成された系の状態空間の分割についてわれわれが考えるときにしばしば働く、当てにならない直観がたしかにあるのだが、それは確率を扱うことにはとくに関係がない。その直観とは、それらの系を、空間的解釈のもとで同一性を保つ微小な物的諸対象の空間的な統一体として、みなすことができる、というものである。

(9) 小説がほんとうにこれらの言語で書かれて**いる**といえるのか、といったクリプキ的な疑問は無視する。

(10) 「物が現実にあるようにある」という仕方での特定化を除くいかなる完全な特定化も、ということである。「物が現実にあるようにある」という特定化は何の情報も含んでいない。そこからは、いかなる偶然的な命題の真理値も演繹することができない。

文献

Hacking, Ian (1975), *The Emergence of Probability*, Cambridge University Press.

Holt, Jim (1994), "Nothing Ventured: a Bold Leap into the Ontological Void," *Harper's Magazine*, November.

Howard-Snyder, Daniel (ed.) (1996), *The Evidential Argument from Evil*, Indiana University Press.

Leibniz, Gottfried W. (1714), "Principles of Nature and Grace."〔米山優訳、「理性に基づく自然と恩寵の原理」、『ライプニッツ著作集9 後期哲学』、工作舎、一九八九年、二四五～二六一頁。〕

Lewis, David (1973), *Counterfactuals*, Basil Blackwell.

Nozick, Robert (1981), *Philosophical Explanations*.〔坂本百大他訳、『考えることを考える〈上・下〉』、青土社、一九九七年。〕

van Inwagen, Peter (1977), "Ontological Arguments," *Noûs* 11, 375–395.

—— (1986), "Two Concepts of Possible Worlds," *Midwest Studies in Philosophy* 11, 185–213.

—— (1993), *Metaphysics*, Oxford University Press.

—— (1995), *God, Knowledge, and Mystery: Essays in Philosophical Theology*, Cornell University Press.

—— (1996), "Reflections on the Chapters by Draper, Russell, and Gale," in Howard-Snyder (1996), 219–243.

Peter van Inwagen, "Why Is There Anything at All?" *Proceedings of the Aristotelian Society* 70 (1996), 95–110. なお、この論文は van Inwagen, *Ontology, Identity, and Modality: Essays in Metaphysics*, Cambridge University Press, 2001, 57–71 に再録されている。

〔訳注1〕 こまかなことを言えば、例の状況では、座席番号の割り当てだけでなく赤と白のどちらのパネルを

掲げるかに関してもランダマイズしなければ、「真っ白」や「真っ赤」が出現することは不可能であるように思われる。いずれにせよ、読者は、必要に応じてインワーゲンの意図を適切かつ寛容に汲みとって補正してほしい。

性質例化としての出来事

ジェグォン・キム

I

「出来事（event）」という語は通常、何らかの変化を含意する。そして、変化とはたいてい、実体における変化である。生成／消滅を実体における変化として解釈できるかどうかは、ここでわれわれが考察したい問題ではない。実体における変化が起こるのは、その実体が以前にもっていなかった性質を獲得するとき、あるいは、以前にもっていた性質を失うときである。実体の分裂や融合を、性質の消失ないし獲得のケースとみなすことができるかどうかもまた、本稿でわれわれが議論したい問題ではない。「実体（substance）」という語で私が意味しているのは、テーブルや椅子、原子、生き物、一滴の水や一片の青銅といった物質などである。この実体の観念を、実体に関する特定の哲学的教説と結びつける必要はない。

出来事のほかに、われわれは「状態（state）」についても語る。「出来事」が変化を意味するものであるなら、「状態」は、静的なもの、C・J・デュカスの用語で言えば「不変化（unchange）」であるように思われる。[1]状態の例としては、私の体重が一四〇ポンドであること、地球の形がほぼ球であること、この部屋に酸素があることなどがあげられるだろう。しかしながら、出来事の理論を展開する第一段階として、この変化と不変化の二分法、あるいは出来事と状態の二分法はあまり几帳面に受けとらなくてよい。そう考えるべきもっともな理由がある。その理由の一つとして、分類の難しいケースがあげられる。たとえば、私のタイプライターがカタカタと音を立てることや、右肘がずきんと痛むことなどである。さらに「状況（condition）」というものがある。それは、本質的にプラグマティックな文脈的要因に依存して、出来事と状態のどちらでもありうるように思われる。また「過程（process）」についてはどうだろうか。より深い分析が、これらの存在者のなかのさらに微細で重要な区別をあきらかにするかもしれない。しかしそうしたさらなる分析への着手は、これらの存在者がそれぞれ別個の存在論的カテゴリーとして十分明確に把握されるようになるまで、保留しておいてよいと思う。もちろん、ここまでがすでに誤った一歩であることが判明するかもしれない。以上のようなそれぞれの存在者のすべて、または大部分から構成されるような、興味深い単一の統一的存在論的カテゴリーなど存在しないかもしれないのだ。しかし、ここでわれわれが誤っているとしても、誤っているということを見いだすのは哲学的に有益であろう。

さらに「出来事」という語は広い意味で使われるのが哲学的な常識である。「出来事」は、変化を指示するだけではなく、状態や状況などを指示するのにも使われる。「すべての出来事は原因をもつ」

という形で普遍的な決定論が定式化されたり、あるいは、「科学の目的」は自然のなかの出来事の説明や予測だと言われたりするとき、狭い意味での状態が因果関係の網の目を逃れるということはもちろん意味されていないし、また、なぜある状態が成立するのか（たとえばなぜ空は青く見えるのか、なぜ地球は洋梨の形をしているのか）の説明は科学の仕事ではないということが意味されているわけでもない。出来事と状態の違いをそう重く受けとめなくてよいもう一つの理由を与えよう。性質のなかには、その性質をもつ実体の変化をあらかじめ含意するものがある。たとえば、色があせていくこと、落下していること、凍りつつあることなどである。この事実は、変化がある性質の消失や獲得として特徴づけられる必要がかならずしもないということを意味している。変化とは、単に、ある時間においてある性質をもつことであるかもしれないのだ。

ちょうど変化が実体における性質の変化であるように（生成／消滅や分裂／融合のような難しいケースはまた置いておくとして）、状態や状況とは、実体や諸実体の系の、またはそれらにおける、状態や状況である。このことを、変化と不変化の違いを重視しないさきほどの理由に追加するとしよう。すると、われわれは自然に、ある時間における実体による性質の例化としての、出来事や状態という観念に到達する。この説は、出来事に関する「性質例化説」と呼ぶことができる。この説はまた、「構造的複合体」としての出来事の理論とも呼ばれてきた。というのもその説によれば、あらゆる出来事には何らかの複合的構造が帰属させられるからである。すなわち出来事（または状態）は、実体（n個の実体の組）、性質（n項の関係的属性）、そして時間（time）からなる構造である。本質的にはこれが、私がいくつかの旧稿で擁護してきた出来事についての見解である。[2]

出来事についてのこうした見解は、多くの方面から（とりわけドナルド・デイヴィドソンにより）批判されてきた。本稿の狙いは、この理論をより明確化することにある。その試みの一部は、デイヴィドソンらの批判との照合によってなされるが、本稿ではさらに、出来事と行為に関する別の論点をも提起する。われわれはこうした目的のために、性質例化説をもうすこし詳細に述べねばならない。性質例化説によれば、それぞれの個別的出来事は、三つの一意的な構成要素をもつ。その要素とは、実体（出来事の「構成的対象」）、実体が例化する性質（「構成的性質」あるいは「類的出来事」）、そして時間である。出来事とはこれら三つの要素からなる複合体であり、そして私は、出来事一般の標準表記として［x, P, t］という表記、またはその変種を用いてきた。この理論には二つの基本原理がある。一つは、どのような条件のもとで出来事が存在する（あるいはお好みなら「生起する」）かを述べる原理であり、もう一つは、どのような条件のもとで出来事が同一であるかを述べる原理である。すなわち、

存在条件　出来事［x, P, t］が存在するというのは、まさしく、実体xが時間tにおいて性質Pをもつというような場合である。

同一性条件　［x, P, t］＝［y, Q, t′］であるというのは、まさしく、x＝yかつP＝Qかつt＝t′であるというような場合である。

（二項あるいはより多項的な出来事については、あとで例として登場するにもかかわらず、ここでは議論の

簡略化のため配慮しないことにする。詳細は、Kim（1973）を見られたい。）これらの条件を満たす存在者、すなわち性質例化説における出来事をとくに指示したい場合には、「出来事構造」(3) という表現を用いることがある。

単項的出来事、すなわち構成的性質として非関係的な一座の属性を含む出来事に関するかぎり、この理論を異なる線にそって展開することは容易にできる。存在条件を外して、実体と性質と時間の順序三組《みつくみ》に対する述語「〜は出来事である」を定義するのである。順序三組〈x, P, t〉は、実体xが時間tにおいて性質Pをもつ場合にのみ出来事となる。三組の存在は、x、P、tが存在するとすれば、xがtにおいてPをもつことが成り立つにせよ成り立たないにせよ、集合論の諸原理によって保証されるだろう。そして、出来事の同一性条件は、n個組に関する同一性条件の、単に特別なケースとなるだろう。集合論の枠内で出来事を定義するというこのアプローチは、二項的な出来事および多項的な出来事について、同一性条件に関するいくらかの複雑さを抱え込むことになるが、その複雑さはまったく克服できないというものでもない。とにかく、このアプローチはお馴染みの集合論的道具立てを用いるという利点をもち、特別な演算子「[, ,]」を用いずに済ますことができる。その演算子が謎めいてみえる人もなかにはいるようだから、それを排除できるのは利点であろう（とはいえ、同一性条件を仮定すれば、「[, ,]」はよく知られた確定記述演算子の特殊ケースとみなすことができる。この点に関しては、集合の抽象化演算子「{v|…v…}」と違うところはない）。さらに、このアプローチは「可能的出来事」について語ることをも許すだろう。すなわち、xがtにおいてPをもつということが成り立つにせよ成り立たないにせよ、順序三組〈x, P, t〉について語ることをわれわれに許すので

ある。このことは、特定の哲学的目的にとっては役に立つかもしれない。(4)

本質的な点は、出来事についての三つのファンクターを、原始的なものと仮定していることである。三つのファンクターとは、「〜は〜の構成的性質である」、「〜は〜の構成的対象である」、そして「〜は〜の生起の時間である」のことである。この理論は以下のことを述べる。すなわち、ある実体xがtにおいて性質Pをもつ場合、そしてその場合にかぎり、xを構成的対象、Pを構成的性質、tを生起の時間とするような出来事が存在するということ(存在条件)。また、同じ構成的性質、同じ構成的対象、同じ時間からなる場合、そしてその場合にかぎり、出来事は同一であるということ(同一性条件)。これらがいま論じている出来事の理論の核である。「[.,.]」という表記の導入は、単に省略的なものにすぎない。もしかすると集合論的な道具立ての使用は、集合についての特定の形而上学的見解に依存することを意味し、それゆえ、何らかの形而上学的帰結をもつかもしれない(たとえば、出来事のもつ本質的性質などに関して)。しかし、私はこうした論点のほとんどを、理論の提示法に伴われる周辺的な問題とみなす。つまり、それによって理論の説明の基本的な部分が本質的に変わるなどということはない。

これまでに提示してきた説明は、出来事に対して「消去的」あるいは「還元的」な理論ではない。すなわちその説明は、出来事が実体・性質・時間に、ある消去的な意味において「還元可能」であることを示そうとするものではない(上述した順序三組のアプローチをとるならば、出来事の消去または還元のためのよりよいケースが作れるかもしれない、という意見があるだろうが)。私は、形而上学的理論がどのようなときに「還元的」であるのかを、正確には、知らない。しかしながら上述の説は、出来事を実体や性質や時間といった他の存在論的カテゴリーと関連づけることにより、出来事の形而上学的本性について何ごとかを語ろうとはしている。私はいくつかの旧稿において、出来事に関するこの見解が、因果性や説明や心身問題に関する諸理論の発展と検討にとっていかに有益な枠組みを与えられるのかを、示そうと努めた。私はさらに、この見解が、ミクロな出来事とマクロな出来事との関係についての説明を展開するための枠組みを与えるものであるとも信じている(5)。

どのような性質が出来事の構成的性質として認められるのかということについて、これまで私はほとんど何も述べてこなかった。すなわち、「類的出来事」とは何かについて、私はまだ述べていないのである。対象による任意の性質の例化を出来事とみなすのはあきらかにまずいだろう。そのことは次の点を考えればはっきりする。すなわち、多くの人が考えるように、任意の開文について、それによって表現される一つの性質が存在するのである。あるいは次のように考えてもはっきりする。今日の様相論理学者が考えるように、性質は、諸可能世界から個体の集合への関数とみなすことができるのである。さらに、通常は類的出来事と考えられるような性質――たとえば未亡人になることといった「ケンブリッジ出来事(6)」を構成するような性質――にも、困難で重要な問題がある。「類的出来事」を「変化」や「変質」といった観念によって説明しようとすることは、論点先取となるだけであろう。また、明白に因果的な概念によってそれを定義しようとする試みも、魅力的ではあるかもしれないが、同様に論点先取である。というのも、「ほんとうの変化」や「ほんとうの出来事」とはまさに、因果的な違いをもたらす変化や出来事のことであると思われるし、また、類的出来事とはまさに、対象が所有することによって、みずからに因果的な力や効力を授けるような性質、あるいは対象が所有することによって、みずからがそのような力を受けていることを示すような性質のことであると思われるからである。

最後の因果的アプローチは、正しいアプローチであることが判明するかもしれない、と私は思っている。ただしそうだとしても、それはかなりの回り道を経てのことだろう。というのも、基本的な類的出来事が最も適切に選び出されるのは、科学的理論に対して相対的にであるかもしれないからだ。そこでの科学的理論とは、中ぐらいの大きさの物体のふるまいに関する常識理論であるかもしれないし、高度に洗練された物理理論であるかもしれない。類的出来事は、法則的な規則性を理論相対的に発見し記述し説明するための、重要な性質のなかの一つである。以上の見解に立つならば、理論における法則を定式化するための基本的パラメータが、われわれに、基本的な類的出来事を与えてくれることになる。そして、そうした基本的な類的出来事に対する通常の論理的操作や数学的操作や他のタイプの操作によって、さらに、複合的で、定義された類的出来事が生み出されることだろう。われわれは通常、運動、色、温度、重さ、押すこと、壊すことなどの性質を、類的な出来事や状態として認識する。しかしわれわれはそのことを、ある背景のもとで眺めなければならない。その背景とは、われわれを取り囲む世界についての常識的な説明や予測の枠組みのことである。類的出来事を完全にアプリオリな仕方で選び出すことができないというのは、非常にありそうなことだと思う。類的出来事をこうした線にそって理解するならば、類的出来事についてのブール的な組み合わせのすべてが類的出来事を生み出すことを、当てにはできないことになる。たとえば、二つの類的出来事が、同じ主題についての異なる理論あるいは競合する理論から選び出されている場合などである。Fが類的出来事であるとして、すべてのケースにおいて非Fもまた類的出来事であるかどうかは、まったく明確でないのである。

次のような問題もある。類的出来事はしばしば動詞や述語によって選び出される。ところで、動詞や述語を修飾する一群の語がある。それは副詞や、より一般的にいえば、述語修飾句である。ここで問題が生じる。「F」が類的出来事を指示する述語または動詞であり、αが述語修飾句であるならば、どのような条件のもとで「α(F)」が類的出来事を指示するのか。答えはもちろん、「α」と「F」というそれぞれ特定の性質に依存するだろう。歩くことが類的出来事であるならば、ゆっくり歩くこともまた類的出来事であるように思われる。しかしガムを噛みながら歩くことや、エッフェル塔に向かって歩くこと、あるいはソクラテスの死後ちょうど二〇〇〇年後に歩くことなどはどうだろうか。これらは出来事の種類なのだろうか。あるいはわれわれは、修飾句を、歩くという類的出来事から生じる個別的出来事の性質を表すものとして、扱うべきなのだろうか。たとえば「ガムを噛みながら(なされる)」を、特定の時間tにおける私の歩行という出来事がもつ性質を指示するものとして扱う、といったように。この問題にはあとで手短に立ち戻ることになるだろう。

Ⅱ

いま素描したような出来事についての形而上学的見解は、ドナルド・デイヴィドソンによって本質的に確立された出来事文と行為文の「論理形式」についての理論——出来事について、関連する論理的構造や意味論的構造の提示を試みる理論——と区別されなければならない。その理論は、デイヴィドソンの一連の影響力のある論文のなかで初めて提起されたものである。[7] ただ、二つの理論の区別に注意を喚起するからといって、それらのあいだに重要なつながりがないというわけではない。デイヴィドソンは、出来事文と行為文の論理形式に関するみずからの仕事に基づいて、存在論的な主張をしている。なかでも最も注目すべきなのは、出来事と行為が束縛変項の値として存在論のなかに認められなければならないということと、そして、出来事と行為がさまざまな同値でない仕方で記述や指示を行なうことのできる「個別者」であるということが、彼の探求から示されると主張されている点である。しかしながらデイヴィドソンもまた、出来事をめぐる言説に関する論理的・意味論的理論と、出来事に関する形而上学的理論とのあいだの区別を強調している。[8]

存在論という点においても、われわれは論理形式の研究によってごくわずかの冒険しかしていない。〔…〕これさえ与えられるならば、出来事について述べる文の研究から、出来事に関して真であるとわれわれが仮定するものについて相当多くのことが明らかになるのである。しかし、その一方で、これらの存在者の本性、その個別化の様式、それらの存在者と他のカテゴリーとの関係、などに関する深遠な形而上学的問題が残されることになる。

デイヴィドソンは出来事文の理論という一線を越えていく。論文「出来事の個別化」[9] において、彼は出来事の個別化の原理を与える。出来事が同一であるのは出来事が同じ原因と同じ結果をもつときだけである、というのがその原理である。この規準はひそかに循環している、と批判されてきた。原因も結果も出来事だからである[10]。もしその批判が正しいならば、この原理は個別化の「規準」としては正しくないことになろう。とはいえ、同じ原因と同じ結果をもつ出来事が事実として同一の出来事であるということは、真であるかもしれない。どうしたらその規準が、因果的に不規則的な非決定論的世界（この世界はそのような世界でありうる）に通用するのかを怪訝に思うとしてもである。さらに、私の出来事の同一性規準は、事実としてデイヴィドソンの同一性規準と共外延的であることが判明するかもしれない。すなわち、出来事xとyについて、性質例化説の同一性規準のもとでx＝yであるのは、デイヴィドソンの規準のもとでx＝yであるときであり、かつそのときにかぎるということが判明するかもしれない[11]。

さて、出来事についての性質例化説は、出来事文についてのデイヴィドソンの理論や、その理論に基づく彼の形而上学的主張と両立不可能なのか、という問題を吟味することにしよう。しばしば二つの理論は競合するとみなされている[12]。これらの理論のあいだに、もしあるとすればどのような違いがあるのかを見ておくことは、いくらか興味深い事柄である[13]。

出来事文についてのデイヴィドソンの理論の中心にあるのは、以下のような論点である。

(1)フローラが正午に浜辺で、タオルを使って体をふいた。

このような文はまさに、ある出来事を「記述する」ないし「表現する」としばしば言われるたぐいの文であるが、具体的な出来事に対する隠れた存在量化を含んでいる。その論理形式はこのようにもたらされる。

(2) eはフローラによってなされたフローラの体をふくということであり、かつeはタオルを使ってなされたことであり、かつeは浜辺で起こったことであり、かつeは正午に起こった、というようなeが存在する。

さて、変項「e」がその値として性質例化説の出来事構造をとることができない、とする理由はないように思われる。事実、特定の出来事構造［(フローラ, フローラ), ①は②をふく, 正午］がまさに(2)を真とする「e」の値でない、とする理由はない。(2)が肯定するように、タオルを使ってなされているという性質や、浜辺で起こっているという性質等々を、この出来事（これはたまたま行為であるが）はもつのである。ところで、(2)のマトリックスにおける最初の節が「eは…をふくということであり」と述べていることに注意しよう。この「は〜することである（is a(verb)-ing）」という構文や他の形の動詞の名詞化は、出来事文のデイヴィドソン的な言い換え《パラフレーズ》に関わる類的出来事を同定するためのよい手がかりである。彼自身の例から、以下の二つを引用しよう。[14]

(3a) ボイラーが地下室で爆発した。

(3b) xは爆発であり、xは地下室で起こり、xはボイラーの何かであった、というようなxが存在する。

(4a) ジャックは……転倒した。

(4b) eはジャックの転倒であり、eは……である、というような出来事eが存在する。

私の説では、爆発すること（exploding）や転倒すること（falling）などが、まさに意図した意味での類的出来事である。そしてこれらの例では、ボイラーとジャックが、それぞれ二つの出来事の構成的実体である。

あきらかに、私の考える出来事は量化することができる。そして、心理様相といった別種の量化の障壁がたまたまあるというケースをもちろん除けば、出来事構造の内部へと量化することには何の問題もない。私の考える出来事は、「個別者」であり、「日付と時刻が与えられて」いる。それらに日付と時刻が与えられていることはあきらかである。他方、「個別者」が何であるのかは私にははっきりとしない。とはいえ、私の言う意味での出来事は、空間上の位置づけをもつ。すなわち、その構成的実体の位置づけをもつのである（もし心的実体が空間的位置づけをもたないのであれば、心的出来事もまた空間的位置づけをもたないだろう。それはおそらく幾人かの二元論者が主張したがっていることである）。さらに私の出来事は「永遠的」対象ではない。すべての可能世界において存在するわけでもない。存在するのは存在条件に適合するときだけであり、それは偶然的な事柄である。以上のことは、あるものが「具体的」であったり「個別的」[15]であったりすることの証明であるだろう。そうでないとすれば他にどんな証明があると言うのだろうか。

デイヴィドソンによれば、次のような文

(5)ドリスは昨日カヌーを転覆させた。

がただ一つの出来事を選び出すものであるとみなすことは、重大な間違いである。というのも、ドリスは昨日二回以上カヌーを転覆させたかもしれないからである。一般的に言って、デイヴィドソンに従うなら、いまのような文が出来事のための単称名辞の役割を果たすと考えるのは誤りである。他方、私の説明は(5)を

(6)その出来事［ドリス，カヌーを転覆させた，昨日］が起こる。

へと変形することを強制しない（ここでわれわれは、二項的出来事が関わっていそうだという事実を無視しており、さらに時制の問題をも無視している）。というのも、われわれは(5)を次のようにすることもできるからである。

(7)（∃t)(［ドリス，カヌーを転覆させた，t］が存在し，かつtは昨日に属する)

しかしわれわれはこの論点に関して、デイヴィドソンとまったく無関係でいられるわけではない。例

の存在条件によれば、私の意図したところでは、もし対象xが、tのあいだはずっとという意味で、tにおいてPを例化するならば、唯一の［x, P, t］の存在が前述の同一性条件により保証されることになるからである。デイヴィドソンは次のように書いている[16]。

> ある種の行為は短時間に、あるいはある特定の時刻に、二度以上遂行することが困難である、もしくは、例外的である。このことは、場合によっては、行為文は単一の行為を指示するという主張に対してもっともらしい理由を提供するかもしれない。たとえば、「ジョーンズは前の土曜日に結婚した」、「ドリスは正午に小切手を切った」、「メアリーはちょうど真夜中の十二時に求愛者にキスした」という文を考えてみよう。同じ日に二度結婚するということは端的に言って非合法的であり、同時に小切手を切るということは端的に言って例外的にしか起こらず、同時に二人の求愛者にキスし始めるということは単なる素晴らしい幸運でしかない。

誰であれとにかく自分への求愛者にキスするということが、類的出来事であると仮定しよう。そのとき私の二つの条件は、ある特定の時間におけるメアリーによる求愛者に対するキスという唯一の出来事の存在を含意する。この出来事の存在からは、しかしながら、彼女がその時間にどれだけたくさんの人間にキスしたかに関して何も帰結しない。もちろん常識的には、彼女が一人の相手にキスしたと予想するのは十分に無難なことであるが。さて、実際には彼女がスティーブとラリーという二人の求愛者にキスしたのだと考えてみよう。二項的なキス、つまりxによる求愛者yへのキスがここで関連する類的出来事であると考えるのであれば、私の二つの条件は、そうした二項的なキスが正確に二つ存在するということを含意する。すなわち、メアリーによるスティーブへのキスと、メアリーによるラリーへのキスである。それゆえ、ここでは三つのキスがなされている。この結論に少々困惑する読者もいるだろう。しかし三つのキスというのが、一つの一項的なキスと、二つの二項的なキスであることにひとたび気づけば、この状況は、もはやわれわれに信じがたさや不整合を感じさせるものではない。事実、この結論こそむしろ、メアリーのキスを記述するときにわれわれが言うべきことであるように思われる[17]。

自明ではあるがそれなりに重要なもう一つの論点は、こうである。出来事についての任意の文から、何がその出来事の構成要素であるかを読み取ることができる、ということを私の説はいっさい含意しない。「重大な出来事が昨日起こった」という文からわれわれができることは、出来事の生起の時間をおおまかに位置づけることだけである。構成的性質や構成的実体に関しては何も分からない。「昨日起こったあの重大な出来事が、いま大学の評議員たちによって議論されている出来事の原因である」という文からも、やはりわれわれは、それらの出来事の構成要素に関して、前の方の出来事の時間以外、何も語れない。とうぜんそうあるべきであろう。こうした事態は、物理的対象についての文に関する事態ときわめて類似している。出来事の構成的対象・構成的性質・構成的時間が何であるかを知ることは、ある意味で、その出来事が何であるかを知ることなのだ。われわれはここで不確かな根拠に頼っているけれども、私の信じるところでは、出来事に対する私の標準的記述は（三つの構成要素が「内在的記述」を与えられていると仮定して）出来事の「内在的記述」(intrinsic description)」

を与えるものである。そしてその意味では、「昨日の重大な出来事」や「いま議論されている出来事」のような記述は「外在的」である。「内在的」や「外在的」といった語によって何が意味されているのかをここで説明する準備はない。ましてやここで定義することなどできない。だが、おそらく、それらの語は様相の概念と認識論的概念の組み合わせによって説明できるだろう。

デイヴィドソンの見解と私の見解のあいだのあきらかな不一致に関しては、他にもいくつか論点がある。そのなかには、後の節で取り上げる論点もある。しかし全般的に言えば、意味論的理論としての、出来事をめぐる言説に関するデイヴィドソンの理論と、形而上学的理論としての出来事の性質例化説とのあいだに、仲裁不可能な教義上の違いはないように思われる。たしかにもっともなことに、私とデイヴィドソンは、出来事の個別化に関する特定のいくつかのケースについては同意しない。たとえば、ブルータスがシーザーを刺したことと、ブルータスがシーザーを殺したことが同じであるかどうかについて、われわれが同意することはない。だが、特定のケースに関するこうした違いのほとんどは、因果性や説明や内包性に関するわれわれの見解のあいだに生じるであろう違いにまで、遡ることができるように思われる。デイヴィドソンは次の(8)のような文、すなわち

(8)その崩壊は、ボルトが抜けたことによってではなく、ボルトがあのように突然抜けたことによってひき起こされた。

について、この「ひき起こされた」は「因果的に説明される」という意味に理解されるべきであり、

そして、説明は「典型的に言明と言明を関連づけるものであり、出来事と出来事を関連づけるものではない[18]」と述べている。私は(8)を、より字義どおりに受けとり、むしろ次のように述べるための証拠として理解したい。すなわち、ボルトが抜けることとボルトが突然抜けることは、一方が他方に「包含」されるものの、その異なる因果的性質のゆえに、異なる出来事である、と。しかしここでわれわれは危うくもいくつかの難しい問題に近づきつつある。その難問とは、因果性と説明とのあいだの関係性や、因果関係と説明的関係がもつ内包性に関するものであり、それらはいずれも本稿の射程を超えた問題である。

Ⅲ

性質例化としての出来事の理論に対して最も頻繁になされる反論の一つは、この理論が必要以上に出来事の数を増やしてしまうというものである。ブルータスがシーザーを刺すことが、彼がシーザーを殺すことや、彼がシーザーを暗殺することと区別されるだけではない。実際には、いかなる刺すことも、殺すことではなく、また、いかなる殺害も、暗殺ではないのである[19]。さらに、より問題とされかねないことには、ブルータスがシーザーを刺すことは、ブルータスが剣でシーザーを刺すこととも異なる出来事である。刺すことと剣で刺すことは異なる性質と考えられるからである。そしてこれらの出来事はいずれも、ブルータスがシーザーの心臓を刺すこととも異なる。こうした例はまだいくらでもあげられよう。おそらく以上のような考察を経て、何人かの哲学者は、性質例化説が出来事の再記述を許さないと考えるに至った。[20] ある与えられた記述にいかなる追加をしても、あるいはそこからいかなる削除をしても、当の出来事の構成的性質が変わってしまう、と彼らは考えるからである。

最初に、出来事の再記述に関する問題を検討しよう。私の見解では次のことは真である。すなわち、ある出来事記述を、異なる類的出来事を選び出すものへと変形したならば、その結果得られた記述は、異なる出来事を選び出すものになる。それは十分にあきらかであろう。そして同じことは、出来事の構成的対象および構成的時間の名前および記述に対しても適用される。他方、異なる述語――非同義的で論理的に同値でない述語――の使用がつねに性質の多数性を導くという主張は、問題の私の説明には含まれない。たとえば「〜は青い」と「〜は空色をもつ」は、同じ性質（すなわち青という色）を選び出す述語である。[21] さらに、すでに示したように、出来事はそれ自体も諸性質をもつ（例化する）。つまりブルータスがシーザーを刺すことは、ローマで起こったという性質をもち、意図的であったという性質をもち、シーザーを死に至らしめたという性質をもち、カルプルニアを悲しませたという性質をもつ、等々。言うまでもないが、ある出来事が例化する諸性質は、その出来事自体を構成する構成的性質とははっきりと区別される（構成的性質は、出来事によってではなく、出来事の構成的実体によって例化されている）。構成的性質が刺すことであるということ自体もまた、ブルータスがシーザーを刺すことの性質である。そのようにして、出来事は、当の出来事の（当の出来事によって例化される）性質を表現する他の述語を用いることによって、再記述することができる。できないのは、出来事の構成的性質を改竄することによって再記述することである。私が言おうとしていることは、「われわれがいま語っている出来事」や「デイヴィドの人生のなかで最も忘れがたい出来事」といった「外在的」な出来事記述を考察すれば、明確になるはずである。私の理論が含意しているのは、もし「デイヴィドの人生のなかで最も忘れがたい出来事」という記述が指示を行なうのであれば、それによって指示される出来事は、理論が出来事に帰属させるような種類の構造をもたねばならない、ということである。その出来事は、たとえば、デイヴィドが五歳のときに馬から落ちたことでありうるだろう。

だが、出来事に関する記述と再記述を最も広範囲に認める批判者が、以上の議論によって満足することはありそうにない。批判者たちは、「ブルータスがシーザーを刺すこと」と「ブルータスがシーザーを殺すこと」が同じ出来事の再記述であると主張する。また、より明白に思われるのだろうが、「ブルータスがシーザーを刺すこと」と「ブルータスがシーザーを剣で刺すこと」は、一方が他方よりいくぶん詳細で情報量が多いとはいえ、同じ出来事の二つの再記述である、と主張する。「セバスチャンの散歩」、「セバスチャンのゆったりとした散歩」、「セバスチャンの片足を引きずりながらの散歩」のような例についても同様である。ここにおいてわれわれは、本節の始めに触れた反論に戻ることになる。

ブルータスがシーザーを刺すことと、ブルータスがシーザーを殺すことが同じ出来事であるかどうかという問題については、私はもうここで議論したくはない。というのも、それらの出来事の区別を支持する既存の議論に私が付け加えることは、ほとんどないからである。[22] また、そのようなケースにおける同一性の否定は、セバスチャンの散歩とセバスチャンのゆったりとした散歩のようなケースにおける同一性（セバスチャンは実際にゆったりと散歩したとここでは仮定している）の否定よりも、直観的にまだもっともらしいからである。

セバスチャンの散歩と、セバスチャンのゆったりとした散歩についてはどうだろうか。第一に、次のような疑問がある。ゆったりとしていることは、セバスチャンの散歩という出来事によって例化されている性質とみなすべきなのか、それとも、散歩という類的出来事を修飾し、それによって別の類的出来事、すなわちゆったりとした散歩を生成するようなものとみなすべきなのか。前者の方向でいくのであれば特別な問題はない。明確に指示されたテーブルの上に赤いバラが一輪だけあり、それがしおれている場合、「テーブルの上にあるこの赤いバラ」と「テーブルの上にあるこのしおれた赤いバラ」という二つの記述に問題がないのと同様である。結局のところ、このアプローチでは、セバスチャンの散歩がセバスチャンのゆったりとした散歩とまさに同じ出来事であるということが判明する。すなわちセバスチャンの散歩が、たまたま、ゆったりとしていたのである。

したがって、このアプローチの一般的戦略は以下のようなものになる。散歩することや刺すことは類的出来事であるけれども、ゆったりと散歩することや剣で刺すことは類的出来事とみなさない。「ゆったりと」や「剣で」といった修飾句を、「散歩すること」や「刺すこと」を修飾するものとして捉えることはしない。むしろ、「散歩すること」や「刺すこと」が指示する類的出来事の例化によって生じた個別的出来事の性質を表すものとして、それらを捉えるのである。さらに一般的なことを言えば、手段・様態・方法を表す述語修飾句は、このような仕方で解釈することができるだろう。[23] しかしながら、この方針を選ぶことは、完全に魅力的なわけではない。すくなくとも二つの魅力的でない理由がある。第一に、このアプローチによってわれわれは、類的出来事についての説明と、類的出来事を表す表現への修飾句に関する説明とを提示するという、たいへん骨の折れる緊急の課題を負わされることになってしまう。とはいえそれは、究極的にはいずれ直面しなければならない課題ではあるが。第二に、このアプローチは、出来事に関する構造的複合体説を展開するためのそもそもの動機の一つを中和して無力化してしまう。どのようなものとみなすにせよ、出来事とは、因果関係の相互的な網の目のなかへと組み入れられるような存在者であることが意図されているはずであるし、説明の対象となりうるような存在者であることが意図されているはずである。しかるに、われわれが説明したくなるかもしれないことのなかには、あきらかに、なぜセバスチャンが散歩したのか（つまりセバスチャンの散歩）だけでなく、なぜセバスチャンがゆったりと散歩したのか（つまりセバスチャンのゆったりとした散歩）もが含まれている。いま考えているアプローチのもとでは、後者に関する説明は、なぜセバスチャンの散歩がゆったりとしていたのかについての説明になってしまうだろう。つまり、われわれは、なぜある特定の出来事が起こったかについての説明ではなく、なぜある特定の出来事がある特定の性質をもつのかについての説明をすることになってしまうのである。しかし、おそらく、説明についての非常に広範で一般的な考察を最初の段階で出来事理論に持ち込むのは間違いである。因果性に関して旧稿で述べた特定の事柄のなかには、撤回されるべきものもある。（とりわけヒューム的因果性についてのかつての私の主張がそうである。その主張によれば、ヒューム的な因果性に関しては、因果的つながりをもつ二つの個別的出来事のそれぞれに対する類的出来事のあいだには、法則的なつながりがなければならないことになる。）とはいえ、私の信じるところ、出来事を因果関係の項とみなしたいという欲求は、このアプローチによって満たすことができる。

セバスチャンの散歩とセバスチャンのゆったりとした散歩とを扱う他の戦略は、それらがまったく別の出来事ではないにせよ異なる出来事であることを肯定する、というものである。後者が前者を「包含（include）」するため、まったく別の出来事ではないというわけである。[24] 人によってはこの戦略を、性質例化説「公認の方針」と呼ぶかもしれない。私はここで出来事の「包含」の特徴づけを与えようとは思っていない。私の知るかぎり、「包含」の完全に一般的な特徴づけは、哲学的興味深さに欠ける仕方で非常に煩雑なものである。また、さまざまに異なる種類の「包含」を区別しなければならないことにもなる（暗殺が殺害を「包含」したり、ゆったりとした散歩が散歩を「包含」したりするのは、あきらかに、私がドアに向かうことが第一歩として左足を動かすことを「包含」したり、納屋が燃えることが納屋の天井が燃えることを「包含」したりするのと、大きく異なっている）。しかし、「包含」と呼びうる関係がここにあると述べることは、直観的にもっともであると私は思う。異なっているということは、かならずしも、完全に別々であるということではないし、そこに意味のある関係が皆無であるということでもない。いったんこのことを認めるならば、ここに一つではなく二つの出来事（行為）があるということは、結局、それほど法外な主張という印象を与えはしなくなる。このテーブルを例にあげよう。このテーブルの天板は、テーブルと同じ物ではない。よって二つの物があるのだが、もちろんここにあるのは一つのテーブルである。実際、テーブルを構成する脚や分子や原子といったものまで含めれば、ここにはたくさんの物がある。

不幸なことにわれわれはまだ出来事の激増から逃れられていない。私の念頭にいまある新たな困難とは、次のようなものである。ここに二つの出来事があるとして、一方は他方に包含されているとしよう。さて、セバスチャンの散歩は、散歩（あるいは散歩出来事と言ってもよい）であり、セバスチャンがゆったりと散歩したこともまた、散歩出来事である。ここには一つでなく、二つの出来事があると言える。つまり二つの散歩出来事が存在し、それらはともにボローニャの通りであの忘れがたい夜にセバスチャンによってなされた散歩である、ということが帰結する。そして実際のところ、杖を片手にしての散歩や、片足を引きずりながらの散歩といった類的出来事を仮定するなら、その夜セバスチャンによってなされた散歩は、無数にたくさんあることになるのだ。もちろん、ブルータスによってシーザーに対してなされた刺すということもまた、無数にたくさんあることになる！

テーブルやその他の雑多な物理的対象とのアナロジーが、ここでもまた助けになるだろう。われわれはふつう、これを一つのテーブルと数える。そしてこの部屋には、正確にいくつかの（ある決まった数の）テーブルがある。しかしながら、もし個体計算[25]〔訳注1〕というものを信じるのであれば、このテーブルには、もう一つのテーブルが含まれていることが分かるだろう。いや、実際には、それぞれがこのテーブルの真部分であるような無数にたくさんのテーブルが存在するのだ。たとえば、天板から一マイクロメートル分だけを除いたテーブルを想定するなら、そのテーブルはこのテーブルと異なる…といったように。

こうした理由からこの部屋には実際には無数にたくさんのテーブルがあると言うべきだとしたら、それは馬鹿げている。私は単に、次のことを示唆しているにすぎない。出来事の構造的複合体説という見解のもとで、セバスチャンによる散歩が無数にあるとみなされるということは、この部屋にテーブルが無数にあるとみなされるというのと同様、無害である。出来事の激増それ自体は——それは私の出来事理論がしばしば責められる点であるが——深刻なものではない。というのも「出来事の数」は、「物の数」や「事実の数」に非常によく似ているからである。「event（出来事）」は通常のありふれた可算名詞ではない。むしろ悩ましいのは、刺すことや散歩することの数がいかなる限定をも超えていきそうだという、見せかけの事実である。「stabbing（刺すこと）」や「stroll（散歩）」は、「table（テーブル）」や「apple（リンゴ）」と同様、立派な可算名詞であるようにみえる。いずれにせよ私は、いま述べた説明がそうした困難を和らげるのに成功していると期待する。もしそれに成功していないとすれば、激増問題を処理する最初の方の戦略が、より真剣な考察に値するものとなる。

IV

出来事についての私の説明が、出来事の本質的性質に関してもっともらしくない帰結をもつのではないか、という疑問が提起されてきた[26]。セバスチャンによる午前零時のゆったりとした散歩を例にとろう。ひょっとすると次のように考えられるかもしれない。構造的複合体説によれば、その出来事には三つの本質的性質がある。すなわち、一つめは散歩がセバスチャンによってなされたこと、二つめはゆったりとした散歩であったこと、三つめはそれが午前零時に起こったことである、と。より一般化して次のように言われるかもしれない。構造的複合体説は、出来事の三つの構成要素が出来事の本質的性質を構成するというテーゼにコミットしている。そうして、それに続いて、次のように論じられる。すくなくとも、出来事の生起の時間はその本質的性質ではないではないか。つまりセバスチャンの散歩は、午前零時の五分前に起こることも五分後に起こることもできたであろう。そしておそらく、ゆったりとした散歩であることもまた、その散歩の本質的性質ではない。もしもセバスチャンが時間に切迫していたなら、その散歩はてきぱきとしたものであっただろう。同様に、その散歩は他の誰かによってなされることもできたはずである。例の午前零時の散歩は、ある秘密結社のくじで選ばれたメンバーにより、一種の儀式として行なわれたのかもしれない。そしてたまたまセバスチャンがそれに選ばれた。そう仮定してみよ。もしセバスチャンの友人のマリオが代わりに選ばれていたとすれば、マリオがその散歩を行なっていたことだろう(27)。

何かについての分析や形而上学的理論が、その何かがもつ本質的性質についてどのようなことを含意するのか（そもそも含意するとして）、私にはあきらかではない。物理的対象についての一つの形而上学的理論がある。それはかなりのヴィンテージもので、伝統のある理論なのだが、それによれば、物理的対象とは「性質の集積」かまたはそれに類するような何かである。つまりこのテーブルは、茶色という色、それがもつ質量、等々といった性質の「集積」なのである。しかし、思うに、テーブルが実際にもっている性質を本質的にもつということ、たとえば、テーブルの茶色がこのテーブルの本質的性質であるといったことは、その理論の帰結ではないだろう。だとすれば、なぜ、出来事の構造的複合体説が、上で言われているような本質主義者の帰結を引き受けなければならないと考えられるのだろうか。

おそらく反論の主要な焦点は、出来事構造に関する私の同一性条件に向けられている。ここでもまた、他のケースとの類比によって、本質主義者の帰結がどうして同一性規準から必然的に帰結するのかということが判然としなくなる。物理的対象が同一であるというのはまさに空間と時間に関してそれらが完全に一致するということであるというのは、物理的対象についての、すくなくとも尊重すべき同一性規準である。しかしその規準から、物理的対象が現に存在する時間と場所に本質的に存在する、ということは帰結しない。もう一つ例をあげると（こちらの例は議論の余地がありそうだが）、集合の同一性についての外延性規準は、ある集合がその要素を本質的にもつということを含意しない。太陽系の惑星の集合が九個ではなく八個の惑星を要素とすることもありえただろうという見解は、すくなくとも論じる余地がありそうに思われる。かりにその見解が誤りであるという結論になるにしても、その結論がどのようにして外延性規準（または通常の数学的な集合論の適当な部分）から示されるのかを理解するのは容易ではない。そのためには独立の形而上学的議論が必要になるだろう。

とはいえ、私の説に帰せられた本質主義者の帰結がそれ自体として偽であるという主張はしたくない。すくなくとも、ある出来事の構成的実体を、その出来事の同一性にとって本質的なものとみなすことはもっともであると思う。セバスチャン以外の誰かが彼の代わりに散歩することもできたという事実によって、セバスチャンが行なったまさにあの散歩を、他の誰かがすることもできたということにはならない。もしその夜にマリオが散歩するように選ばれていたとしたら、他の散歩、つまりマリオの散歩があったというだけだろう。幾人かの哲学者は次のように指摘してきた。[28] すなわち、私がいま感じている痛みと質的に同一の痛みをあなたが感じることはあるだろうが、私の痛みと数的に同一の痛み、すなわちまさに同じ痛みを、あなたが感じることは、論理的もしくは形而上学的に不可能である。私が痛みを感じるという出来事が他人に起こりえないのと同様に、私の散歩という出来事は、論理的または形而上学的に、他人には起こりえない。ただソクラテスだけが、彼の死を甘受することができたのである。出来事や状態が、その構成的実体に関して本質的に個別化されると考えるのは、それなりにもっともであるように思われる。

出来事の同一性に対する構成的性質の本質性は、そこまでたしかではない。その理由の一つとして、問題が、類的出来事に関して先にあげた論争点のいくつかに依存しているように思われるということがある。ゆったりと散歩することが類的出来事であるならば、類的出来事はそれを例化する出来事の同一性にとって本質的でない、と主張する根拠があるように思われる。ただし、セバスチャンのゆったりとした散歩が、走ることや這うことでもありえたということはかなり疑わしいし、それが、咳をすることや薬を飲むことでもありえたということは絶対にないだろう。かりにセバスチャンがその夜風邪をひいて家にいて、咳をしながら、薬を飲んでいたということがありえたとしてもである。生起の時間の本質性を主張する根拠はさらに薄弱であるようにみえる。散歩が、現実よりもすこしだけ早く、または遅くなされることもありえたというのは正しいように思われる。散歩が現実よりも五分遅れてなされることがありえたとしよう。しかしその散歩——まさに同一のその散歩——は、五ヵ月遅れてなされることもありえたのだろうか。あるいは五年遅れることは。とにかくここで注意が必要である。セバスチャンが異なる時間に散歩することもできたというただその事実のみから、セバスチャンによるまさにあの散歩が異なる時間にも生起しえたという結論を、われわれは導き出すべきではない。

以上の問題点のうちのあるものは、他の哲学的諸問題（たとえば心の同一性理論に関するような）に対して重要な関連性をもつかもしれない。また、出来事の本質的性質に対する類的出来事の関連性についてわれわれが何を述べたいかは、さらに、類的出来事としてわれわれが何を選び出したいかを制約するかもしれない。そして、私が「ある出来事についてそれが何であるかを知ること」や「出来事の内在的記述」について先述したことは、これらの問題点にも関連するということがありそうである。現時点で手もとにあるものは、単なる直観の寄せ集めにすぎず、そのうちのいくつかは互いに衝突しており、いずれそれらは理論によって整理される必要がある。われわれはまだそのための理論を手にしてはいない。だがいずれにせよ、本質をめぐるこれらの問題に関して、出来事が他の何かよりも劣っているとは思われない。

私がよろこんで受けいれたい本質主義的帰結がある。すなわち出来事が、本質的に、私の理論がまさに述べるような種類の構造的複合体である、という帰結である。したがって、出来事は、実体や性質などではありえない。しかしこのことは、個々の出来事構造がその構成要素を本質的にもつという主張と、混同されるべきではない。その主張はたしかに、私が論じたように、すくなくとも部分的には真である。だが一般的な問題は依然として解かれずに残っている。

V

行為はふつう出来事の部分クラスとして捉えられる。その部分クラスをどのように特徴づけるかは非常に重要な問題であるとみなされるが、ここではその問題に関わらない。殺すことは行為であり

――すくなくとも行為者が関わるものについてはそうであり（私は落下する岩や稲妻もまた殺すことができると考えているので）――、それゆえそれは出来事でもある。しかし殺害とはいったい何なのか。近年しばしばそうみなされているように、「殺す」は、「死をひき起こす」のほぼ同義語である。殺すことは（すくなくとも人間にとっては）基礎行為ではないと考えられる。そのためそれは、二つの出来事をそのなかに含んでいるはずである。一つは、殺害者によってなされる行為であり、もう一つは、その行為によってひき起こされる死である。それゆえ、ブルータスがシーザーを殺すことは、シーザーの死をひき起こすブルータスの何らかの行為にほかならないと考えられる。するとしかし、ブルータスがシーザーを殺す行為という出来事は、二つの出来事のあいだの関係、すなわち因果関係になってしまうおそれがある。そして、その因果関係の原因の方の出来事であるブルータスがシーザーを刺すこともまた、同様の仕方で、それ自体二つの出来事のあいだの因果関係になってしまうかもしれない。よって殺害は、このように分析されるならば、性質例化説が与える出来事のモデルに適合しないようにみえる。つまり、性質例化説が出来事に帰属させるような複合的な出来事構造を殺害がもつとは、もはや思えないのである。殺害とはむしろ出来事のあいだの関係であるようにみえる。

　このような特徴をもつものは、行為である出来事にかぎらない。C・J・デュカスがしばらく前に指摘したように、「引く（pull）」、「押す（push）」、「壊す（break）」、「砕く（shatter）」といったじつに多くの他動詞が、暗に、因果的だからである。風がドアを開けたとき、そこには因果関係が含まれている。ドアに対する風の圧力が、ドアが開くことをひき起こしたのである。それゆえ、風がドアを開けたという出来事は、二つの出来事のあいだの因果関係になるように思われる。二つの出来事とはつまり、ドアに対する風の圧力と、ドアが開くことである。ここで疑問が生じる。こうした因果関係、すなわちある出来事が他の出来事をひき起こすということも、それ自体出来事として認めるべきなのだろうか(29)。それとも、事実（fact）といったような他の存在論的カテゴリーに入れるべきなのだろうか。

殺害などを出来事として扱うことを支持する議論の一つは、次のようなものだろう。殺害は、まさに、原因と結果をもつことができ、そして因果的説明を与えられるような種類の出来事である。ブルータスがシーザーを殺すことは、ブルータスの政治的野心と個人的な嫉妬によってひき起こされたのかもしれない。そしてそれは次にカルプルニアの悲しみをひき起こし、シーザーが翌日のローマ元老院に欠席することをひき起こしたかもしれない。因果関係の項になりうることは出来事の本質であろう。ならばなぜ、殺害やその他の行為を出来事として扱わないのか。

しかしながら、この論証は決定的でない。すでに指摘したように、ブルータスがシーザーを殺すことに含まれる出来事は二つである。ブルータスの行為、つまりブルータスがシーザーを刺すことと、そしてシーザーの死である。殺害の原因としてわれわれがブルータスの動機や信念に言及するとき、その動機や信念は、なにも、刺すことが死をひき起こしたこと（the stabbing's causing the death）の原因としてあげられているわけではないように思われる。むしろそのとき動機や信念は、シーザーの死をひき起こすであろうとブルータスが信じる行為（つまりシーザーを刺すこと）にブルータスが着手したということの原因（またはその原因の一部）である、と言われているようにみえる。大胆な仮説を以下に述べよう。われわれがふつう殺害の原因と考えるものは、究極的には、ある基礎行為の原因（もしくはその因果的諸条件の一部）であることが判明するはずである。その基礎行為とは、シーザーを死に至らしめんとする取り組みのなかでブルータスによって着手され、そして実際にシーザーの死をひき起こした行為である。

殺害の結果についてはどうだろうか。カルプルニアの悲しみは、おそらく、彼女の信念によってひき起こされたものだろう。つまり、シーザーが死んだという信念や、シーザーがあまりにも粗暴なやり方で暗殺されたという信念、あるいはシーザーを殺したのがブルータスであったという信念によってである。翌日の元老院におけるシーザーの不在に関しては、われわれはそれをシーザーの死に（その死がもたらした結果の一つとして）帰することができる。私の考えでは、殺害の結果としてわれわれが通常みなすものは、多くの場合、殺された当人の死か、そうでなければ、殺害のある側面に対する誰かの認知的態度（たとえば悲しみといった）に、帰することができる。

同様のことは、行為者が関わらない出来事についても言うことができると私は信じる。石が窓を粉々にする、という例をあげよう。われわれは通常これを出来事と呼ぶ。しかしここには因果関係が含まれている。つまり石の窓への衝突が、窓が粉々になることをひき起こしたのである。では、石が窓を粉々にしたことの原因は何か。なるほど石を投げたのはジョニーである。しかしわれわれはむしろ、ジョニーが石を投げたことを、石の窓への衝突の原因、つまり因果関係にある二つの出来事のうちの第一の出来事の原因として理解することができる。他方、石が窓を粉々にしたことは、私の手の怪我をひき起こしたとされる。しかしその怪我もやはり、石が窓を粉々にしたことの結果としてではなく、窓が粉々になったことの結果、つまり因果関係にある二つの出来事の第二の出来事の結果として、解釈できるだろう。次のように反論されるかもしれない。窓ガラスの脆さについてはどうなのか。なぜそれは、石の衝突によって窓が粉々になることがひき起こされたということの原因ではないのか。われわれは実際、「窓ガラスがあれほど脆くなかったとすれば、石の衝突によって窓が粉々になることがひき起こされはしなかっただろう」と言う。そのうえ、窓ガラスの脆さは、石の窓への衝突の原因ではない。この疑問に対する、私の答えはこうである。われわれはそれでもなお、脆さを、ある出来事が他の出来事をひき起こすことの原因であると言う必要はない。脆さは、石の衝突やおそらくその他の事柄とともに、窓が粉々になることの十全な原因を構成するような原因の一つである。

よって私が提案するテーゼは以下のようになる。すなわち、われわれがいま論じているような因果的諸特徴を示す行為や出来事について、それらの原因と結果は、そのような行為や出来事を構成する因果関係の項である諸出来事に、帰することができる（ただし結果のうちカルプルニアの悲しみのようなものは、そうした行為や出来事に関する信念によってひき起こされているかもしれないので、ここでは除外しておきたい）。このテーゼには二つの解釈があり、一方の解釈は他方に比べてより強い主張を含んでいる。すなわち、殺害を例にして言えば、(1)殺害の原因はすべて、死をひき起こす行為の諸原因のなかのどれかであり、他方、殺害の結果はすべて、死の諸結果のなかのどれかである。あるいは、(2)殺害の原因はすべて、死をひき起こす行為の諸原因かまたは死の諸原因のなかのどれかであり、同様に、殺害の結果はすべて、その行為の諸結果かまたは死の諸結果のなかのどれかである。強い方のテーゼ(1)は偽であるようにみえる。重い剣を振り回した結果ブルータスが右肩を脱臼したとしよう。ブルータスの右肩の脱臼は、彼がシーザーを殺したことによってひき起こされたと言うことは正しいだろうが、しかしあきらかにシーザーの死によってひき起こされたわけではない。より弱い解釈である(2)は、もちろん、この種の例に適合する。いずれにしても、上のテーゼがどちらかの解釈において正しいならば、「因果関係の項となるがゆえに殺害もまた出来事として扱わなければならない」という論証は防ぐことができる。

殺害などを出来事とみなさないことに決めるならば、それらを事実とみなす道が、われわれに開かれることになる（このことによって出来事そのものを事実の特殊な部分クラスとして捉える道が閉ざされることはないだろう）。ブルータスがシーザーを殺すことは、ブルータスのある行為がシーザーの死をひき起こしたという事実であり、石が窓を粉々にすることは、窓が粉々になることを石の衝突がひき起こしたという事実である。そのような行為や出来事は、因果的な事実であることが判明するというわけである。このような仕方で出来事や行為を扱うことは、行為の理論や、説明の理論、あるいは因果性の分析に関する存在論に影響を与えるだろう。そしてそれは、われわれを、「基礎的出来事」について語るように導くだろう。基礎的出来事とは、そのなかに、いくつかの出来事のあいだの因果関係やその他の関係を含んでいないような出来事のことである。

とはいえ、いま述べた方針が、われわれに開かれた唯一の道ではない。因果的性質を類的出来事として受けいれる準備があるならば——すなわち、出来事のあいだの因果関係も類的出来事の一つに加えることを許すならば——、殺害やその種のものをわれわれのスキーマに合わせることができるだろう。というのも、そうすると

(9) シーザーの死をひき起こす何らかの行為をブルータスがすること

を、

(10) 〔(ブルータス, シーザー), ある何らかの類的出来事（類的行為）[30] P とある時間 t^* とある時間 t' について〔(①, ②), $P^{①②}$, t^*〕が〔②, 死ぬ, t'〕をひき起こす, t〕

とすることができるからである。

どちらの道がよりよいだろうか。私の考えでは、第二の方針は、類的出来事の特徴づけの問題に関して厄介な状況をもたらし、そのため因果性の理論や説明の理論などに複雑さが生じることになる。第一の方針は、現段階ではほとんど探求されていないが、私はそちらの方針をより好ましいものとみなす。その方針は、私の考えでは、探求に値する興味深い可能性をわれわれに与えてくれるのである。[31]

注

＊以下の人々と議論をしたり、あるいは未刊行の草稿を提供してもらうことによって、私は恩恵を受けた。すなわち、デイヴィド・ベンフィールド、リチャード・カートライト、ロデリック・チザム、ドナルド・デイヴィドソン、フレッド・フェルドマン、マイケル・A・スロート、アーネスト・ソーザ、エド・ワイレンガ。

(1) Ducasse (1924).
(2) Kim (1966) ; Kim (1969) ; Kim (1973). アルヴィン・ゴールドマンによって、行為の類似した説明が、Goldman (1970) のなかで与えられている。私のものにとてもよく似た出来事説は、R・M・マーチンのMartin (1969) に見いだすことができる。Wilson (1974) も見よ。
(3) この表現はリチャード・カートライトによって提案された。
(4) この線にある仕方で沿った「可能的事実」の扱いとしては、van Fraassen (1969) を見よ。
(5) こうした線に沿った興味深い成果が、テレンス・ホーガンにより得られている。彼のミシガン大学における学位論文、Horgan (1974) を見よ。
(6) Kim (1974) を見よ。「ケンブリッジ変化」という用語は、Geach (1969), p. 71 によるものである。
(7) いくつか引いておこう。Davidson (1967a) ; Davidson (1967b) ; Davidson (1967c).
(8) Davidson (1970a).〔邦訳書二〇〇頁。引用文は邦訳書に従う。〕
(9) Rescher *et al.* (1969) に収録。
(10) たとえば、N・L・ウィルソンの Wilson (1974) において、あるいは、ジョージ・シェルの Sher (1974) において。
(11) Rosenberg (1974) において、アレクサンダー・ローゼンバーグは、出来事に関する私の説をわずかに改訂することで、デイヴィドソンの規準と私の規準が、因果性についてのヒューム的な恒常的連接の見解のもとで同値になる、と主張している。
(12) Davidson (1970b), p. 26, n. 4 のなかでデイヴィドソン自身が、「競合的な」説として、私の説に言及している。
(13) 私はここで、ロデリック・M・チザムのまったく異なった説について議論することはしない。その理論は、Chisholm（1976）において展開されており、出来事を、彼の言う抽象的で内包的な存在者である「事態」とみなす。チザムの別稿 Chisholm（1970）も見よ。

(14) 最初の二つは Davidson（1971）p. 337 からの、続く二つは Davidson（1967b）からのものである。

(15) チザムは Chisholm（1976）において、デイヴィドソンの説と私の説に言及し、両者をともに「具体的な出来事の理論」の変種だとしている。

(16) Davidson（1969a）, p. 220.〔邦訳書二三七〜二三八頁。引用文は、一つの単語と一つの言い回しを除いて、邦訳書に従う。〕

(17) 三つの異なるキスがあるということが、それらのあいだに緊密で意義深い関係が存在しえないことを意味しないという事実に留意するならば、なおさらである。

(18) Davidson（1967b）p. 703.（8）はデイヴィドソン自身の例をわずかに変えてある。

(19) Martin（1969）, p. 81 に対してコメントを述べているデイヴィドソン、あるいは、Rosenberg（1974）におけるローゼンバーグを見よ。

(20) たとえばカール・G・ヘンペルが、Hempel（1972）においてこのことを主張している。

(21) 性質の同一性については、Achinstein（1974）を見よ。

(22) 私が念頭に置いているのは次のような文献である。Davis（1970）; Thomson（1971a）; Goldman（1971）.

(23) このような見解は、ジュディス・ジャヴィス・トムソンによって Thomson（1971b）のなかで示されている。

(24) ゴールドマンなら、前者が後者を「レベル生成する」と言うだろう。Goldman（1970）, ch. 2 を見よ。

(25) Goodman（1951）における意味での用法。

(26) エド・ワイレンガが博士論文 Wierenga (1974) においてこの問題を提起している。

(27) これは実質的に、チザムが提起した問題に答えるために Davidson (1971) においてデイヴィドソンが言っていることである。

(28) Shaffer (1966).

(29) 同様の考察から、N・L・ウィルソンは次のように結論している。「〔…〕「警戒させる (alerting)」や「殺す (killing)」やその他すべての惹起動詞は、出来事を指示しない」(Wilson (1974), p. 318)。

(30) これら t^*、t'、t のあいだの関係についての問題は、ジュディス・ジャヴィス・トムソンによって、Thomson (1971a) において議論されている。

(31) 因果関係を含む類的出来事の問題は、Berofsky (1971), ch. 5, pp.157ff. における、「R文」を特徴づけるというバーナード・ベロフスキの問題と関係している。

文献

Achinstein, Peter (1974), "The Identity of Properties," *American Philosophical Quarterly* 11, 257–275.

Berofsky, Bernard (1971), *Determinism*, Princeton University Press.

Chisholm, Roderick M. (1970), "Events and Propositions," *Noûs* 4, 12–24.

—— (1976), *Person and Object*, Open Court Publishing Co. 〔中堀誠二訳、『人と対象』、みすず書房、一九九一年。〕

Davidson, Donald (1967a), "The Logical Form of Action Sentences," in Rescher (1967), 81–95. 〔服部裕幸・柴田正良訳、「行為文の論理形式」、デイヴィドソン、『行為と出来事』、勁草書房、一九九〇年、一二八〜一五八頁。〕

郵便はがき

恐縮ですが切手をお貼り下さい

112-0005

東京都文京区水道二丁目一番一号

勁草書房

愛読者カード係

(小社へのご意見・ご要望などお知らせください。)


本カードをお送りいただいた方に「総合図書目録」をお送りいたします。

HPを開いております。ご利用下さい。http://www.keisoshobo.co.jp
裏面の「書籍注文書」を小社刊行図書のご注文にご利用ください。

より早く、確実にご指定の書店でお求めいただけます。

近くに書店がない場合は宅配便で直送いたします。配達時に商品と引換えに、本代と送料をお支払い下さい。送料は、何冊でも1件につき210円です。(2003年4月現在)

愛読者カード

19948-2　C3310

双書現代哲学 2

本書名　現代形而上学論文集

お名前《ふりがな》　（　　歳）

ご職業

ご住所　〒　　電話（　　）　－

メールアドレス

メールマガジン配信ご希望の方は、アドレスをご記入下さい。

本書を何でお知りになりましたか　書店店頭（　　書店）

http://www.keisoshobo.co.jp

目録、書評、チラシ、その他（　　）新聞広告（　　新聞）

本書についてご意見・ご感想をお聞かせ下さい。（ご返事の一部はホームページにも掲載いたします。）

◇書籍注文書◇

最寄りご指定書店

市　町（区）

書店

（書名）	¥	（　）	部
（書名）	¥	（　）	部
（書名）	¥	（　）	部
（書名）	¥	（　）	部

——(1967b), "Causal Relations," *Journal of Philosophy* 64, 691–703.〔服部裕幸・柴田正良訳、「因果関係」、『行為と出来事』、二〇六～二二九頁。〕
——(1967c), "Truth and Meaning," *Synthese* 17, 304–323.〔野本和幸訳、「真理と意味」、デイヴィドソン、『真理と解釈』、勁草書房、一九九一年、二～二九頁。〕
——(1969a), "The Individuation of Events," in Rescher, *et al.* (1969), 216–234〔服部裕幸・柴田正良訳、「出来事の個別化」、『行為と出来事』、二三〇～二六〇頁。〕
——(1969b), "Comments on Martin's 'On Events and Event-Descriptions'," in Margolis (1969), 74–84.〔服部裕幸・柴田正良訳、「マーティンへの回答」、『行為と出来事』、一七一～一八五頁。〕
——(1970a), "Action and Reaction," *Inquiry* 13, 140–148〔服部裕幸・柴田正良訳、「カージルへの回答」、『行為と出来事』、一八五～二〇一頁。〕
——(1970b), "Events as Particulars," *Noûs* 4, 25–32.
——(1971), "Eternal vs. Ephemeral Events," *Noûs* 5, 335–349.
Davis, Lawrence H. (1970), "Individuation of Actions," *Journal of Philosophy* 67, 520–530.
Ducasse, C. J. (1924), *Causation and the Type of Necessity*, University of Washington Press.
Geach, Peter (1969), *God and the Soul*, Routledge & Kegan Paul.
Goldman, Alvin (1970), *A Theory of Human Action*, Prentice-Hall.
——(1971), "The Individuation of Action," *Journal of Philosophy* 68, 761–774.
Goodman, Nelson (1951), *The Structure of Appearance*, Harvard University Press.
Hempel, Carl G. (1972), "On When There Must Be a Time-Difference Between Cause and Effect," *Philosophy of Science* 39, 507–511.

Horgan, Terence (1974), *Microreduction and the Mind-Body Problem*, Doctoral Dissertation, The University of Michigan.

Kim, Jaegwon (1966), "On the Psycho-Physical Identity Theory," *American Philosophical Quarterly* 3, 277–285.

—— (1969), "Events and Their Descriptions: Some Considerations," in Rescher, *et al.* (1969), 198–215.

—— (1973), "Causation, Nomic Subsumption and the Concept of Event," *Journal of Philosophy* 70, 217–236.

—— (1974), "Noncausal Connections," *Noûs* 8, 41–52.

Margolis, J. (ed.) (1969), *Fact and Existence*, Basil Blackwell.

Martin, R. M. (1969), "On Events and Event-Descriptions," in Margolis (1969), 63–73.

Rescher, N. (ed.) (1967), *The Logic of Decision and Action*, University of Pittsburgh Press.

Rescher, N., et al. (eds.) (1969), *Essays in Honor of Carl G. Hempel*, D.Reidel Publishing.

Rosenberg, Alexander (1974), "On Kim's Account of Events and Event-Identity," *Journal of Philosophy* 71, 327–336.

Shaffer, Jerome (1966), "Persons and Their Bodies," *Philosophical Review* 75, 59–77.

Sher, George (1974), "On Event-Identity," *Australasian Journal of Philosophy* 52, 39–47.

Thomson, Judith Jarvis (1971a), "The Time of Killing," *Journal of Philosophy* 68, 115–132.

—— (1971b), "Individuating Actions," *Journal of Philosophy* 68, 774–781.

van Fraassen, Bas (1969), "Facts and Tautological Entailment," *Journal of Philosophy* 66, 477–487.

Wilson, N. L. (1974), "Facts, Events and Their Identity Conditions," *Philosophical Studies* 25, 303–321.

Wierenga, Ed (1974), *Three Theories of Events*, University of Massachusetts at Amherst.
Jaegwon Kim, "Events as Property Exemplification," in M. Brand and D.Walton (eds.), *Action Theory*, D.Reidel Publishing, 1976, 159–177. なお、この論文は Kim, *Supervenience and Mind*, Cambridge University Press, 1993, 33–52 に再録されている。

〔訳注1〕 個体計算（calculus of individuals）とは、N・グッドマンとH・レオナードが部分全体関係を表現するために提案した体系であり、今日「メレオロジー」の名で知られるものの一部である。非常に寛容なバージョンの体系のもとでは、個体の明確に分離していない任意の部分もまた、一つの個体とみなされる。もちろん、テーブルの真部分がそもそもほんとうにテーブルでありうるのかどうかについては、固有の哲学的問題がある。本論文集の第一論文を見られたい。

出来事についてのクワインへの返答

ドナルド・デイヴィドソン

クワインの論文に返答できて嬉しく思う。そう思うのには多くの理由がある。理由の一つは、ほとんどいつもクワインの方から応えてもらっているなかで、これは私が彼にお返しをするよい機会だからである。もう一つの理由はもちろん、ヴァン・クワインから私がつねに多くのことを学んでいるからである。彼はお馴染みの論点に新たな響きを与えるだけでなく、それらをほんとうに新しい論点へと作り変えることができる。たしかに正直に言えば、ヴァンの論文に応えることの新鮮さは、彼の論文がところどころ私の仕事にコメントしたものであるという事実によっていくらか減じられる。しかしそのあとで、ヴァンのそのコメントのいくつかもまた、私が彼の仕事についてそれ以前に行なったコメントに関わるものであることに気づき、自分自身を納得させることができる。この特定の連鎖の遡及はそこで終わりである。というのも、『真理と解釈』(1)の献辞で述べたように、クワインは私にとって（他の多くの人にとってと同様）「without whom not（彼がいなければ今の私はなかった）」といえるような存在だからである。(献辞をラテン語に直すのは、私よりラテン語が得意な人に任せよう。)ともあれわれわれは、コメントへのコメントへのコメントという前へ向かう連鎖を、無限《アドインフィニトゥム》にではないにしても、自由《アドリビトゥム》に続けていくことができる。そして私は、われわれ二人がそうしていくことをたしかに望んでいる。

私が出来事と副詞的修飾に関心をもつようになった理由に関して、もとよりクワインは正しい。とはいえ彼のコメントには、私にとって、新しい光で古い問題を照らしてくれるような部分があった。それは、伝達したいことのすべてを単一の文では伝達しそこなうかにみえるところを、いかにして文と文とのあいだのつながりが埋め合わせていくか、に関する部分である。同意できるすべての点とともに、一つの相違点を私は強く感じている。すなわちクワインと同様、私は、英語やそれに似た言語(すなわちすべての言語)がどう機能するかに興味がある。しかしクワインと異なり、言語を改良したり改革したりすることには関心がない。(このとき私は保守主義者であり、クワインはマルクス主義者である。)私は科学の言語を、われわれの現行の言語に取ってかわるものではなく、むしろその周辺部に位置するものとみなす。科学は、われわれの言語的および概念的な資源を、著しく増やせるものの大幅に減らすことはできないのである。代替的な概念図式があると私は信じない。したがって、われわれが世界をどのように構成するかに関して、世界についてわれわれがどのように語るかということから学びうることに対しては、それがどのようなことであれ、相当程度重要なものと私はみなす。私の考えでは、われわれが世界を構成する仕方は、おおむね、まさに世界が構成されている仕方にほかならない。誤りのケースを別とすれば、それら二つの構成を区別するすべはないからである。クワインが指摘しているように、私を出来事について考えるようにたまたま最初に導いたのは、副詞的修飾の問題であった。理由の一部としては、また、私が行為に関心をもっていたということもあった。とくに、二つの行為が一つであると述べることは何を意味しうるのかということに関心があった。というのも、とりわけ、行為を「記述する」とわれわれの多くが考える文は、行為を指示する単称名辞や記述のようなものを一見したところ含んでいないからである。しかしすぐに私は、密接に絡みあう一群の諸問題に気づいた。たとえば、あきらかに、「死ぬ（die）」のような動詞とその名詞化「死（death）」といったものとのあいだには、何らかの密接なつながりがあるはずである。そしてそれゆえ、「モーツァルトは一七九一年に死んだ（Mozart died in 1791）」と「モーツァルトの死は一七九一年に起こった（Mozart's death occurred in 1791）」といった文（これらの文は同じ真理条件をもたない）のあいだにも、密接なつながりがなければならない。次のような諸事実もある。すなわち動詞の名詞化が定冠詞や不定冠詞を伴って用いられるという事実、ある出来事が別のもう一つの出来事と同一であるというようにわれわれが語るという事実、出来事に対して量化を行なうという事実、ある一つの種類に属する出来事を数えあげるといった事実である。因果に関する語り方も関わってくることが判明した。さらにまた、「殺す（kill）」や「壊す（他動詞としての break）」のような惹起的な動詞に関する問題があり、それとともに、一つの動詞の他動詞形と自動詞形がどのように関係しているのかという問題があった（これは自動詞形を他動詞形の省略形としないときにかぎり明白な問題となる）。動詞と副詞の意味論に関するこれらすべての問題を私が列挙したのは、ひとえに、もし自然言語の意味論というものに興味があるならば、関連するすべての現象と整合する理論を追求することが重要である、という点を強調したかったからである。われわれは、問題を一度に一つずつ取りあげていくほかないのだが、しかし、統一的理論に組み込むことのできない解決で終わることにはけっして満足すべきでないのである。

われわれの自然言語がわれわれにとって主要な概念的ツール（タルスキが述べたようにそれらは「普遍的」である）を含んでいるとみなすことの重要な一つの帰結は、言語がそれとまさに同一の言語によって（あるいはまあそれとほぼ同じ言語によって）説明可能でなければならないということである。このアイデアを、研究対象となる言語のすべての文について「sが真であるのはpのとき、かつそのときにかぎる（s is true iff p)」（「p」はsの翻訳によって置き換えられる）という形の双条件式を証明できたところで真理の理論は完結するというタルスキの要求に加えるならば、われわれは最終的に、われわれの双条件式すなわちT文が（クワインのうまい言葉でいえば）「引用解除」されることを要求することになる。引用解除されたT文は、文法の気まぐれのせいで到達することの難しい、一つの理念型である。しかしにもかかわらずその理念型は固有の価値をもつ。

T文という理念型の一つの適用はこうである。ある言語をそれと（ほぼ）同じ言語で説明することに最善を尽くすかぎり、対象言語の論理と対象言語についての理論の論理との区別という考えが意味をもつことはない。述語論理に私が見いだすメリットは、クワインが言及しているものだけではない。クワインが言及するメリットとは次のものである。述語論理は（クワインが言うには「良かれ悪しかれ」）科学が用いるものであり、さらにわれわれは、述語論理の構造を用いて、ある言語についての真理理論を作り出す方法も知っている。私が惹かれるさらなるメリットとは、ある言語における述語論理的構造をわれわれが識別できたならば、その言語に対して引用解除された意味論を与えることができるというものである。つまりわれわれは、言語を、その言語自体を説明するために用いることができるというわけである。

以上の知見は動詞と副詞の意味論に応用できる。アンソニー・ケニーはずいぶんと前に行為動詞の可変的多項性の問題（と彼は呼ぶのだが）を提起した。すなわち「イヴは食べた（Eve ate）」、「イヴはリンゴを食べた（Eve ate an apple）」、「イヴはエデンの園の中でリンゴを食べた（Eve ate an apple in the Garden of Eden）」において、「食べた（ate）」が、それぞれ順に一座、二座、三座の述語として使われているようにみえる（そしてこの座数の増加にはきりがない）という事実である。[2] もしこれが問題に関するすべてであるならば、クワインの指摘のとおり「食べた」を人と対象列について真であるような二座述語として恒久的に扱うことも可能であるだろう。クワインの説明では、もしそのように扱うならば、「遅く（slowly）」が何らかの存在者を名指していると考えなければならなくなる。しかしそれは早合点であると思う。というのも、クワインが言うように、副詞における「遅く」の位置づけはちょうど形容詞における「遅い（slow）」の位置づけと同じだからである。つまりそれらは単独成立的ではないのである。「遅く」は共範疇的（syncategorematic）な副詞である。遅い走者は速い五歳児かもしれないし、大西洋を遅く横断することは大西洋をすばやく漕ぎ渡ることであるかもしれない。すべては対照クラスに依存する。とはいえ、対照クラスへの言及は、「遅く」を「大西洋横断のクラスのなかでは遅い」へと変換するのに必要な指示を提供する。それゆえにそれは、出来事（横断すること）への明示的な指示を行ないながらも、多段的述語というアイデアに新たな真実味を与えるのである。しかしながら、そのような仕方で「遅く」および「遅い」を扱うことに関して、私はすでに頭を悩ませている。理由はこうである。一人の遅い走者が走者のクラスの中で遅い走者であるとしよう。すると「遅い走者（slow runner）」という句を含む文に対するT文は、その双条件の右辺にも「走者（runner）」をふたたび登場させなければならない。それはとりもなおさず、遅い走者について成り立つことが走者についても成り立つという推論の可能性を保証するためであり、そしてまた、その走者がその中で遅いとされるようなクラスを記述するのを助けるためである。だが、ここで「走者」という語が走者のクラスへの指示を要求するのであれば、ほかのところでそうしない理由を考えることは難しいだろう。そしてもし、いかなる述語の意味論もそれが定義するクラスへの指示を恒常的に要求し、かつ他方で、われわれが引用解除の様式を堅持するならば、無限後退が始まることになる。ある単純な述語に対して意味論を与えるいかなる試みも、その単純な述語をふたたび一部として含む複合的な述語へと導かれることになるからである。おそらく、共範疇的な形容詞や副詞についての話をする段になれば、われわれはクラスへの指示を認めなければならないのだろう。しかし私はそれを望んでいない。

もちろん、「走る」のような動詞を走者と対象列にあてはまる二座述語へと変換するやり方は、クワイン自身があきらかにした理由により、いずれにせようまくいかないであろう。困難は、適切な存在者が存在しないということだけではない。例の短い前置詞とその仲間たちのどれもが、厄介をひき起こすのである。つまり、イヴが対象列〈リンゴ，エデンの園〉を食べたという事実からは、彼女がリンゴをエデンの園の中で（in）食べたのか、それともエデンの園の外で（outside）食べたのかを区別することができない。だがそれでも、中で食べることと外で食べることとの違いは、ここで、なお二つの関係のあいだの違いなのであり、どちらも正確に二つの座をもちつつ互いに異なるような二つの述語のあいだの違いなのである。

クワインは、かつて私が、命題的態度に関する文の彼の扱い方の一つに対し、それが無限の基本的語彙を要求することを根拠に批判したことに、言及している。それに対して以前に一度クワインは返答している。「内包再訪（Intensions Revisited）」のなかで彼は次のように書いているのである。「その論文（「量化と命題的態度（Quantifiers and Propositional Attitudes）」(3)）の批判者たちがあきらかにしてくれたことは、多段的述語の採用が何ら論理的変則性や無限の語彙目録をもたらすものでないこと——それは言わなくても通じると思っていたのだが——を説明しなければならないということである。〔…〕引用の使用についていえば、それはもちろん、帰納的定義によって連結ファンクターと記号の名前へと還元可能である」(4)。口調は今回の指摘ほど優しくないが、しかしこのかつての言及箇所で、クワインは誰の名も名指ししていない。だがともかく、私は誤りを認めよう。いや、半分認めよう。私も引用についての彼の提案を批判した一人であり、また、引用合戦を続けていく（「引用されたのでこっちはさらにそれを二重に引用《ダブルクオート》してやろう」）のが楽しいからこのように思うのだが、クワインの最新の提案は、依然として、同じ困難を抱えているように思う。なぜなら、記号の名前をわれわれの基本的語彙に加えるのであれば、同時にその名前のそのまた名前をも、その名前への指示が必要となったときのために加えなければならず、さらにその名前の名前の名前をも…ということになるからである。ただしこれは、実際には些細な問題である。なぜなら、名前の代わりに、語彙目録のなかにあるアイテムの記述（「語彙目録の三十一番目のアイテム」といったような）を用いることによって、困難は克服できるからである。

「信じている」を、人と、文（開文であろうと閉文であろうと）と、そしてその文を充足すると信じられている対象の列について真であるような多段的述語として扱うことに、実際のところ何か問題があるのだろうか。クワインが指摘するようにそれは、「信じている」を、タルスキの「充足」によく似たものにする。充足は、言語と、文（開文であろうと閉文であろうと）と、そして（もしあるとすればだが）それらの文のなかの自由変項にあてはまる対象の列とを関係づける。おそらく問題はあまりにも似すぎていることである。つまり、「充足する」という述語は、それが言語Lに対して適用されるときには、当の言語Lに属することができない（それに違反すると矛盾が生じる）述語なのだが、その一方で「信じている」は、そのよく分からない働きを成し遂げるために、メタ言語と対象言語の両方に属さなければならないのである。パラドックスの脅威は、とりわけ「信じている」の代わりに「知っている」を考えたときに明白になると思われる。

この脅威を回避する自然な方法はあるかもしれない。だがそのほかにもっと憂慮すべきことがあり、それによって私は、以前の、より直接的に重要な論点へと引き戻されることになるだろう。つまり、「ラルフはオルコットについて彼がスパイであると信じている」という文についてのT文が、「xはスパイである」が対象列〈オルコット〉により充足されるとラルフが信じているときにその文は真である、ということを述べるものだとしよう。もしそうだとすると、われわれはまるで、ラルフの信念が関わるのは、オルコットやスパイ行為ではなく、表現や、充足、対象列といったものである、と仮定しているかのようである。ここで私は次のように説明されるかもしれない。すなわち、双条件の右辺にあるものは、双条件の左辺で言及されている文が意味するところのものを意味するとは考えられていないのだ。右辺にある「信じている」の語は、左辺において言及されている同じ文字列の語と、同じ語ではないのである、と。いいだろう。では、その右辺にある「信じている」の語を、まさにタルスキが「充足」を説明したように、説明してもらえないだろうか。タルスキはもちろん、「充足」に関するわれわれの理解を、多数の非多段的述語〔訳注1〕に関するわれわれの理解へと基づけるようなある再帰的手続きを用いて、その説明を行なった。われわれにお馴染みの「信じている」を他の何かに還元することを、意味論に求めるのは誤りであろう。だが、新しい「信じている」という意味論的述語の（おそらくは古い述語「信じている」を用いた再帰的手続きによる）説明を要求することは、理にかなっていると思われる。ただ私には、それが可能かどうか明白には分からない。

さて、出来事がどのような種類のものであり、どのように個別化されるべきかについてのクワインのコメントに話を移そう。彼は、私が提案した出来事の個別化の規準〔訳注2〕が根本的に不十分であると言う。そして私はそれに同意する。私はその規準を暫定的に受けいれたにすぎないのだが、しかしそのさい、その規準が、物理的対象についてわれわれがもつ規準とほぼ同程度にはちゃんとした規準であると考えられるという点を強調した。クワインは、私のもともとの提案のどこが誤りなのかをよりはっきりさせてくれた。その結果、私は問題の規準を放棄する。もともとの提案を示した論文のなかで、私は、クワインの言う代替案も検討している。すなわち、出来事が同一であるのは、物理的対象と同じように、同一の時間に同一の場所を占める場合であるという提案である。最初の論文で私はこの提案を

（やはり暫定的に）拒否した。なぜなら、二つの異なる出来事が同じ時空領域を占有できると思いたい人がきっといるだろうと考えたからであり、さらにまた、出来事の境界が物体の境界ほど明確でないと考えたからである。第一の観点はおそらく考えすぎであった。私は、ある球体が回転することと、その球体が熱くなることの両方を、その球体を構成する諸原子の当の期間における歴史と同一視することによって、われわれはそれらの出来事を同一とみなすことができるのではないか、と推測した。クワインの規準はそれよりすっきりしており、よりよいものである。というのも規準を支えるのに何らかの科学的理論を必要としないからである。

位置の曖昧さの問題に関してクワインは、私と同様、次の点をとくに指摘している。すなわち、山の頂上がその山を位置づけるように、爆発の中心は爆発をうまく位置づける（外縁に関しては曖昧さを残しつつも）。しかしクワインは続けて、さらに次のように述べる。ふつうに分類される物体や出来事の時間的空間的な境界の曖昧さは、クワイン自身の個別化原理の明確さを危うくするものではない、と。それはたしかに正しいのだが、ここでまたちょっとしたパラドックスが気になりはじめる。数えるということが明確な適用をもつ場面では、われわれは1を2から区別できるはずだから、最良の個別化がなされていなければならない、と考える人がいるかもしれない。だが、物体の個別化のためのクワインの明確な原理は、数える仕方を教えてくれないのである。その一方で、テーブルを個別化する、クワインのものとは別の、疑いなく明確さにおいて劣る原理は、数えるということに関してかなりうまく機能する。おそらく、出来事や物体のような最上位のカテゴリーでアイテムを個別化することは、机や人といったカテゴリーのなかで種を個別化することとは明白に異なるのである。私はこのことを十分に認識していなかった。

私はまた、物体と出来事がともに時空的位置づけにより個別化されるのであれば、出来事を物体と同一視しなければならなくなる、と考える間違いをおかしていたかもしれない。クワインはそれらが別の問題であることを示してくれた。というのも、出来事と物体は時空間的な位置に対してそれぞれ異なる仕方で関係しうるからである。たとえば、出来事がある一つの時間にある一つの場所で起こる(occur)のに対し、物体はいくつかの時間にいくつかの場所を占める(occupy)のかもしれない。とはいえその区別を疑問視するのもまた簡単である。一つの波が海を渡っていったとしよう。それは、いわば海の観点からすれば、一つの出来事である。しかし波はまた、それ自体、急速に水を入れ換えつつも一般的な形を維持する一つの物体である。このような例はいくらでもあげられる。レンズ雲は、それを生じさせている風の流れが雲の境界領域へ新たに凝結する水の粒を運びこむと同時に、もう一方の端を蒸発させることによりみずからを削っていくことで、他の雲とは異なり、地表に対し相対的に静止している。それを含む大気の観点からすれば、レンズ雲は一つの出来事である。それをひき起こす山の観点からすれば、レンズ雲は一つの物体である。

物体か出来事かを確定するさいのこれらの困難は、しかし、それらを時空的内容の同一性によって同一視することから生じたものである。文法はそのような混同を許さない。海のうねりは、海原を横切る波やそれらの総和と同一視できないし、水分子の間断ない凝結と蒸発からなる複合的出来事は、レンズ雲と同一視できない。時空間の同じ領域を占めるにしても、物体と出来事では違うのである。一方は、変化を通じて同一であり続けるような対象であり、他方は、一つの対象または諸対象における変化である。時空領域がそれらを区別することはないが、われわれの述語や、基本文法、分類の様式がそれらを区別する。われわれの言語に潜む形而上学への関心からすれば、これは私が放棄したくない区別である。

注

（1） Davidson (1984).
（2） Kenny (1963).
（3） Quine (1956).
（4） Quine (1977), in Quine (1981), p. 114.

文献

Davidson, D. (1984), *Inquiries into Truth and Interpretation*, Oxford University Press.〔野本和幸・金子洋之・植木哲也・高橋要訳、『真理と解釈』、勁草書房、一九九一年。〕

Kenny, A. (1963), *Action, Emotion and Will*, Routledge and Kegan Paul.

Quine, W. V. O. (1956), "Quantifiers and Propositional Attitudes," *Journal of Philosophy* 53, 177–187.

—— (1977), "Intensions Revisited," in Quine (1981), 113–123.

—— (1981), *Theories and Things*, Harvard University Press.

Donald Davidson, "Reply to Quine on Events," in E. Lepore and B. McLaughlin (eds.), *Actions and Events: Perspectives on the Philosophy of Donald Davidson*, Basil Blackwell, 1985, 172–176. この論文は、同論文集に収録されているクワインの "Events and Reification" に対する応答論文である。また、数カ所の（おもに表現上の）変更とともに、Davidson, *Essays on Actions and Events*, 2nd Edition, Oxford University Press, 2001, 305–311 に再録されている。

〔訳注1〕 非多段的述語とは、固定された数の座をもつ述語のことである。なお、タルスキの「充足」のアイデアに対するデイヴィドソンの評価は、『真理と解釈』所収の論文「事実との一致」を参照されたい。

〔訳注2〕 ここで言われている出来事の個別化の規準とは、同一原因・同一結果を出来事の同一性の必要十分条件とみなすものである。すなわち、出来事 x が出来事 y をひき起こすことを「Cxy」のように表すとすれば、その規準は、$x = y \longleftrightarrow ((\forall z)(Czx \longleftrightarrow Czy) \& (\forall z)(Cxz \longleftrightarrow Cyz))$ と表現される。この規準は、デイヴィドソンがかつて論文「出来事の個別化」（服部裕幸・柴田正良訳、『行為と出来事』、勁草書房、一九九〇年に所収）のなかで提案したものである。クワインによればその規準は、いわゆる「循環的定義」ではないものの、深刻な循環性を含んでいる。

普遍者の理論のための新しい仕事

デイヴィド・ルイス

1　導入

D・M・アームストロングは、普遍者についてのある一つの理論を、体系的哲学のある「解かれるべき問題」に対する唯一適切な答えとして提出している。その問題とは、多にわたる一（One over Many）の問題である。[1] 私は、その方向での彼の議論が説得的だとは思っていない。とはいえアームストロングの理論については、彼自身が述べてきたよりもたくさんのことを述べる必要があると考える。というのも、私は哲学のさまざまなトピックを考えるさいに彼の理論のことを心に留めていたのだが、再三再四それが私自身の問題に対しても解答を与えていることに気づいたからである。多にわたる一の問題をどのように考えるにしても、普遍者は、他のもっと必要な仕事を任されることで、生計を立てていけるのである。

普遍者が必要不可欠であるとは私は言わない。普遍者がわれわれに与える成果は、唯名論的な――その精神はおそらく異なるにしても、とにかく形の上では唯名論的な(2)――資源を活用することでも手に入るであろう。だが他方で私は、普遍者に対していかなる予見ももっていない。というわけで普遍者は、適切な代任が得られないときにかぎり迎えいれられることになる。私はそれゆえ普遍者そのものに対する評定を保留する。私が主張したいのはただ、とにかく何らかの仕方で、なされなければならない仕事が存在するということである。

私は、自分自身のいつもの存在論に普遍者を加えることの利点を探ってみようと思う。私の考える存在論は、唯名論的ではあるが、他のある点で非常に豊かなものである。それは、可能者（possibilia）――すなわち、あるものはわれわれの現実世界を構成し、他のものは現実化されないような個別的で特殊的な物(3)――と、可能者を基に組み立てられるクラスの幾重にも重なる階層とを、構成要素として含んでいる。そのため私には、可能者のクラスとしての性質の理論が、利用可能なものとしてすでに手もとにある。性質は、そのように理解するかぎり普遍者とたいして似ていない。またそのように理解される性質は、助けがなければ、普遍者の仕事を引き継ぐこともできない。しかし、にもかかわらずそれは、以下の議論において重要な役割を果たすだろう。というのもそのような意味での性質は、私にとっては、普遍者が働ける環境の一部分をなすからである。

普遍者を支持する人は、次のようにいぶかるかもしれない。普遍者は、可能者とクラスからなる私の存在論にただそれを加えたときよりも、適当な部分をそれで置き換えたときの方が、よりよく働いてくれるのではないか、と。正当な疑問である。そして急いで答えるべき疑問である。にもかかわらずこの論文ではこの疑問については考察しない。

次節ではアームストロングの普遍者の理論を、普遍者に加え可能者のクラスとみなされる性質をも含む理論と対比させつつ、素描する。そしてなぜ私が、アームストロングの「多にわたる一」論法によって説得されないかを述べようと思う。そのあと、私自身の第一の関心へと移ることにしたい。つまり、いかに普遍者が次のようなトピックに関して私を助けてくれるかを論じたい。すなわち、複製やスーパーヴィーニエンスや分岐する世界、唯物論のミニマルな形態、法則と因果性、言語と思考の内容といったトピックである。このトピックのリストはおそらくさらに拡張していくことができるだろう。

2　普遍者と性質

言語はわれわれに、多かれ少なかれ交換可能ないくつかの語を提供する。すなわち「普遍者（universal）」、そして「性質（property）」、「質（quality）」、「属性（attribute）」、「特徴（feature）」、「特質（characteristic）」、さらに「タイプ（type）」、「種（kind）」、「種類（sort）」…おそらく他にもあるだろう。一方、哲学は、そのような語が指示する存在者についてのいくつかの考えをわれわれに提示する。それらいくつかの考えのうちの一つに決めることが私の目的ではない。そうではなくむしろ、ある二つを（両極端として）区別し、その両方を私が自由に使えるかどうか検討することが目的なのである。そのため、言語を何らかの仕方で統制する必要がある。それによって生じる不便についてはおわびしたい。まず「普遍者」の語は、アームストロングの説明にほぼ合致する存在者（そのようなものがあるとして）のためにとっておくことにしよう。そして「性質」の語は、クラス――何のクラスであってもかまわないが、第一には物のクラスを考えている――を指すためにとっておこう。ある性質をもつことは、あるクラスのメンバーになることである(4)。

なぜそうしたものを「クラス」とだけでなく「性質」とも呼ぶのか。それはまさに、それらが現実の物のクラスである必要がないという事実を強調するためである。たとえば、一匹のロバであるという性質は、すべてのロバのクラスである。その性質が帰属するのは（つまりそのクラスが含むのは）、われわれが住むこの世界の現実のロバだけではない。他の世界の現実化されないすべてのロバたちにも、その性質は帰属するのである。

同様に「関係」という語は、順序対、順序三組《みつくみ》、順序四組《よつくみ》…である任意のクラスのためにとっておこう。よって、物のあいだの関係は、n個の物が有する性質であるということになる。そしてまたここでも、現実の物に限定されることはない。物の性質と物のあいだの関係という分類にほぼ対応して、われわれは〝単項的〟普遍者と〝多項的〟普遍者という分類を手にすることになる。

普遍者と性質の重要な相違点は二つである。第一の違いは例化に関する違いである。普遍者は、それがどこに例化されようとその全体がそっくりそこに在る〔訳注1〕と考えられる。そして普遍者は、それを有するそれぞれの個別者の構成部分（時空的な部分ではないが）である。性質は、対照的に、あちこちに散らばっている。ロバであるという性質は、この世界や他の世界のロバが存在する場所に部分的に姿を現す。ロバであるという性質が一匹のロバの一部であることはまったくないが、そのロバがその性質の一部であると言うことは真実にかなり近い。だがまさに真実なのはむしろ、そのロバが、ロバであるという性質のメンバーだということである。

したがって普遍者は、性質がしないような仕方で、実在に統一を与えるであろう（アームストロング、『普遍者と科学的実在論（*Universals and Scientific Realism*）』、第I巻、一〇九頁を参照）。一つの普遍者を共有する複数の物は、単一のクラスに加わっているというだけではない。それらは文字どおり何かを共通にもつのである。それらの物は完全に別々ではない。オーバーラップしているのだ。

複数の物のなかに出現することにより、普遍者は直観的な原理に反している。しかしそのことはダメージを与えるような反論にはならない。というのもあきらかにそのような直観は、個別者に合うように作られたものだからである。たとえば、二つの存在者が時間と空間の中の一つの位《ポジション》置に全体としてそっくり在るとき、それらが「共在（copresent）」すると呼ぶことにしよう。共在の関係は推移的である、と即座に直観されるかもしれない。しかし、明白なことであるが、普遍者に関してはそうではない。論証のため、丸い、銀製、金製という普遍者があると仮定しよう。銀製と丸いは共在する。なぜならここに一枚の銀貨があるからだ。丸いと金製も共在する。ここに一枚の金貨があるからだ。だが、銀製と金製は共在しない。可能者の存在論に普遍者を加えたときにも、同じ可能世界の一部であるという関係に関して、同様のことが起こる。(5) 私と他の世界のある一匹の竜は同じ世界の仲間《ワールドメイツ》ではない。しかし私は、金製という普遍者とはこの同じ世界の仲間であり、また問題の竜も、金製とはある同じ世界において仲間である。このような話をするには、思うに、普遍者と個別者の両方を含む混成的ケースが必要である。というのも、任意の二つの普遍者が同じ世界の仲間になりそこなうことなどがどうしてありうるのか。なりそこなうことなどはありえないだろう。それゆえ、普遍者どうしのあいだに成り立つ同じ世界の仲間《ワールドメイツ》の関係は、些末に推移的であるといえる。

普遍者と性質とのあいだの第二の違いはその豊富さに関する違いである。この違いこそが、普遍者と性質のそれぞれに、異なる仕事を適任として与える根拠となる違いである。そしてそのために、普遍者と性質の両方を手にすることへの私の関心は生じている。

アームストロングの理論の際立った特徴は、普遍者の存在がまばら（sparse）であるところである。普遍者というものが存在し、それはまさに、客観的な類似性と因果的な力に基盤を与えるべくそこに存在するにちがいないようなものである。普遍者の存在を信じるそれ以外の理由はない。したがって、普遍者と言われるかもしれない以下の候補は、すべて除外されることになる。

金製でない	西暦二〇〇〇年より前にはじめて調べられた
金製または木製の	同一の
金属製の	ある点で似ている
自己同一的	正確にそっくりな
フレッド所有の	の部分である
クラスCに属する	を所有する
グルーの	Rに属するある対として、一つの対をなす

（ここでCとRはまったく異種的なものを寄せ集めたクラスである。）指針となる考え方は、おおまかにいえば、ある世界の普遍者はその世界を完全に特徴づけるための最小限の基礎を構成するものであるべきだ、というものである。この目的にまったく貢献しない普遍者はお呼びではなく、また、余剰的にしか貢献しない普遍者も要らない。普遍者の十全な目録は、世界を余すところなく記述できる言語の原初的語彙目録の非言語的対応物にほかならないのである。

（以上はすこし大雑把な言い方である。というのもアームストロングは余剰的な普遍者を手放してはいないからである。実際、彼の理論の心髄がそれを要求しているようにみえる。連言的普遍者――金製かつ丸い、といったような――を彼は認めるのであるが、それは余剰的である。そして、分析可能な構造的普遍者についても同じことが言える。それらの普遍者を認める理由は、世界が無限にどこまでも複合的である場合には、最小限の基礎へと切り詰めてたどり着くことができないと思われるからである。余剰か不足かのどちらか一つを選ばなければならないのかもしれない。そうであるならわれわれは余剰性に甘んじた方がよいだろう。とはいえ、こうした余剰性は、複合的な普遍者がそれよりも単純な――絶対的に単純ではおそらくないにしても――構成要素からなるという事実によって、緩和される。それらはまったく別々の存在者というわけではないのである。以上の点については『普遍者と科学的実在論』、第Ⅱ巻、三〇～四二頁および六七～七一頁を見られたい。）

性質に関しては、事情がまったく異なる。物のどのようなクラスも、それがいかにゲリマンダー風に切り取られ、異種的に寄せ集められ、思考や言葉によって捉えようがなく、余計な仕方でしか世界を特徴づけていないものであるにせよ、にもかかわらずそれは性質なのである。よって性質はとてつもなく豊富に存在することになる。（現実のものとそうでないものを合わせた物の数がベート2であるとすると——この概算はどちらかといえば低めだろうと私は考えるのだが——、物の性質の数はベート3になる。これは実際、集合論の辺境地帯の研究者以外にとっては、巨大すぎる無限である。）性質はあまりにも多く存在するので、自然言語や、あるいはシナプス結合や神経スパイクによる脳の言語で語ることのできる性質は、無限に小さなマイノリティにすぎないことになるだろう。

そのように豊富であるため、性質は、物に対して分け隔てをしない。任意の二つの物は、無限に多くの性質を共有するとともに、無限に多くのその他の性質を共有しそこなっている。それは、その二者が完璧な複製であるか、まったく似ていないかにかかわらず、そうである。それゆえ性質は、類似という事実を捉えるさいに何の役目も果たさない。それはむしろ、存在のまばらな普遍者が行なうのにふさわしい仕事である。同様に、性質は、因果的な力の理解に何の役目も果たさない。ほとんどすべての性質は因果的に重要でない。因果的に重要な性質を群衆の中から浮かび上がらせてくれるようなものも何もない。性質は現実を節目に沿って切り取る。しかし他のあらゆるところでも同じように節目に沿って切ってしまう。区別が欲しいときに構造がたくさんありすぎるというのは、何もないよりすこしもましなことではないのである。

だが、全性質という無数の群衆だけでなく、特別の性質という選ばれた少数派をわれわれが手にしたならば、事情は異なってくるであろう。後者を「自然的（natural）」性質と呼ぶとしよう。(6) もし性質と普遍者の両方がわれわれの手もとにあるなら、普遍者は自然的性質をつかみ上げるのに役立つはずである。そしてそのあと普遍者は、もしそうしたいなら引退することができ、みずからの仕事を自然的性質に譲ることができるだろう。自然的性質とは、それを共有することが互いの類似性に寄与するような性質であり、因果的な力に関与するような性質のことである。非常に簡単にいえばこうである。ある一つの普遍者を共有する物すべてがある性質のメンバーであり、かつその性質のメンバーがそのような物にかぎられるとき、われわれはその性質を「完全に自然的」であると呼ぶことができる。しかし他方われわれは、他の「より完全でない仕方で自然的な」性質をもつことになるだろう。そのような性質は、関連するいくつかの適切な普遍者の族《ファミリー》によって形成されている。[7] したがってたとえば、金属的という単一の普遍者が存在しないにもかかわらず、われわれは、金属的であるという不完全に自然的な性質を手にすることになるかもしれない。すなわちそれは、金属的な物体のいずれもが、密接に結合しあう真正の普遍者からなる一つの族に属する普遍者のうちのあれないしはこれを例化している、ということによってである。そうした不完全に自然的な性質は、さまざまに異なる程度で自然的でありうることになる。

次のように言いたい。性質の適切な理論とは、自然的な性質と自然的でない性質とのあいだの客観的違いを認めるような理論である。さらにその違いは、程度を許すものであることが望ましい。性質と普遍者を組み合わせた理論も、性質についての適切な理論の一つである。

しかし適切な理論はその種のものだけではない。唯名論的な性質の理論もまた、他のやり方で適切性を達成しうるだろう。そうした理論は、普遍者を雇うことなく、個別者のあいだに原始的な区別をつける。最も簡単に行なう場合、唯名論者は、次の事柄を原始的な事実と考えればよい。すなわち、物のいくつかのクラスは完全に自然的な性質であり、他のいくつかのクラスはさまざまな程度でより不完全に自然的である。そしてほとんどのクラスはまったく自然的でない。以上を原始的事実と考える唯名論者は、「自然的」を一つの原始的述語とみなしている。そして、その述語によってクラスを述定するということが何を意味しているのかについては、いかなる分析も提出しない。そのような唯名論者の意図は、普遍者を使用したときに選び出されるような自然的性質と、まさに同じクラスを選び出すことである。ただしその唯名論者は、普遍者を無駄な歯車であり、自然的性質とそうでない性質のあいだにある原始的で客観的な区別の上に重ね描かれた虚構にすぎない、と考えるのである。(8)

別の道もある。唯名論者は、適切性をめざすにさいして、物のあいだの原始的で客観的な類似性に依拠することを、むしろ選ぶかもしれない。(彼は「自然的」を、おそらく、それがクラスを述定するためのものであるという理由から、原始的述語としてそれほど自然であるとは考えないのだろう。)そしてそのあとでその唯名論者は、自然的性質を、それに属するメンバー間の相互類似性と、メンバーと非メンバーとのあいだの類似性の欠如によって定義することを、企てることができるだろう。だが残念なことに、その計画はよく知られた技術的困難に直面する。それらの困難は克服可能であるが、ただし使用する原始的概念の不自然さや複雑さという代償を払うことになる。もはやお馴染みの二項的な「〜は〜に似ている」を使ってやりすごすことはできない。代わりに、比較対照的で、かつ可変多項的な類似性の述語が必要となる。つまり次のような述語、

x_1、x_2…は、互いに類似しており、かつ同じようにはどのy_1、y_2…にも類似していない(変項の列は無限でありうるし、さらにそれは非可算的でさえありうる)を、それ以上の分析なしに理解

されるものとして受けいれなければならないのである。(9) もし適切な唯名論が、このような述語か、クラスに関する原始的述語かのどちらかを選ぶようわれわれに要求するのなら、そもそも唯名論という戦略に勝ち目があるのかどうかをとうぜん疑いたくなるだろう。もちろん私は、疑いたくなるだろうと述べているにすぎない。決定的と思われる議論があるわけでないことは承知している。

ここにおいてあなたは、性質とともに普遍者の存在も信じることがなぜよい考えであるのかを、非常にはっきりと悟るかもしれない。だが普遍者だけでなく性質も手もとに置くことの意味は、まだ理解できないかもしれない。しかし性質にもそれら独自の仕事があるのである。そして普遍者は、性質がするそうした仕事を担うのには適当でない。

言語表現に適切な意味論的値を供給するために必要であるのは、ときに自然的でありときに自然的でないような、性質である。次のような文について考えられたい。

(1) 赤は、青に似ているよりは橙に似ている。
(2) 赤は色である。
(3) 謙遜は美徳である。
(4) 赤は完熟のしるしである。

一見して、これらの文は、個別者すなわち個別的な物を指示するとは考えられない名前を含んでいる。そうした語の意味論的役割とはどのようなものであろうか。われわれがもし、最も発展した形で構成的意味論を作ることになるとすれば、そうした語にも意味論的値を割り当てるため、それらの語の意味論的役割をコード化するような存在が必要となるであろう。おそらくときどきは、オリジナルの文をそのまま意味論的分析にかける必要性からわれわれを解放してくれるような言い換え《パラフレーズ》が、見つかることだろう。たとえば、(1)がそのケースである。[10] だがそのような言い換えは、ときに存在するとしても――さらにかりに、ありそうにないことだが、つねに存在するとしても――、断片的にばらばらにしか機能しないものであり、意味論への体系的なアプローチを妨げるものである。

アームストロングは、さきに掲げたような文が、多にわたる一の問題による普遍者のための主要な論証とは独立に、普遍者のための補助的な論証を与えると考えている（『普遍者と科学的実在論』、第I巻、五八～六三頁や、「ダチョウのように現実逃避的な唯名論に抗して（Against 'Ostrich' Nominalism）」を参照のこと）。[11] 私も、自分がいま何かのための論証を手にしているということについては、完全に同意する。しかしそれは、性質に対して普遍者を有利にするような論証ではない。性質もまた、必要な意味論的値としての役割を果たせるであろう。それどころか性質は、普遍者よりもその仕事に適しているのである。そのことはすでに出てきた例からもあきらかである。色（とりわけ確定的なある色合いではなく、赤のような確定可能な色）[訳注2]や、完熟や、謙遜といったような真正の普遍者が存在するとは考えにくい。アームストロングも、(1)から(4)のような文を、普遍者への指示を直接的に行なうものとみなすことができないことには同意している（『普遍者と科学的実在論』、第I巻、六一頁）。彼はまずそれらの文に対して言い換えを行なわなければならないだろう。しかし、かりに真正の普遍者を指示あるいは量化する言い換えがつねに存在するとしても、言い換えの必要性それ自体が、体系的意味論にとっては脅威なのである。問題はまさに、普遍者がまばらであるということから生じている。だがもしわれわれが、必要な意味論的値に性質を考えるのであれば、それらの問題に対応する異論は起こらないであろう。

別の文例は以上の論点をより劇的な形で示している。

(5)グルー性はそれを例化する全事例のあいだの類似性に寄与しない。

(6)痛みを感じている人すべてに共通するのは、その痛みの役割を担うようなとにかく何らかの状態にその人があるということであり、そしてその状態はおそらくすべてのケースにおいて同じ状態というわけではない。

ポイントはこれらの文が真であるかどうかではなく——実際真なのだが——、それらに意味論的な分析が必要であるという点である。(これらの文が日常言語の文でないことは無関係である。)[12] グルー性という普遍者は厄介者である。ある人が、「痛み」役割を(その人の場合に関して)担う何らかの状態にあるならば、必然的に、その人がもつことになるような普遍者も、これまた同じように厄介である。しかし対応する性質に関して、そのような問題は生じない。

実際われわれは、任意の述語句のどれにでも、どれだけ複雑なものにでも、あてはめることのできる包括的スキーマをもっている。(述語句は、無限に長くてもかまわないし、現実に名づけられたことのない存在者に対する想像上の名前を含んでいてもかまわない。) xは物を、そしてPは物の性質(クラス）を、定義域とするとしよう。するとそのスキーマとは次のようなものである。

$\exists_1 P \Box \forall x$(x は P をもつ$\equiv \phi x$)

述語句が動名詞を形成できる程度に短いとき、われわれは、このスキーマを「φであるという性質(the property of φ-ing)」と適切に呼ぶことができるだろう。そしてその性質を、動名詞「φであること」の意味論的な値とみなすことができるだろう。以上を、『普遍者と科学的実在論』の第Ⅱ巻の七～五九頁に提示されている性質と普遍者のあいだの非常に異なる関係と、比較されたい。

一見すると二階の量化を含むかのような文についても考えてみよう。『普遍者と科学的実在論』の第Ⅱ巻の六二頁、および「ダチョウのように現実逃避的な唯名論に抗して」から、以下の文例が得られる。

(7)彼は父親と同じ美徳をもっている。
(8)それらのドレスはいずれも同じ色だ。
(9)まだ発見されていない基本的な物理的性質が存在する。
(10)獲得形質はけっして遺伝しない。
(11)動物のいくつかの種は異種交配可能である。

一見して、われわれは、性質かもしくは普遍者への量化を行なっているようである。ここでもまた言い換えがその予測を覆すかもしれない。しかも、体系的意味論にとって脅威となるような断片的な仕方で。だが性質は、どの文においても、量化の変項の値としての役目を果たすであろう。ただし(9)のケースに関してだけは普遍者もまた同様の役目を果たすことができる。しかし他の文例を、普遍者への量化がなされたものとして扱うためには、やはり何らかの準備的な言い換えに頼らざるをえない。言うまでもなく、それは

(12)いくつかの特徴（たとえば色など）は、一見そう思われるより選言的である。

のような文についてもそうである。（これらの点もまたアームストロングは認めている。『普遍者と科学的実在論』、第I巻、六三頁。）この第二の意味論的論証は、第一の論証と同様、普遍者よりも性質の方が適格であるような仕事を提示している。

以上のことは、普遍者と性質のパートナーシップがなおも良好に保たれる可能性を否定しない。われわれが性質への量化を行なうということは認めるとしよう。しかしそうであるとしても、性質への量化は——われわれの行なう量化のほとんどがそうであるように——暗黙的または明示的に限定されている。とりわけ通常それは、自然的な性質に対するものに限定されている。ここでいう自然的な性質とは、(9)のような特別なケースに見られる、単一の普遍者に対応する完全に自然的な性質だけでなく、まったく異種的な大多数の性質よりはすくなくともまだ何らかの点で自然的であるというような

性質をも含むものである。われわれのすべての例における性質（12）におけるものさえ）が、自然的性質に含まれるだろう。したがってわれわれは、性質に対して量化を行なうにしても、どの性質がたいてい量化されるのかを述べるために、普遍者かあるいは適切な唯名論かのいずれかの助力をなお必要とするのである。

さらに私の考えでは、性質こそが、われわれの志向的態度の内容を特徴づけるさいに必要とされるものである。私は、自分がある特定のクラスに属する世界の一つに住んでいるのであり、そのクラスに属さない世界に住んでいるのではない、と信じたり、あるいは、そう望んだりしている。世界のそのようなクラスは、それらの世界が有する一つの性質である。つまり私は、自分の世界がそのような性質をもっているということを信じたり、欲したりしているわけである。（世界のクラスは、言葉の正統な意味において、「命題」とも呼ぶことができるだろう。そして私の信念や欲求に対する「命題的態度」は、その「対象」としてそのような命題をもつ、と言うことができるだろう。）すでに出た例をも包括するより一般的な言い方をするなら、私は、自分がある特定の可能者のクラスに属すると信じたり望んだりしている。私は、ある特定の性質を自分自身に帰属させたり、そのような性質をもちたいと考えたりする。あるいは私は、特定の性質を、別の何かに（あるいはひょっとすると自分自身にさえも）、その何かに対して私がもつ見知りの関係のもとで、帰属させるかもしれない[13]。もちろん、以上のような仕方で態度の内容を与えてくれる性質が完全に自然的であるということはあてにできない。それゆえそうした性質に普遍者が取ってかわることはありえない。性質の自然さに下限があるのかどうかを問うのは興味深いことであるが（本論文の最終節を読まれたい）、ただ、それについてのきわめて厳密な基準は不可能であるだろう。ともかく、ここでもまた、性質は当の仕事をするのにうってつけであるが、普遍者はそうでないのである。

3　多にわたる一

普遍者を認めるアームストロングの主たる論拠は「多にわたる一」である。そして、私が普遍者の理論を受けいれるべき別の理由を探しているのは、まさにその論拠が説得的でないと思うからである。その論拠の簡潔な説明を、「ダチョウのように現実逃避的な唯名論に抗して」の四四〇〜四四一頁から要約して以下に引用しよう。ちなみに『普遍者と科学的実在論』の最初の頁からもきわめてよく似た箇所を引くことができるだろう。

次のように述べることから始めさせてほしい。多くの異なる個別者のすべてが、同じ本性と思えるものをもつことがありうる。そして次の結論を引き出すことにしたい。すなわち、普遍者を措定することのいちおうもっともな根拠が存在するという結論である。われわれはしょっちゅう、同じ性質や特徴をもつ異なる物について語っている。あるいは、同じ種に属する異なる個体、同じ種類の異なる物、同じ本性を有する異なる物体…等々について語っている。哲学者たちは、トークンが同じであるということとタイプが同じであるということを区別する。しかしそのとき哲学者たちは、日常言語において（それゆえ日常的な思考において）完全に認められる区別を明示化しているにすぎないのである。タイプの相同性という事実はムーア的事実である、と私は主張したい。それは、哲学者さえ否定することのできない数多くの事実（それについて哲学者がどのような哲学的説明や分析を与えるにせよ）のうちの一つなのである。包括的ないかなる哲学もムーア的事実についての何らかの説明を与えることを試みなければならない。それらは哲学の試験において、解かなければならない問題を構成する。

これを出発点としてアームストロングは、「解かれるべき問題」に答えようとするライバルたちを批判し、また、その問いに答えることをそもそも拒否する立場を退けることによって、自説の擁護を行なっている。

さらに簡潔に述べるところである。多にわたる一の問題は、タイプの見たところの相同性というムーア的事実に何らかの説明を与える問題として提出された。そのように理解されるかぎり、私は、その問題が解かれなければならないものであることに同意する。そして、共有された普遍者というアームストロングの措定が、その問題を解くであろうということも認める。しかし私は、適切な唯名論もまたその問題に答えを与えると考える。

体系的哲学の取り組みは、たしかに、事実であると言われるどのようなものに対しても説明を与えなければならない。ただ、説明の与え方には三つある。(1)「それを私は否定する」。しかし当の事実がもしほんとうにムーア的事実だとしたら、この答えは落第点だろう。(2)「それを私はこんなふうに分析する。すなわち…」。これが、タイプの見たところの相同性という事実に対するアームストロングの応じ方である。(3)「それを私は原始的な事実として受けいれる」。すべての説明が分析であるわけではないのだ。ある何らかのムーア的事実を分析することなく原始的なものとして認める体系に対して、その体系がムーア的事実に場所を与えそこなっているという仕方で非難することはできない。そのような体系は、解かれなければならない問題から逃げているわけではないし、否定という形でそれに応じているわけでもない。その体系はまちがいなく一つの説明を与えているのである。

適切な唯名論は、もちろん、タイプの見たところの相同性というムーア的事実を原始的なものと考える理論である。そのような唯名論は、同じタイプに見える物のあいだの相互類似性を主張する。あるいは、そうした物すべてに共有される何らかの性質――つまり、それらのすべてをメンバーにもつような性質――の自然さを主張する。そして、そうした主張にさらなる分析を与えることを差し控える。適切に理解された多にわたる一の問題が、なぜ、普遍者を措定することのいちおうの根拠以上のものを与えないかの、これが理由である。普遍者は問題の解決を与える。しかし問題の解決を与えるものは他にもあるのだ。

私は、多にわたる一の問題が、アームストロングのなかで正しく理解されつづけていないのではないかと危惧している。『普遍者と科学的実在論』の最初の方で、その問題は、不幸にも二重の変形をこうむっている。数頁を経るうちに(『普遍者と科学的実在論』、第I巻、一一～一六頁)、タイプの見たところの相同性というムーア的事実の説明という正当な要求は、述定の分析一般に対する要求へとすり替わる。そして被分析項が「aは性質Fをもつ」というスキーマになってしまう。転回に要するのはたったの二文である(一二頁)。

〔唯名論者は〕いったいどのようにして、数的に異なる個別者のあいだの見たところの〔通常は部分的な〕同一性を説明するのだろうか。異なる二つの物がともに白かったり、ともにテーブルの上にあったりすることが、どうしてできるのだろうか。

このすぐあと（一六〜一七頁）で、「普遍者を認めることを拒むと同時に〔前述の述定のスキーマの〕還元的分析にいかなる必要性も認めない」論者、つまり「普遍者というものは存在しないが、aはFであるという命題はそのままの形で完全に大丈夫である」とする論者が、解かなければならない問題を回避する者として非難されている。

説明への要求――それぞれの体系においてどういう位置づけをするかの説明の要求――が分析への要求へとすり替えられたとき、問題はもはや解かなければならないようなものでなくなる。そして被分析項がタイプの見たところの相同性というムーア的事実から述定一般へと変えられたとき、問題はそもそも解答可能でなくなる。こう私は主張したい。変形を経た多にわたる一の問題は、無視してよいものであろう。そのような問題に見向きもしないダチョウ（ostrich）こそ、じつに賢い鳥なのだ。

アームストロング自身の言葉にもかかわらず、実際のところ彼は、唯名論者に対しても、自分自身に対しても、述定についての完全な一般的分析を要求する気はないだろうと私は考える。というのも、単なる述語の共有がタイプの見かけの相同性にさえ寄与しないということをまっさきに主張するであろう論者は、アームストロングをおいて他にないからである。（そしてその点が、彼の理論に特筆すべき興味深さと長所を与えているのである。）変形された問題は、次のように言い表わしてもよかったかもしれない。すなわち、とにかく何らかの仕方で、すべての述定は分析されるべきである。述定のあるものは他の述定によって分析され消去される。その場合われわれは、特定の述語に対するそれ専用の分析を手にすることになる。たとえば「グルー」に対するようなものがそれかもしれない。だがそうした専用の分析が完了したあとでなおも残る述定はすべて、「aは性質Fをもつ」というスキーマについての一般的分析を用いて、一括して分析されなければならない。

分析されない述定などあってはならない。この要求をアームストロングはことあるごとにライバルの理論に対して振りかざしている。いくつもの理論が次々と「関係の無限後退」の犠牲となっていく。さまざまな述定をまた一つ分析していく過程において、理論は、循環に陥るのでないとすれば、残りの述定といっしょに分析されることがないような何らかの新たな述語に頼らざるをえなくなる。クラス唯名論（そこには私が適切と考える原始的な自然さの概念を伴うバージョンも含まれる）もまた「無限後退」の犠牲になる。クラス唯名論はクラスのメンバーであるという述定を行なうのであるが、その述定そのものは、循環に陥ることなく、クラスのメンバーシップの概念によって分析できないからである。類似性唯名論も同様に犠牲となる。類似しているという述定そのものを分析できないからである。唯名論と呼ぶにはあまりふさわしくない他のさまざまな理論も「無限後退」の犠牲となる。さらにたとえば超越的な、プラトン的実在論などの、ライバルとなる実在論の形態もこの「無限後退」の犠牲となる。今度は、分有するという述定が分析を逃れてしまう。他の特定の理論は、他の特定の反論にさらされることになる。それらの反論は、適切であると私がみなす二つの唯名論に関しては決定的でないと思われる、と言っておけばここでは十分であろう。しかしとにかく、とどめの一言――多くの論難の中でくり返し口にされる一つの論法――はいつも「関係の無限後退」である。それは結局、攻撃対象である理論に対し、その理論が分析されない述定のいっさいを取り除くという想定目標を達成しておらず、それゆえ変形された多にわたる一の問題を解決しそこなっているという形で非難することにほかならない。

分析されない述定のいっさいを取り除くというのは、達成不可能な目標である。それゆえそれは不合理な目標である。いかなる理論もその目標を達成できないからといって非難されるべきではない。その理論が含む文の中で存在者を名指したり量化したりしながら、原始的な述定を完全になしで済ますような理論が、いったいどのようにしてありうるのだろうか。不自然な小細工(14)を抜きにすれば、そのようなことは不可能である。

真実はこうである。理論は、それがあまりにも多くの原始的述定や、あるいは摩訶不思議な原始的述定や、過度に複雑な原始的述定を含むことで非難されるかもしれない。しかしそれらはいずれも致命的な欠陥ではない。それらはたしかに、存在論的に豊かすぎることや、ムーア的とまではいかない常識的見解に反することといった他の欠点とともに、理論にとっての減点要素となるだろう。ライバルとなる哲学理論にも代価として欠点がある(それをわれわれは算定しようとするわけだが)。しかしとにかく、すくなくとも哲学者にとって、そうそううまい話があるものでないことは、みんな痛いほど知っているはずである。

アームストロング自身は原始的な述定なしでどのようにやっていくのだろうか。いや、そんなことは彼もできないのだ。たとえば「個別者aが普遍者Fを例化する」や「電子は単位電荷をもつ」などと言うときの「例化する」や「もつ」といった述語について考えられたい。それらの特定の述語に適用される一回限りの分析というものはない。「自然のうちにあるそのような同一性（たくさんの個別者が一つの普遍者をもつことがもたらす同一性）は、さらなる説明を受けつけないという意味において、文字どおり解明不可能である」（『普遍者と科学的実在論』、第I巻、一〇九頁）。「例化する」という述定も、（他の仕方で分析できないような）述定に関するアームストロングの一般的分析がカバーするものではない。彼のとる立場は非関係的実在論である。すなわちアームストロングは、個別者を普遍者に結びつけるために「例化」という二項的な普遍者を措定することを、もっともな理由から、差し控えている（措定したとしてもそれは原始的述定の必要性を後回しにするだけのことである）。彼が指摘する関係の無限後退にずっと悩まされていた論者はここでいっせいに立ち上がり、そして「アームストロング、おまえもか！」と叫ぶべきだろう。次のことをしっかり確認しておきたい。アームストロングは一つの述語に対し「娼婦の特権と呼ばれてきたもの、すなわち責任を問われることのない権力」を与える気でいる。「その述語は、情報量をもち、何が成立しているかをわれわれに教えることに積極的に貢献し、もしそれが異なっていたならば世界も異なっているようなものであるが、しかし存在論的にはわれわれに関与しないとされるようなものである。じつにいい仕事ぶりだ。もしそんなものが手に入ったらの話であるが」。（「ダチョウのように現実逃避的な唯名論に抗して」の一〇四〜一〇五頁における、述定についてのクワインの扱いに対するアームストロングの見解と比較されたい。）

原始的述定を取り除くという企ては放棄して、タイプの見たところの相同性というムーア的事実を分析するという理にかなった——しかしかならず取り組まねばならぬというものではない——企てに戻ろう。そのとき関係の無限後退は、アームストロングにより有利に働くのだろうか。そうは思わない。関係の無限後退の論点は、この、より理にかなった企てにおいてたしかに有意味な働きをするのだが、しかしアームストロングと彼のライバルたちを同じぐらい悩ませることになる。唯名論者が次のように言ったとしよう。「これらのロバは互いに似ている。同様に、あの星々も互いに似ている。分析終わり」。またプラトン主義者は次のように言ったとする。「この彫像は美の形相を分有している。同様に、あの講義は真の形相を分有している。分析終わり」。そしてアームストロングは次のように言う。「この電子は単位電荷を例化する。同様にその陽子は、三つのクォークから成るという性質を例化する。分析終わり」。いずれのケースにおいても、タイプとは相互類似性であったり分有であったり例化であったりするわけだから、タイプの相同性という事実が結局分析されないままである、とも、とうてい言えない。また、最初の二つが最後のものよりもムーア的であることも、もちろん明白ではない。それら三つのいずれも、たとえばある意味で異なる金塊が同種のものであるといった真正のムーア的事実からは、およそ遠いものである。

マイケル・デヴィットは、多にわたる一の問題を、見ないにこしたことはない砂漠の蜃気楼であるとして非難している。(15)私はデヴィットの議論は啓発的だと思うし、また、彼が述べることの多くにも同意する。だがデヴィットは、多にわたる一の問題の変形に関して、アームストロングに加担している。デヴィットはその問題を、

aもbもF性という同じ性質をもつ（同じタイプである）

というスキーマを、ある特定のFのための一回限りの分析というのではない仕方で分析する問題として、みなしている。その問題に対しては、彼がしているように、次のように答えることが妥当であろう。すなわち、原始的な述定なしでやるという目標をひとたび放棄したならば、

aはFである、bはFである

というので、分析として十分である。しかしデヴィットは自分にあまりにも簡単な問題を課している。もしわれわれが控えめで変形されていない多にわたる一の問題――それは蜃気楼ではないのだが――に取り組むとすれば、次のような異なる被分析項について問うことになるだろう。

aもbも何らかの共通の性質をもつ（とにかく何らかの仕方で同じタイプである）

ここでは、aとbが何を共通にもっているかは述べられていない。より確定されない形のこの被分析項は、デヴィットが述べていることによってはカバーされない。もしわれわれがあきらかなムーア的事実をもつならば、デヴィットはわれわれに説明の義務がある。つまり、分析か、類似性という原始

的述定に公然と頼らなければならないのである。

4　複製・スーパーヴィーニエンス・分岐する世界

以降の部分ではもっぱら、自然的性質と非自然的性質との区別の、あるいはより自然な性質とより自然でない性質との区別の、私にとっての必要性について語ることにしよう。次のように理解することができる。性質を適切に区別する理論のために私が用意している仕事は、普遍者の理論のための新しい仕事となるかもしれないし、あるいはその代わりに、適切な唯名論の資源にとっての仕事となるかもしれない。

まず、複製（duplication）というものをどう分析するかという問題から始めよう。われわれは近似的な複製のケースについてはよく知っている。たとえばコピー機を使った複製がそうである。さらにわれわれは次のこともよく理解している。すなわち、コピー機がもし現実の性能以上に完璧であるとすれば、それらによって作られるコピーはオリジナルの完璧な複製となるだろうということも。そのときのコピーとオリジナルは、紙の大きさ、形状、インクの跡の化学的組成に関してそっくりで、その温度、磁気配列、電荷に関してもそっくりで、さらには電子やクォークの正確な配置に関してさえもそっくりであるだろう。つまりそのような複製は正確にそっくりになるだろう、とわれわれは述べるのである。そうした複製は、完璧に合致し、質的に同一であり、識別不可能となるはずである。

しかしそれらの複製は、私が用いる言葉の意味で、正確に同じ性質をもっているわけではない。任意の二者のケースに関してそうであるように、それらの複製は、数え切れないほど多くのクラスの境界によって分け隔てられるだろう。たしかに内在的には（つまり複製が世界の複製以外の部分ともつ関係を除けば）それらはまさにそっくりである。とはいえ、それらの複製は、異なる時空的区画を占めている。またその所有者を異にするだろうし、異なる世紀に最初の調査を受けるだろう、等々。

それゆえ、共有する性質によって複製を分析したいのであれば、まず最初に「内在的（intrinsic）」（または「内的（internal）」）性質を、「外在的（extrinsic）」（または「外的（external）」、「関係的（relational）」）性質から区別しなければならないと思われる。そしてそのあとで、次のように言うことができるのである。すなわち二つの物が複製であるのは、それらがもつ外在的性質がいかに著しく異なっていようと、それらが正確に同じ内在的性質をもつときであり、かつそのときにかぎる、と。だが性質を内在的なものと外在的なものとに分けるというこの新たな課題は、複製を分析するという最初の問題より容易というわけではない。事実、それら二つの問題は相互定義可能性という緊密で小さな円環のなかへと結びつけられているのである。複製であるとは内在的性質を共有することであり、内在的性質とは複製のあいだでけっして異なることのない性質にほかならない。性質Pが内在的であるのは、次のときであり、次のときにかぎる。すなわち、かならずしも同じ世界の物とはかぎらない任意の二つの複製物について、ともにPをもつか、あるいはどちらもPをもたないかのいずれかであるときである。またPが外在的であるのは、複製の片方はPをもつがもう片方はPを欠くような対《ペア》が存在するときであり、かつそのときにかぎる。[16]

われわれの物理理論の精確さと包括性に期待するならば、複製を物理用語によって定義しようと思いつくかもしれない。われわれは、複製が電子とクォークの配列においてそっくりでなければならないと信じている。これを定義として提出してはどうだろうか。しかしそのような「定義」は分析にならない。それは、われわれの現実世界の物理学を前提にしている。ところが、物理学は偶然的であり、アポステリオリに知られるものである。その定義は、物理学が現実と異なる可能世界における複製や、あるいは互いに物理学の異なる可能世界にまたがる複製には適用されない。その定義はまた、物理学を知らない人が複製について語るときに——実際語るわけだが——意味していることも捉えていない。

適切な方針として私が提案したいのは、共有する性質によって複製を分析することである。ただし出発点は、内在的性質ではなく、自然的性質である。もし二つの物が正確に同じ完全に自然的な性質をもつならば、それらは質的な複製である。(17)

物理学は重要である。なぜなら、物理学は、自然的性質の目録を与えることをめざしているからである。それはおそらく完全な目録ではない。しかし現実の物における複製を説明するのには完全に十分な目録である。もし物理学がその企てに成功したならば、われわれの世界における複製は結局のところ物理的記述のあいだの相同性に帰着するだろう。だがいま問題なのは、自然的性質それ自体であり、自然的性質が何であるのかをわれわれに教えてくれる理論ではない。かりに、いくつかの嘆かわしい世界においてそうであるように、唯物論が偽であり物理学がまったくの誤りであったとしても、複製は、共有する自然的性質のゆえになおも存在するであろう。

私の分析では、完全に自然的な性質はいずれも内在的であることが判明する。その点はいかにも正しそうである。しかし逆は真ではない。内在的性質は、複製において異ならないかぎり、選言的性質であっても、異種的な性質であっても、非自然的な性質であってもかまわない。完全に自然的な性質は内在的性質の基礎になる。完全に自然的な性質を適当にブール的に合成したものは、非自然的であるとしても、なお内在的なのである。よって、適切な種類の唯名論を採用し、その唯名論が自然的性質と非自然的性質を原始的に区別するとしても、そのことは内在的性質と外在的性質を原始的に区別するということと同じではない。前者の区別は後者の区別をもたらすが、その逆はないのである。

同様に、適正な部分的類似関係を出発点とする適切な種類の唯名論を採用したとしても、そのことは複製自体を原始的概念とみなすことと同じではない。やはり前者の関係は後者の概念をもたらすが、その逆はないのである。

そうではなく唯名論を拒否し、そしてむしろ完全に自然的な性質とは普遍者と対応する性質である（というのはつまりその性質の諸要素がその普遍者を例化する諸事物と正確に一致するという意味であるが）と考えたとしよう。そう考えたならば、普遍者と対応する性質はすべて内在的ということになる。さらにまた、普遍者と対応している性質のブール的な合成物――それらの選言、否定、等々――のいずれもが内在的になる。普遍者そのものはいわば職務上内在的なのである。

だがここで私は告白しなければならない。新しい仕事が与えられる普遍者の理論はアームストロングの理論そのものではありえない、と。というのも、その理論は外在的普遍者を拒否するものでなければならないのだが、アームストロングは、他に還元不可能ではないとしながらも、外在的普遍者を認めているからである（『普遍者と科学的実在論』の第Ⅱ巻、七八〜七九頁を見よ）。アームストロング自身の目的からすれば、外在的普遍者はなしにした方がうまくいくと思う。(1)外在的普遍者は、普遍者の共有と、本性の部分的あるいは全体的相同性というムーア的事実とのあいだにある望ましい区別を消してしまう。たしかに、外在的な観点での類似性のようなものはある。物は他の物に対して果たす役割に関して似ていることがありうるし、生じた起源に関して似ていることがありうるだろう。しかしそのような類似性は、二つの物についてわれわれが「それらは同じ種類の物だ」とか「同じ本性をもっている」などと語るときに意味していることではない。(2)外在的普遍者は、普遍者がもつべき望ましい内存性（immanence）を失っている。もし、ある何かが外在的普遍者を例化させているのだとして、その事実は、その何かについてのみの事実であるわけではない。(3)外在的普遍者は、自然法則に関するアームストロングの理論に必要ではない。物のもつ外在的な普遍者どうしを結びつける法則として想定されるものは、いずれも、それらの物を部分として含むより大きな系の内在的構造を結びつける法則によって、等値的に置き換えることができるからである。

というわけで私は「普遍者が存在するとして、その場合内在的複製とは、正確に同じ普遍者をもつ物のことだ」と述べることで満足したい。「正確に同じ内在的普遍者をもつ物のことだ」と述べる必要はない。なぜなら、内在的普遍者以外の種類の普遍者の存在を信じるべき理由はないからである。

複製はそれ自体として興味深いだけではない。それは形而上学の他のトピックを扱うのにも必要である。そのため、そうした他のトピックにおいて自然的性質の必要性が派生的に生じる。以下では、複製について語る必要が生じると思われる二つのトピックについて、考察してみたい。そのトピックとはスーパーヴィーニエンスと分岐する世界である。

まず最初はスーパーヴィーニエンスについて。スーパーヴィーニエンスのテーゼは、独立的な変化の否定のテーゼである。可能者の存在論のもとでは、そのようなテーゼは可能的個体や可能世界のあいだの差異によって定式化することができる。これこれのものがしかじかのものにスーパーヴィーンすると主張することは、しかじかの観点において異なることなくこれこれの観点において異なることがありえないと主張することである。ある彫像の美しさがその彫像のたとえば形、大きさ、色などにスーパーヴィーンするのは、同じ一つの世界かまたは異なる諸世界のなかに、形、大きさ、色などの点で違いがないにもかかわらず美しさにおいて異なっているような二つの像が存在しないときである。(18)

スーパーヴィーニエンスのテーゼは、広い意味では、還元主義的である。だがそれは、還元主義の余分な装備をいっさい外した形態である。存在者の否定や、存在論的先行性の主張、あるいは翻訳可能性の主張といった疑わしいものにそれは煩わされない。たとえば次のように言いたい人がいるかもしれない。彫像の美しさとはある意味で鑑賞者が識別する形、大きさ、色などを超えるものではない、と。しかしその人は、美しさのようなものが存在することを否定したくはなく、また、美しさが何らかのより基礎的でない仕方でのみ存在するということを主張しようとも思わず、さらに、美しさの帰属を形や大きさや色などの語彙で言い換えることに着手するつもりもないかもしれない。この用心深い還元主義者の言いたいことを、スーパーヴィーニエンスのテーゼはうまく捉えるように思われる。

たとえ、還元主義者はそこまで用心深くあるべきではなく、翻訳をめざすべきであるとするとしても、スーパーヴィーニエンスの問題に注目しようというのは依然としてよい考えである。というのも、もしスーパーヴィーニエンスが成り立たないならば、いかなる翻訳図式も正しいものではありえず、正しい一つの翻訳図式を求めてチザム的厳密化〔訳注3〕を続けていく必要もなくなるからである。他方、もしスーパーヴィーニエンスが成り立つならば、何らかの正しい翻訳図式が存在するはずである。そのときに残る問題は、無限の仕方で複雑というわけではない正しい図式が存在するかどうかである。美しさが形や大きさや色などにスーパーヴィーンするとして、起こりうる最悪の事態は、美しさの帰属と同値的であるものが、結局、形や大きさや色などに関して極大的に特定化された記述の非可算無限的な選言になってしまうことである。そしてさらにそれらの記述は、それぞれのなかに無限個の連言を含んでいるかもしれない。

興味深いスーパーヴィーニエンスのテーゼはふつう、さきほど考察した質的複製の観念と関わっている。それゆえわれわれは、ある世界全体の全歴史がもつ質的な特徴に、何がスーパーヴィーンし、何がスーパーヴィーンしないかを、問うことができる。二つの可能世界が互いに完璧な質的複製であるとしよう。それらの二つの可能世界は、客観的確率分布や、自然法則、あるいは反事実条件文と因果関係に関しても一致しなければならないのだろうか。また、二つの世界の住人は、同じ事物関与的(*de re*)様相的性質をもたなければならないのだろうか。もしそうだとすれば、確率の頻度分析や、自然法則の規則性分析、あるいは因果的反事実条件文と事物関与様相に関する比較的類似性分析といったプロジェクトを追求することにも意味が与えられるだろう。もしそうでないとすれば、そのようなプロジェクトは最初から失敗する運命にあり、企ての詳細を見る必要もないことになる。だがいずれにせよ、もしわれわれが世界の複製について語れないのであれば、こうしたスーパーヴィーニエンスの問題は提起することさえできないのである。そして世界の複製について語るためには、示唆したように、自然的性質が必要なのである。

(可能世界が質的不可識別者同一の原理に従うとすれば、以上のスーパーヴィーニエンステーゼはすべて自動的に成り立つということに注意してほしい。互いに複製である二つの可能世界がないならば、確率や法則やその他の何らかの点に関して異なる複製的諸世界もそもそも存在しようがないからである。)

さらにわれわれは、質的特徴がより小さな何かにスーパーヴィーンしているのかどうかについても問えるだろう。たとえば、世界全体の質的特徴が世界の局所的諸部分の質的特徴にスーパーヴィーンするのかどうかについて、われわれは問うことができる。次のように言うとしよう。二つの可能世界が「局所的諸部分の複製(local duplicates)」であるのは、それら二つの可能世界が対応しあう小さな諸部分へと以下のような仕方で分割可能なときであり、かつそのときにかぎる。すなわち、(1)二つの世界の対応しあう諸部分は互いに複製であり、(2)その対応関係は諸部分のあいだの時間的・空間的関係を保存するようなものである。(これの正確な意味は、もちろん、「小さな」が何を意味するかに依存している。)二つの世界が局所的諸部分の複製であるならば、それらは端的な意味でも複製でなければならないのだろうか。あるいは逆に、局所的諸部分の複製であることを妨げない仕方で異なることがありうるのだろうか(たとえば、切り離されたもののあいだに成り立つ、時間的・空間的関係以外の何らかの外的関係に関して異なるというようなことがありうるのだろうか)。やはりわれわれは、複製というもの——今回の場合は大きな全体の複製と小さな部分の複製の両方——に意味を与えないかぎり、これらの問題を問うことすらできないのである。(19)

次に、分岐する世界について。以下のように言うとしよう。二つの可能世界が「分岐（diverge）」するのは、それら二つの可能世界が、全体として複製ではないものの、初期の時間的な区間《セグメント》に関して複製であるときであり、そのときにかぎる。たとえばわれわれの世界と、別のもう一つの世界は、一九四五年まで完璧に一致し、それ以後分かれていくかもしれない。

諸世界にわたる時間の同一性は必要とされない点に注意されたい。われわれの世界のわれわれにとっての一九四五年までのところが、複製されて、他の世界の初期の区間になる。他の世界のその区間は、われわれの一九四五年に非常によく似た一年で終わっている。しかしその一年は、他の世界の時間に属しており、われわれの時間の一部ではない。また、相対論に反するような時間と空間の分離も要求されない。もし、世界を二つに切り分ける空間面によって境界づけられる時空領域をわれわれがもつならば、われわれは、この世界や他の世界の初期の時間的区間を手にしていることになる。

私は、世界の「分岐」を世界の「分裂（branching）」と区別する。世界の分裂においては、オーバーラップする二つの世界の共通部分として、複数の複製された区間ではなく、同じ一つの初期の区間が共有されるように言われる。分岐では問題とならないような点が、分裂では問題となる。第一に問題となるのは、共有された区間にいる住人が、彼が住んでいるまさにその世界について多義的でない仕方で語ることができない点である。もし明日海戦があるだろうと彼が述べたならばどうなるだろうか。もちろんそのとき彼は、自分自身の世界の未来について語ることを意図しており、そしてまた、彼が住む二つの世界のうちの一つは翌日に海戦を控えているが、もう一つの世界はそうではない。第二の問題点は、世界のオーバーラップが世界の境界設定に関する最も重要な原理と衝突することである。その原理とは、二つの可能的個体が同じ世界に属するのは、それらが何らかの外的関係の連鎖によってつながっているとき――たとえば時間的・空間的関係の連鎖によってつながっているとき（私は他の例を知らないのであるが）――であり、そのときにかぎる、という原理である。以上の諸困難を乗り越えていくことが不可能だとは思わないが、しかし二つとも避けて通れるならその方がよいだろう。というわけで、分裂世界説よりもむしろオーバーラップのない分岐世界説の方が好ましいとすることは、理にかなっている。分岐世界説を好むとすれば、われわれは世界の区間の質的複製について語れなければならない。そしてそのことは、区間が共有する自然的性質について語ることによって可能となるのである。

分岐する（または分裂する）世界は決定論を定義するのに役立つ。決定論の通常の定義はそれほど満足のいくものではない。たとえばもし、すべての出来事が原因をもつという形で述べるとすれば、非決定論のもとでの確率的因果を考慮していないことになる。またもし、歴史と自然法則について無際限の知識をもつ超人的計算者が何を予言しうるかについて語るとすれば、われわれは、決定論のもとでさえ予測を妨げうる障害を見落とすことになる。あるいは、われわれは、万能の力と限界というまったく不可能な組み合わせをもつときに予言者が何をなしうるかに関する数々の反事実条件文に、空疎でない意味を与える努力をしなければならなくなる。

よりよいアプローチは次のようなものである。その一、自然法則の体系が決定論的であるのは、分岐するいかなる二つの世界も、ともに完璧にその体系の法則に従うということがないときであり、かつそのときにかぎる。その二、ある世界が決定論的であるのは、その世界の諸法則が決定論的な体系であるときにかぎる。その三、決定論とは、われわれの世界が決定論的であるというテーゼである。[20]

（決定論の別のバージョンを類似の仕方で定義することができる。たとえばわれわれは、遵法的な世界の分岐を禁じるだけでなく、それらの収斂をも禁じる形にすることで、その一のステップを強化することができるだろう。あるいは、次のように要求することさえ可能である。任意の二つの遵法的世界のいかなる瞬間的な切片も、それら二つの世界が歴史全体を通して複製されることなく、複製となることはない。また、より弱いタイプの決定論を定義することもできよう。すなわち、たとえある世界の諸法則が決定論的な体系を構成しないとしても、その世界と同じ法則に従いながらその世界から分岐していくような世界が存在しないのであれば、そのようなとき、そしてそのときにかぎり、その世界は「好運にも（fortuitously）」決定論的であると言うことができる。好運にも決定論的な世界の法則と初期の歴史は、それ以後のその世界の歴史を決定するのに十分である。ただしそれは、決定論となるには法則の力が至らないという事態がけっして生じないからにすぎない。好運な決定論の同値的な定義が次のように与えられるかもしれない。好運にも決定論的な世界では、世界の任意の歴史的事実Fと任意の初期区間Sに対して、以下の条件を満たす命題HとLが存在する。すなわち、HはSの歴史に関する真なる命題であり、Lは自然法則に関する真なる命題であり、かつHとLはいっしょになってFを厳密含意する。[21] この定義によってわれわれは、初期区間の複製について語る必要性を回避することができるのだろうか。それはできない。というのも、命題HがSの歴史に関するものであると述べることが何を意味するかを、われわれは問わざるをえないからである。私はそれの意味するところを、Sの複製であるような区間から始まる任意の二つの世界の両方でHが成立するか、両方でHが成立しないかのいずれかである、と理解している。）

分岐する世界は、因果的依存関係のパターンのなかに登場する種類の反事実条件法との関わりにおいても重要である。そのような反事実条件法は時間的に非対称的である傾向にある。そしてそれこそが因果性そのものの非対称性を生じさせているものである。この種の反事実条件法は「逆行（back-track）」しない。つまり、もし現在が違っていたとすれば異なる過去からそこに至ったのだろう、とは言われない。そうではなくむしろ、もし現在が違っていたとすれば同じ過去が異なる結果をもったのだろう、と言われるのである。ある時間において、ある一つの違いを仮定すれば、たしかに未来の時間の出来事は通常大きく異なることになる。しかし過去の時間の出来事には何の違いもないはずである（ただし非常に近い過去についてはおそらくそのかぎりではないだろう）。それゆえ、現実とその反事実条件的代替は、複製であるような初期の区間をもつ分岐した諸世界なのである。[22]

5　ミニマルな唯物論

ある種の還元主義的な見解——たとえば唯物論——をスーパーヴィーニエンスのテーゼとして定式化しようとするときに生じる困難がある。その困難の解決に自然的性質を用いることができる。それも、複製の概念を経由してというだけではなく、より直接的な仕方で用いることができる。

唯物論とは、おおまかにいえば、物理学——いくつかの点で改良されることがありうるにしても、今日の物理学からそれほど異ならない物理学——が世界についての一つの包括的な理論であり、正しいだけでなく完全でもある、というテーゼである。つまりそれによると、世界は、物理学が述べるとおりにあるのであって、それ以上に述べるべきことはない。物理学の言語によって書かれる世界の歴史は世界の歴史のすべてである。これはほんとうにおおまかな言い方である。われわれはゴールにおいてもっとよい定式化を得ることになるだろう。しかし、唯物論が何であるかをより正確に述べることを試みる前に、唯物論が何でないかについて述べさせてほしい。まず、(1)唯物論とは、われわれの言語がすべて物理学の言語へと有限的な仕方で翻訳可能であるといったテーゼではない。また、(2)唯物論は心の唯物説のどれか一つと同一視されるべきでもない。唯物論とはむしろさまざまな心の理論を動機づける一つのテーゼなのである。行動主義や、機能主義、心身同一説、あるいは、心に関するすべてが誤りであるとする理論の諸バージョンでさえもが、そのような心の理論のなかに含まれる。(3)唯物論は、単に、物理学によって認められる以外のものが存在しないというだけの理論ではない。たしかに、唯物論者は霊魂を信じないし、その他の非物理的なものの存在も信じない。だが反唯物論者もまた霊魂の存在を信じないかもしれない。つまり、反唯物論者の不平が、物理学が実際に存在するもののうちのあるものを排除してしまう、という形をとる必要はないのである。反唯物論者の不平は代わりに次のようなものであるかもしれない。すなわち、物理学は、物理的な物が異なる仕方のいくつかを見落としている。たとえば、物質からなる人間は、その経験がまさにどのようなものであるかに関して異なりうるのだ。そう反唯物論者は考えるかもしれない。(4)以上の論点は次のことを示唆する。唯物論のテーゼのすくなくとも一部は、われわれの世界において例化される自然的性質が、物理学によって認められるもの以外は存在しない、というものである。これはすこしはよくなっている。

しかしまだ唯物論の正しい表現だとは思えない。われわれの世界のような世界にある物質的な脳と、他の世界にいる非物質的な霊魂とが共有する自然的性質X（これの具体例をあげるのはケースの本性上難しい！）といったものは、ありえないのだろうか。あるいは、この世界のクォークと、他の世界に存在するわれわれの物理学のもとで存在しえない何らかの粒子とによって共有される自然的性質といったものはどうだろうか。まったく適切なことに、物理学はそうした種類の自然的性質には言及しえないだろう。物理学は、われわれの世界にあてはまる特殊ケース、すなわち物質性や、脳であること、クォーク性といったような何らかの性質を伴うかぎりでのXを認識するのに、十分なものである。したがって、もし「物理的性質」が、物理学の言語において言及される性質のことを意味するのだとすれば、唯物論者は、われわれの世界において例化される自然的性質のすべてが物理的性質であるとは考えるべきでないのである。

この点で、唯物論をスーパーヴィーニエンスのテーゼとして定式化するのは賢明であると思われるにちがいない。スーパーヴィーニエンスのテーゼとは、「どこかに違いがあるならば物理的にも違いがある」というテーゼである。あるいは対偶的に表現して「物理的な複製であるならばそれは端的な複製にほかならない」というテーゼである。それは言うまでもなく「心的に異なるとすれば物理的にも異なっている」、「物理的な複製であるならば心的な複製でもある」というテーゼを含んでいる。以上のテーゼは、可能世界の全体に関して適用されるテーゼであると考えるのがきわめて当然であるだろう。そう考えることによって、心的生活が主体にとって一定程度外在的であるのかどうかといった問題を避けて通ることができる。そうしてわれわれは、唯物論を定式化するいくつかの試みのうちの

最初のものを手にする。すなわち、

M1　物理学によって識別されるすべての点において正確にそっくりであるような任意の二つの可能世界は、質的な複製である。

だがこれはうまくいかないだろう。唯物論を、任意の二つの世界がいかに異なりえていかに異なりえないかに関するテーゼとして定式化するさい、M1は、唯物論を必然的真理として語ってしまっているからである。それは唯物論者の意図するところではない。唯物論は偶然的なテーゼであることが意図されている。唯物論は、他のどの世界にも共有されるというわけではない、われわれの世界の長所なのである。実際、物理的に異ならない二つの世界が異なることはありうるだろう。それは、二つの世界のうちのすくなくとも一つにおいて唯物論が偽であるような場合である。たとえば、われわれの世界と物理的には瓜二つであるにもかかわらず、物理的なものに随伴する霊魂を余分に含んでいるような非唯物論的世界は、唯物論的なわれわれの世界と異なっている。

M1に近いものとして、唯物論者の心に訴えるかもしれない非偶然的なスーパーヴィーニエンスのテーゼがある。

M2　何らかの心的でない違いがあるのでなければ、そもそも違いは存在しない。もちろん、そうでなければ、心的な違いも存在しない。心的でない部分のあらゆる点に関してそっくりな任意の二つの世界は、複製である。とりわけ、それぞれの世界の住人の心的生活に関して異なることはない。

このテーゼは、われわれの次のような考えを捉えたものであるように思われる。すなわち、心的なものとはある媒体におけるパターンであり、そのパターンは、媒体がもつ局所的な特徴（ニューロンの発火）と、そしておそらくは、まさに世界全体がもつ特徴（自然法則）のゆえに、成立している。媒体の特徴や世界全体の特徴は、心的なものそれ自体であるには小さすぎたり大きすぎたりする。こうした考え方である。しかしM2は唯物論ではない。M2は、唯物論には不足であるとともに過剰である。唯物論とするに足りないのは、見てのとおり、そのテーゼにおいて当の媒体が物理的であるとはひとことも述べられていないからである。唯物論として過剰であるのは、それが、「汎心的唯物論」と私が呼ぼうと思うものの可能性をまさに否定するからである。

心理物理同一性は両面通行的であることがしばしば指摘される。つまり、もしすべての心的性質が物理的性質であるならば、物理的性質のあるものは心的性質であるという具合にである。だがひょっとすると物理的性質の、あるものではなく、すべてが、心的性質でもあるかもしれない。それどころか、任意の対象のすべての性質が物理的であると同時に心的であるかもしれない。そのような汎心的世界が実際にあると仮定しよう。そうするとおそらく、世界の住人のとりわけ心的生活に関して異なるような、それぞれが複製というわけではない汎心的世界が、数多く存在することになるだろう。しかし、そのような汎心的世界のあいだの違いはすべて心的なものであり（もちろん物理的な違いであるとともに）、それゆえ、それらのあいだに心的でない違いは一つも存在しないはずである。それらの世界は、心的でないあらゆる点において空虚にそっくりである。異なろうにも異なるべき心的でない点を欠いているからである。とすれば、M2は成り立たない。問題が生じる世界において成り立たないだけではない。M2は偶然的主張でないため、もしいずれかの世界において成り立たないのであれば、すべての世界においての世界において——われわれの世界のようなまともな唯物論的世界においてさえ——成り立たないのである。もしかすると汎心的唯物論はほんとうは不可能であるかもしれない（たとえばどのようにしてそれを心に関する広範的な機能的分析と調和させられるというのだろうか）。だがそうだとしても、汎心的唯物論が不可能であると語るようなテーゼは、単なる唯物論を越えた主張をしているのである。

三度目の挑戦。さすがにこれはすくなくとも真ではあるだろう。

M3　いかなる二つの唯物論的世界も、物理的に異なることなくして、異なることはない。物理的に正確にそっくりであるような任意の二つの唯物論的世界は、複製である。

しかしM3は唯物論の定式化ではない。というのも、唯物論的世界と他の世界との区別の問題がM3のなかで生じているからである。M3から読み取れることのすべては、ようするに、唯物論的な諸世界が一つのクラスを形成し、そのクラスに属する世界は物理的な違いなくして異なることがないということである。ところがそのような世界のクラスは他にいくらでも存在する。実際、任意の世界が

（たとえそれが霊がうようよいるような世界であっても）そのようなクラスに属するのである。四度目の挑戦。おそらくわれわれは法則的に可能な世界だけに注意を集中させるべきなのだ。ちょうど以下のように。

M4　現実の自然法則に従うような世界については、どの二つの世界も、物理的に異なることなくして、異なることはない。物理的に正確にそっくりであるそのような任意の二つの世界は、複製である。

だがふたたびわれわれは、唯物論としては弱すぎると同時に強すぎるテーゼを手にしている。弱すぎるというのは、唯物論が偽であるにもかかわらず、霊的現象が厳密な法則に従って物理的現象と相関しているような世界において、M4が成立しうるからである。強すぎるというのは、唯物論的で霊が存在しない世界であっても、もしその世界の法則が随伴的な霊魂の存在を排除しないのであれば、そこにおいてM4が成立しないからである。われわれの世界が、まさにそのような世界であるかもしれない。つまり、霊は存在しないものの禁止されてはいないというような世界であるかもしれない。(23)

ここまでのところ、スーパーヴィーニエンスによる唯物論の定式化はなかなか得ることが難しいように思われる。しかし、スーパーヴィーニエンスのアイデアを次の考えと結びつければそれに成功しうるだろうと私は思う。すなわち、非唯物論的世界は余分な何か、つまり唯物論的世界が欠く何かを含んでいるという考えである。非唯物論的世界は霊魂を含むかもしれない。あるいは、非物理的な仕方で異なる物理的な物（たとえばそれらのもつ経験がどのようなものであるかという点で異なるような物）を含むかもしれない。いずれのケースにおいても、余分な自然的性質、つまり、非唯物論的世界においては例化されるものの、唯物論的世界のなかでは見られないような性質が存在している。そこで次のような性質を「異世界的（alien）」と呼ぶことにしよう。ある性質がある世界にとって「異世界的」であるのは以下のときであり、以下のときにかぎる。すなわちその性質は、⑴その世界のいかなる住人によっても例化されることがなく、かつ、⑵その世界の住人が例化する自然的諸性質のみの連言として分析されることも、また、そうした自然的性質のみから構成される構造的性質として分析されることもない。（二番目の条件が必要であるのは、私が、連言的であったり構造的に複雑であったりしながらも完全に自然的であるような性質を除外しないでおこうというアームストロングの方針に、必要な変更を加えつつ、従うからである。アームストロングの『普遍者と科学的実在論』の第Ⅱ巻、三〇〜四二頁および六七〜七一頁を見られたい。異世界的でない構成要素によって分析可能であるような複合的性質を、異世界的とみなすことは、誤りであるだろう。）われわれの世界が唯物論的であるならば、次のように述べることは無難である。すなわちどの非唯物論的世界についても、そのなかで例化される自然的性質のうちのあるものは、われわれの世界にとって異世界的である。さて、われわれはついに、制限的かつ偶然的であるようなスーパーヴィーニエンステーゼとして、唯物論を定式化する段階に進むことができる。

M5　われわれの世界にとって異世界的な自然的性質が例化されないような諸世界のあいだでは、

いかなる二つの世界も、物理的に異なることなくして、異なることはない。物理的に正確にそっくりであるそのような任意の二つの世界は、複製である。(24)

唯物論は、「いくつかの点で改良されるにしても今日の物理学からはそれほど異ならない物理学」の包括性を支持するものであると、われわれは考えた。その想定は意図的に曖昧な形にされていた。つまり、唯物論を支持する形而上学者は、物理学の味方をしたいと考えるが、物理学の内部でそのうちのどれかに味方したいとは考えないのである。物理学の内部では、完全性と正確性に関するもっと精密な主張が問題とされることだろう。物理学は包括的であることを熱望する科学であり（近年におけるその熱意の衰弱は無視するとして）、個別的な物理理論はその熱望を満たすために提出されるものでありうる。もしそうであるならば、われわれはふたたび、包括性を主張することがどういう意味をもつのかについて問わなければならない。そしてまたしてもその答えはスーパーヴィーニエンスの定式化として与えられるかもしれない。すなわち、これこれのグランドセオリーによって把握可能な物理的違いがないとすればそもそも違いはない、という定式化である。しかしその定式化もやはり、異世界的な自然的性質がない諸世界に対してのみ適用される制限的かつ偶然的なスーパーヴィーニエンステーゼとして、理解しなければならないのである。

よって物理学の仕事は、単に法則と因果的説明を発見するだけではない。限られた範囲の自然的性質のみを識別する包括理論として提出されることで、物理学は、まさにわれわれの世界に例化される自然的性質の目録を提出しているのである。おそらくそれは完全な目録ではない。しかし、異世界的な自然的性質なしで生じうるあらゆる複製と差異に対して説明を与えるには、十分な目録である。もちろん、自然的性質の発見を法則の発見と切り離すことはできない。というのも、それまで考えていなかったような自然的性質――それは物理学が認めるに値する性質であり、たとえばクォークの色などがそうであるかもしれない――が例化されていると考えるべき説得的な理由は、そうした性質がないとすれば満足のいく法則体系を見つけられないから、というものだからである。

このことは、アームストロングの実在論に顕著なアポステリオリで科学的な特徴（『普遍者と科学的実在論』、第I巻、八〜九頁、およびその他いたるところに見られる）を思い起こさせる。だが、可能者の存在論という設定のもとでは、どのような普遍者あるいは自然的性質が現実に存在するかを発見することと、どのような普遍者あるいは自然的性質が現実に例化されるかを発見することとのあいだの区別は、消えてしまう。後者の問題はいかなる理論にとってもアポステリオリな問題である。消えずに残るのは――そして、重要であり続けるのは――物理学が性質を発見するということである。それも、性質なら何でも、というわけではなく、自然的性質を発見するのである。そうした発見のなかには、たとえば、すべてのニュートリノが正確にそっくりであるわけではない、といったものがある。これは、異なるニュートリノが私の言う意味で異なる性質をもつ（つまり異なるクラスに属する）ということの発見ではない。その点までならわれわれはアプリオリに知っていた。むしろこれは、ある自然的な性質があるニュートリノを他のニュートリノから区別するという驚くべき発見なのである。その発見は事実なされた。性質に対して自然さなどの点でいっさい差別をせず、そして、すべての物は互いに等しく類似しているとともに等しく類似していないのだと考える哲学者が、そうした発見についてはたしてどのような説明をするのか、聞いてみたい気がする。

6　法則と因果性

物理学が法則を発見する過程で自然的性質を発見するという前述の観察は、われわれの次のトピックを導入するのに役立つ。次のトピックは、自然法則であるとはどういうことかについての分析である。私は、法則性とは何であるかを説明するとき、普遍者かあるいはすくなくとも自然的性質が必要になるという点において、アームストロングに同意する。しかし、それがどのように必要かに関する彼の説明には、同意しない。

アームストロングの理論の最も単純な形態においては、次のように考えられる[25]。ある規則性を法則的なものにするのは、通常の一階の普遍者FとGが何らかの二階の二項的普遍者Nによって関係づけられているという二階の事態、N(F, G)にほかならない。法則にするもの《ローメーカー》であるNが、普遍者のどれとどれをそのように関係づけるかは、偶然的な事柄である。だが、N(F, G)が成立するならFとGは恒常的に結びつけられる、ということは必然的である。それは単に法則論的に必然的というのではなく、端的に必然的である。二階の事態N(F, G)と一階の法則的規則性∀x(Fx⊃Gx)とのあいだには必然的な結びつきがある。同様に、連言的な事態N(F, G) & Faとその必然的な帰結であるGaとのあいだにも必然的な結びつきがある。

アームストロングの一階の普遍者と二階の普遍者を自然的性質に置き換えても、パラレルな理論を作ることができるだろう。その理論は、アームストロングが自分の理論の長所として主張している多くの魅力的な特徴をもつだろう。しかしすくなくとも一つのメリットを失うことになる。アームストロングにとって、Fa による Ga の法則的必然化は、純粋に局所的な事柄である。つまり、その必然化に関わるのは、aと、そのaの内に在る普遍者FおよびGと、そして今度はそれら二つの普遍者の内に（あるいはそれらのあいだに）在る、規則性を法則にする二階の普遍者だけである。普遍者を性質に置き換えたとき、それがいかに自然的な性質であっても、この局所性は失われる。というのも、性質とは、広く諸世界にわたり要素関係をもつクラスなのであり、aの内にその全体がそっくり在るということはないからである。しかし、私はこれが決定的な反論であるとは思わない。局所性に関する直観は、しばしばわれわれを迷わせると思われるからである。私がこのあとすぐ擁護する選択的規則性説（selective regularity theory）も、法則に関する規則性説のどれもがそうであるように、局所性を犠牲にする。

普遍者を伴うものであろうと自然的性質に置き換えられたものであろうと、アームストロング型の理論を私は（いささか残念であるが）拒否したい。そのような気持ちに導かれるのは、必然的な結びつきというものが理解不可能に思えるからである。Nが何であれ、N(F, G) かつ Fa でありながら Ga でないということが、どうして絶対的に不可能でありうるのか。それが私には分からない。（もしNが恒常的連接そのものであるか、あるいは恒常的連接に何かを加えたものであったとすれば、そのかぎりではない。ただしその場合には、アームストロングの理論は、彼自身が拒否する規則性説の一形態になってしまうだろう。）謎は、ある程度アームストロングの用語法のなかに潜んでいる。彼は「必然化する」を、法則にする普遍者Nのための名前に用いている。そうであるなら、FがGを「必然化」し、かつaがFをもつならば、aはGをもたなければならない、と聞いていったい誰が驚くというのか。それに対して私は次のように言おう。「必然化」の名に値するのは、Nが、要求されるいくつかの必然的な結びつきに何らかの仕方でほんとうに関与できるときだけである。ある名前を付けられただけで、Nがそうした必然的な結びつきに関与できるようになることはない。「アームストロング」と呼ばれただけでは腕っぷしが強くならないのと同じである。

とりわけ、過去の一階の事態が二階の事態と連携して未来の一階の事態を必然化すると想定されるとき、それら別々の存在のあいだにあると称される必然的な結びつきに対して、私は、ヒューム的な仕方で不満を述べたい気がする。ただその不満はあきらかに正しくはない。普遍者の共有が、必然化する事態と必然化される事態との分離を弱めてくれるからである。しかし私はそれでも納得しない。必然的な結びつきは、明白かつ完全に別々というわけではない存在のあいだに成立すると考えられる場合であっても、やはり理解不可能だからである。それが私の結論である。(26)

というわけで私は、法則性の分析のなかにアームストロング的なやり方で普遍者（あるいはその代替として自然的性質）を組み込むことに賛成しない。私はそれよりはむしろ規則性分析を好む。だが規則性分析においても、自然的性質はやはり必要となる。

規則性のどれもが自然法則というわけでないのはたしかである。規則性のなかには、まったく偶然にそうなっているというものもある。したがって、適切な規則性分析は取捨選択的《セレクティブ》でなければならない。また、それは集団的《コレクティブ》でもなければならない。つまり適切な分析は、規則性を、一度に一つずつ扱うのではなく、ある統合的な体系の一部へとなりうるような諸候補として扱うのでなければならない。というのは、問題とされるある一つの規則性が、ある適正な体系においてその規則性とうまく組み合わせられる他のいくつかの規則性が成り立つかどうかに依存して、法則として成り立ったり、まったくの偶然として成り立ったりするからである。（それゆえ私は、法則性が「法則らしさ（lawlikeness）」プラス真理から成るというアイデアを退ける。）ミルとラムジーに従い[27]、私は次のような体系を適正な体系とみなす。すなわち、われわれの理論構築において求められる効力をもち、かつ、世界の現実のあり方を考えたときに可能なかぎり最大の効力をもつような体系である。その体系は全体的に真でなければならない。またその体系は厳密な含意のもとで閉じていなければならない。さらにその体系は、多くの情報内容を過度に犠牲にすることなく、可能なかぎり単純に公理化可能でなければならない。そしてその体系は、単純性を過度に犠牲にすることなく、可能なかぎり多くの情報内容をもつものでなければならない。法則とは、その理想的な体系に含まれるに値する（あるいは、同等に理想的な体系が複数ある場合には、それらのすべてに含まれるに値する）任意の規則性のことである。理想的な体系の全体が規則性だけから成る必要はない。何らかの個別的な事実が、集団的なレベルでの単純性や強さに十分に寄与するものであるならば、体系の一部として含まれるかもしれない。（たとえば、ビッグバンに関する個別的事実などがそうしたものの有力候補であるだろう。）しかし、法則とみなされるものは、その体系のなかの規則性だけである。

すぐにあきらかな問題に直面する。同じ内容を、異なる語彙を用いて異なる仕方で表現すれば、その単純性は異なることになる。問題は、体系を命題（諸世界のクラス）から成るとするか、あるいは解釈された文から成るとするかに依存して、二とおりの仕方で提起することができる。第一の場合、問題は次のようになる。すなわち、単一の体系が、異なる単純性の度合いを、異なる言語的定式化に相対的にもつことになる。第二の場合、問題は次のようになる。すなわち、まったく同じ規則性を厳密に含意する等値的な諸体系が、互いに単純性において異なりうることになる。実際のところ、任意の体系の内容はそれが何であれ非常に単純に定式化されてしまうかもしれない。体系Sがあるとして、Fを、体系Sが成り立つ世界のなかのすべてのものに適用され、そしてそれらのみに適用されるような述語であるとしよう。さらにそのFを原始的述語として、体系S（またはそれと等値的な体系）を、∀xFxという単一の公理によって公理化するとしよう。そのような仕方で徹底した単純性が得られたとき、理想的な体系は、それに加えて、可能なかぎりの強さをもつことになるだろう。単純性と強さとをトレードオフする必要はないということである。そうすると、その理想的体系は、すべての真理を包含する（つまりその体系の唯一の公理がそれらのすべてを厳密に含意する）だろうし、ならばとうぜん、すべての規則性をも包含するだろう。だとすれば結局すべての規則性が法則であるということになる。これは誤りでなければならない。

対処法は、もちろん、そのようなひねくれた仕方で原始的語彙を選択するのを認めないことである。候補となる諸体系のそれぞれが最も単純かつ適格な仕方で定式化されているとき、われわれは、単純性のなかでそれらの体系をどうやって比較するのかを問うべきなのである。あるいは、異なる定式化を異なる体系とみなすならば、適格でない体系をわれわれは候補から外すべきなのである。適格性のためのよい基準はすぐに見つかる。公理に登場する原始的語彙は、完全に自然的な性質だけを指示する、とすればよいのである。

もちろん、定式化の単純性が何であるかは、解決されない困難な問題として残る。しかしそれも、選択肢となる他の原始的語彙のなかで選ぶべきものがない場合には、どうしようもなく解決不可能な問題であるというわけではないだろう。

(厳密含意を、ある特定化された計算における演繹可能性によって置き換えようと考える人がいるかもしれない。だがこの第二の対処法は、第一の対処法が与えられたときには、もはや必要ないと思われる。またそれ単独でわれわれの問題を解決することもないように思われる。)

私が提案した対処法を採用するならば、法則というのは自然的性質を結びつける規則性であることが多い、ということが帰結するだろう。基本法則、すなわち理想的な体系が公理とする法則は、完全に自然的な性質に関するものでなければならない。派生的な法則も、それがかなり直截的に導き出されるものであるなら、それなりに自然的な性質と関わる傾向にある。実際は、非自然的性質に関する規則性さえ、厳密に含意されることがあるだろう。その場合は、それもまた派生的な法則とみなさなければならない。だがそうした規則性は、いつの日か理想的体系に非常に近いものが手に入ったとしても、注意を引かない傾向にある。というのも、極端に非自然的というわけではない性質を表す語ばかりをおおむね含む言語——いかなる言語もそうである必要があるのだが、それについては次節を見られたい——によって、非自然的性質に関する規則性を表現することは、難しいからである。またそのような規則性は、演繹的な計算によって導出することも困難であり、実際、有限的な仕方ではけっして導き出されないかもしれない。以上のような仕方で(そしてアームストロングの説明とは非常に違った仕方で)、私は、法則に対する科学的探求と自然的性質に対する科学的探求がなぜ一つのパッケージになっているのかを、説明する。すなわち、なぜ物理学者たちが、クォークの色のような自然的性質が登場する法則を措定するためにそのような自然的性質を措定し、その結果として、法則と自然的性質とがいっしょに発見されることになるかを、説明するのである。

法則性の分析に自然的性質が必要であるならば、因果性の分析にも必要である。因果性が法則に関わるということにほとんど異論はないだろう。それは、因果性についての有力な理論のどちらに従ったとしてもそうであろう。有力な理論の一つは、演繹的・法則論的分析(deductive-nomological analysis)である。この理論によれば、法則は、生起した原因と結果を含む諸出来事の現実の系列に対して適用される。有力な理論のもう一つは、私の好む理論であり、反事実条件的分析(counterfactual analysis)である。この理論によれば、法則は、原因を取り去ったと仮定した反事実的状況に対して適用される。そうした反事実的代替は、現実から分岐するポイントで現実の法則を破る必要があるだろう。しかし反事実条件的分析は、そのポイント以降は現実の法則に従って展開していくことを要求する。(28)

私の反事実条件的分析に従えば、因果性は、別の仕方でも自然的性質と関わることになる。われわれは逆行(backtracking)を避けられる種類の反事実条件法を必要とする。そうでなければ、われわれの分析は、随伴的な副次的結果や因果的先回りのケースに関わる致命的な反例に直面することになる。すでに述べたように、それらの反事実条件法は、分岐する世界によって特徴づけられる。そのためそれは、世界の複製された初期区間によって、そしてそれゆえ、それらの区間に共有された自然的性質によって、特徴づけられるのである。

因果性はさらにもう一つの仕方で自然的性質に関わる。（私が、まず因果性の分析に取り組み、そのあと自然的性質というものを評価するようになったということは、ちょっとした驚きである。）因果性は出来事のあいだに成り立つ。真正の出来事とまがいの出来事を区別しなければ、われわれは、原因と称されるあまりにも多くのものを抱えこむことになるだろう。あなたはフライパンにバターを一片入れた。するとバターが溶ける。どのような出来事がそれをひき起こすのか。分子運動と呼びうる一つの出来事がある。その出来事は、バターが溶ける直前に、フライパンの位置する領域において起こる。それは、必然的に、ある時空領域が激しく運動する分子を含むときにかぎりその時空領域において生起するような出来事である。そしてたしかにこの出来事はバターが溶けることの原因である。

熱は、どういうものであるにせよ、特定のよく知られた特徴的仕方で顕在化するような現象である。そこで、熱とは「熱」役割を担うようなものである、と言うことにしよう。（その確定記述を、私が好むように、指示が固定されていないものとみなすか、それとも固定されたものとみなすかは、問題にならない。）現実に、しかし偶然的に、「熱」役割を担っているものは分子運動である。「熱」役割を担うものは、分子の非運動であったかもしれないし、熱素の流動であったかもしれないし、あなたの考える何かであったかもしれない。さて、出来事と称される第二のものを考えることにしよう。それはすなわち「「熱」役割の担い手を有すること」とでも呼びうるような出来事である。この第二の出来事は、例の熱いフライパンが位置するあの領域において、第一の出来事が生起するときにかぎり、かつそれが生起する場所でのみ、生起する。第二の出来事は、以下の二つの事実のゆえに、そこにおいて生起している。すなわち、(1)そのフライパンの分子が激しく運動しているという事実と、そして、(2)当の領域が、分子運動が「熱」役割を担うような世界の一部分であるという事実のゆえにである。ところがこの第二の出来事は第一の出来事と同一ではない。生起のための必要条件が異なるからである。第二の出来事は、必然的に、ある領域が、その領域を含む世界において「熱」役割を担っているような現象を何であれ伴っているときにかぎり、その領域において生起する。よって、分子運動ではなく熱素流動が「熱」役割を担っているような世界にあっては、第一の出来事が分子運動を伴う領域においてのみ生起する一方で、第二の出来事は熱素の流動を伴う領域においてのみ生起するのである。

たしかに第一の出来事はバターが溶けることをひき起こす。では第二の出来事もまたそうであると言うべきだろうか。違う。もしそうであるなら、言葉の操作によって信じられないほどたくさんの原因を作ることができてしまうと思われる。しかし、ここにほんとうに二つの出来事があるのだとして、なぜ第二の出来事の方が、第一の出来事よりも、バターの溶解の原因としての資格に欠けるのかが分からない。第一と第二の出来事が同一であるなどと主張するのは問題外である。そんなことを言えば、一つの出来事が自分自身と異なる生起の条件をもつことになってしまうだろう。最良の解決は、出来事と称される第二のものが真正の出来事であることを、きっぱりと否定することである。真正の出来事でないならば、もとよりそれが何かをひき起こすこともありえない。

しかしなぜ第一のものが真正の出来事であり、第二のものがまがいの出来事なのだろうか。それらが関わっている性質を比較してみよう。激しく運動する分子を含むという性質と、何であれ「熱」役割を担う現象を含むという性質である。(私はこれらを、時空領域の性質のつもりで述べている。他の仕方で出来事を扱うならば、代わりにフライパンの対応する性質などを考えることになる。その場合でも私の論点は依然として有効だろう。)第一の出来事は、きわめて自然的でしかも内在的な性質である。それに対し第二の出来事は、高度に選言的でしかも外在的である。というのも、ありとあらゆる種類の異なる現象が、「熱」役割を担いうるからである。また、ある領域で起こっている現象がその役割を担うかどうかが、その領域で起こっていることだけでなく、同じ世界の別の場所で起こっていることにも依存するからである。このようにして、より自然的な性質とそうでない性質との区別が、過剰な数の原因を否定するために必要な、真正の出来事とまがいの出来事との区別を与えてくれる。ある性質があまりにも自然的でないならば、その性質は、何かをひき起こすような出来事の生起の条件のなかに登場しえないという意味において、無効力なのである。[29]

7 言語と思考の内容

ヒラリー・パトナムは、真理に関する「根底的に非認識的な」見解に対する反駁と彼がみなす論証を提出している。[30]だがむしろ私は、その論証がパトナムの前提に対する帰謬法になると考える。その論証はとりわけ、「われわれが自身の言語を解釈するのでなければ、何物もそうすることはない」(「モデルと実在(Models and Reality)」、四八二頁〔邦訳書五七頁〕)のだから、指示についてのいかなる制約も、言語や思考におけるわれわれ自身の約定(stipulation)によって確立せざるをえない、とするパトナム自身の前提を反駁する。ゲイリー・メリルは、世界のなかの性質と関係の客観的構造に依存するある制約に訴えることでパトナムに応じることができるだろうと提案している(31)。賛成である。そして、私はここにおいて自然的性質を必要とするさらに一つの眼目を見いだす。

パトナムの論証は、私の理解するところでは、以下のようなものである。まず、われわれの言語(あるいは、おそらくわれわれの思考の言語)の解釈に対する唯一の制約が、世界全体に関する未来指向的な種類の指示の記述理論によって与えられるとしよう。「意図された解釈」とは、ある理論の総体を充足する任意の解釈のことである。その理論とは、今日の理論全体の未来の理想的な発展型であり、それは探究の結果いずれ姿を現すであろう。その理論は、必要なすべての観察とわれわれにできる最良の理論的推論の導きによって完成型へと洗練された理想的な理論である。しかしもしそうであるなら、意図された解釈は驚くほど豊富な数存在することになる。というのも、世界が小さすぎず、理論が無矛盾であると仮定するだけで、任意の世界が任意の理論(理想的なものであろうとなかろうと)を、しかも数え切れないほどの異なる仕方で、充足可能であることになるからである。さらにそのさい、世界がどのようであるか、あるいは理論が何を述べているかといったことは問題にならない。よってわれわれは、根底的な指示の非決定性を抱えることになる。そうして、われわれは、すべての意図された解釈のもとでの充足と「認識的な真理」とのあいだの一致という、パトナムが歓迎するものを手に入れることになる。というのは、理想的な理論とは「認識的な真理」の全体であり、意図された解釈とはまさにその理想的な理論を充足するようなわれわれの言語の解釈であり、かつ、そのような解釈は(世界が小さすぎたり理想的理論が矛盾したりしないかぎり)とにかく存在するからである。

私はこれを、指示に対するさらなる制約が存在しないという想定を反駁するものとして理解する。とはいえパトナムは次のように問う。さらなる制約などどうすれば存在しうるというのだろうか。いったいどのようにすればそのような制約を設けることができるのだろうか。約定によって、すなわち何かを述べたり考えたりすることによってであろう。しかしわれわれが述べたり考えたりすることは、何であれすべて、解釈の根底的な非決定性に苦しむ言語（または思考の言語）においてなされるのである。われわれを非決定性から救う制約は、われわれがその制約を設けることに成功するまでは、言語に存在しないはずだからである。そのため、そのような約定を試みてもそれはかならず失敗することになる。われわれにできることはせいぜい、現時点の理想的な理論に対して新たな一章を寄稿することでしかない。だがそれは、何であれわれわれの約定のなかでわれわれが述べることや考えることからなるような一章にすぎない。こうしてその新しい理論も、他のすべての理論と同じ道をたどることになる。それゆえ、さらなる制約というものを設定することはできない。つまり「われわれが自身の言語を解釈するのでなければ、何物もそうすることはない」。外側にさらなる制約などは存在しえないのである。自分のブーツのストラップを引っぱっても自分自身は持ち上げられない。だからこそわれわれはいまだに地面に足をつけていなければならない、というわけである。

たしかに、ブーツのストラップを引っぱることによって自分自身を持ち上げることはできない。だがわれわれはすでに地面から離れているのだ。ということは、他に、飛ぶ方法があるにちがいない。現にわれわれの言語はかなり決定された解釈をもっており（ムーア的事実！）、それゆえそこには、われわれの約定によって無から創造されたのではないような何らかの制約があるにちがいないのである。

その制約とはどのようなものでありうるだろうか。多くの哲学者は、それはある種の因果的制約であると言うだろう。もしそうであるなら、前節の私の議論を前提とすることにより、決着はつく。解釈の決定性を説明するためには自然的性質が必要だというわけである。しかし私は、その制約がほとうに因果的な制約であるということを疑っている。というのも私は、指示の因果的側面こそ、われわれが述べたり考えたりすることによって確立されるものだと考えたいからである。つまりこういうことである。私は、ある物を、これこれの仕方で因果的に見知っているものとみなす。これこれの仕方とは、ひょっとすると知覚的な仕方であるかもしれないし、あるいは、その物を名づけることと私がその名前を覚えることを含む見知りの一連の伝達経路を通した仕方であるかもしれない。とにかくそうして私は、その物を、自分の思考のなかで指示し、さらに派生的に、言語のなかで指示する。なぜなら、世界についての私の理論と世界における私の位置から引き出される因果的で自己中心的なこの記述に適合するのが、まさにその物だからである(32)。

私は、その代わりに、われわれを救う制約は指示対象に関わるのだと提案したいと思う。制約は、指示するものに関わるわけでも、指示対象とそれを指示するものという二者のあいだの因果的経路に関わるわけでもない。指示を行なうにはたしかにそれらの二者を必要とする。しかし、いつも関係の間違った端ばかりを探しているようでは、制約は見つけられない。指示が何に存しているかというと、ある部分は、われわれが指示を行なうとき言語や思考においてわれわれが何を行なうかに存している。だがある部分は、指示対象の適格性に存しているのである。そして、指示されることに対するこの適格性こそが、自然的性質が関わる事柄なのである。

これはメリルの与える提案である。(ただし彼はこの提案を、自分自身の見解としてではなく、パトナムの反対者が言うべきこととして提供している。そして私はその提供を喜んで受けいれたい。) 最も単純なケースとして次のようなケースを想定しよう。それは、論理的語彙の解釈が、非論理的な語彙が述語だけからなるような標準的な一階の言語をあらわにすべく、それ自身で何とかなっていくようなケースである。まず世界の部分が一つの領域を構成する。その領域からの集合や対の集合…等々が、それらの述語の潜在的外延となる。ここで、性質を自然的なものと非自然的なものに分ける全か無か《オールオアナッシング》の区分があると仮定する。問題の領域からのある集合が、ある一座述語の外延として「適格」であるのは、以下のときであり、以下のときにかぎると言おう。すなわち、その集合の要素が、当の領域においてある何らかの自然的性質を共有するような物と、ぴったり一致するときである。同様の定義が、多座述語と自然的関係に関してもなされる。そして「適格な外延」とは、述語に対して適格な外延だけを割り当てるような解釈のことである。またいわゆる「意図された」解釈とは、理想的な理論を充足する適格な解釈のことである。(だがその言い方は誤解を招きやすい。われわれの意図によって、適格性を要求する制約が設けられると言うべきではないからである。それこそ、ブーツのストラップをむなしく引っぱりあげるという避けるべき事態へとつながる道である。) そのときもし自然的性質がまばらな存在であるならば、意図された解釈が過剰に増えることを心配する理由はない。それどころかそのような解釈は一つもないかもしれない。理想的な理論でさえ、「意図されていない」以外の仕方では充足が不可能になるというリスクを負っているのである。充足は保証されていない。それゆえ、理論と世界のあいだをうまく適合させることによって何とかして充足を達成したとすれば、われわれは何ごとかを成し遂げたことになるのである。すべてはかくあるべきである。

この提案は洗練する必要がある。まず第一に、われわれはより豊かな形の言語を提供しなければならない。それにさいしては、お馴染みの翻訳関係が案内役となってくれる。たとえば、高階の量化を伴う様相言語と、可能者と可能者から形成されるクラスとに明示的に言及する一階の言語とのあいだの翻訳関係などである。第二に、性質の自然さが全か無かであるというのでは不十分だろう。そこで、とりわけ、自然さを（それゆえ適格性を）比較的なもの、つまり程度を許すものに変える必要がある。際立った明確な境界線はある。しかしそれは正しい場所にはない。完全に自然的な性質とその他の性質とのあいだに境界線はあるのだが、われわれは、比較すればかなり自然的でないような性質のための述語をも、たしかにもっているのである。完全に自然的な性質によって有限的に分析可能であるような性質と、そうでない性質とのあいだにも境界線はある。だがその線引きでは、目下の問題の解決を脅かすのに十分なほど非自然的な性質を、招き入れてしまう。必要なのはグラデーションである。ようするに指示対象の適格性と、「意図性」に寄与する他の要素——とりわけ、理論（パトナムの話になるべく沿って語るとすれば理想的な理論）の適切な一部分の充足——とのあいだに、何らかのギブアンドテイクが必要なのである。グルー性は絶対的に不適格な指示対象というわけではない（その証拠に私はまさにいまそれを指示した）。しかし、グルー性を割り当てるような解釈は、そのかぎりにおいて、グルー性ではなく青さを割り当てる解釈よりも劣っている。他の条件が等しければ、後者は、適格性に勝るというもっぱらその理由により、「意図された」解釈なのである。

性質の自然さは、性質そのもののあいだの適格性だけではなく、物のあいだの適格性を見分けるのにも役立つ。ブルースと、ブルースのつねに数歩あとの場所に存在し、非常に雑多な種類の物質の寄せ集めで構成され、しかもその構成の中身を絶えず変化させていく猫型の塊とを比較してみよう。前者は非常に適格な指示対象であるが、後者はそうでない。(私は後者を指示することにまだ成功していない。というのも「それ」がそのような塊のまさにどれであるかを言っていないからである。) これは、ブルースが、猫の形をしたその塊と異なり、高度に自然的な性質の違いによって区分される境界線をもつからである。ブルースからブルースでなくなる境界の上では、物質の密度や、化学的分子の相対的豊富さ等々が劇的に変化する。猫型の塊についてそのようなことはない。またブルースは、猫型の塊よりも、ずっと因果連鎖のなかに位置を得やすい。前節の考察により、その点からも自然的性質へとたどっていくことができるだろう。以上のように、性質の自然さは、物のあいだにも区別をつける。逆も言える。完全に自然的な性質からわれわれがすでに遠く離れてしまっていると仮定して、その場合、ある性質を自然的なものとする一つの目安は、その性質がよく境界づけられた物に専属する性質であるということである。

パトナムの問題が誤解されているとあなたは抗議するかもしれない。誤解されているため、問題の解決に必要ないくつかのリソースが示されていない、と。すなわちパトナムは、言語をもっぱら理論の保管庫として捉えており、社会的相互作用の実践としてはまったく捉えていないようにみえる。百科事典の言葉は手にしている。だがパブの言葉はどこにあるのか。われわれが言葉によって意味することと大いに関係があるように思えるコミュニケーションの意図や相互期待は、どこにあるのか。そして実際、思考は、どこにあるのか。思考がかりにこうした図式に入ってくるとすれば、それは、解釈されるべきその言語がハードウェア上に直接実現され、発話されることもなく隠されていて、かつあまりにも推測的なものであるような特殊なケースとしてのみであるように思われる。

論点はよく押さえられていると思う。しかしそうした点が重要であるとは私は考えない。志向性の問題が正しく提起されるなら、依然として根底的非決定性の脅威はあるだろうし、救いとなる制約も依然としてそこに必要であるだろう。また、パトナムに対してメリルが示唆した対処法によく似た対処法がそこでなお入手可能であるだろうし、自然的性質もそこにおいて依然として必要とされるだろう。

言語の話はすこし置いておくとして、代わりに思考の解釈のことを考えてみよう。（主体の言語は、そのあとで、他者との言語的コミュニケーションに関する主体の信念や欲求によって解釈される、と期待してよい。）主体はさまざまな状態にあり、また他のさまざまな状態でありうる。それらの状態は互いに因果的に関連しあっており、主体の行動と因果的に関連している。また主体の感覚を刺激する近くの環境とも因果的に関連している。主体のそれらの状態は、機能的な一つの体制のなかへ適合的にはめ込まれ、何らかの因果的役割を占めている。（それらが脳状態であるというのは非常にありそうなことである。それらは、ハードウェア上に直接実現される言語らしきものと関わっているかもしれないし、いないかもしれない。しかし状態の本性が何であるかは重要ではない。）それらの状態はそれぞれの機能的役割をもつ。それらは、現在の主体において役割をもっており、他の時間のその主体において役割をもち、他の状況下でのその主体においても役割をもちうるだろう。さらに、主体と同種の他の生命体においてさえ役割をもつだろう。状態が機能的な役割をもつとして、問題は、役割への内容の割り当てである。それは命題的内容だと言う論者もいるだろう。だが私がそれに同意するのは、命題を自己中心的（egocentric）なものとして理解しうるときだけである。私の考えでは「自己中心的命題」とは端的に一つの性質である。内容というインデックスの付いた諸状態は、これこれであるという信念、これこれのことへの欲求、これこれこういうことに直面しているようだという知覚的経験、これこれのことをしようという意図として、同定しうることになる。（ただし日常的な態度帰属のすべてが、単なる主体の状態の内容の特定というわけではない。フレッドとテッドはそれぞれの状態の機能的役割に関してそっくりでありえよう。したがって二人は、私の目下の関心である狭い心理学的意味での内容に関しては、一致した状態であるかもしれない。そしてそれゆえ、まったく同じような信念をもっているかもしれない。つまりたとえば、ともに、自分は「キャッスルメイン」と名づけられたきれいな街のことを聞いたことがあると信じているかもしれない。ところが彼らは、その名前のもとでそれぞれ地球の反対側の別の街を見知っているのかもしれないのである。そのため、ヴィクトリアのキャッスルメインはきれいだとフレッドが信じていても、テッドの方はそう信じていないということがありうる。）機能的に特徴づけられる状態に内容を割り当てるという問題は、制約原理を用いることによって解決できる。制約原理のなかで最も重要なものは、適合の原理である。もしある状態が、手を上げようという意図として解釈できるなら、その状態が典型的に手が上がることをひき起こすのはとうぜんである。もしある状態（または状態の複合体）が、手を上げることが自分の目的にとってのよい手段となるだろうという結論をもつ諸信念および欲求の体系——あるいは、より適切にいうと、ある程度をもった諸信念と欲求の体系——として解釈でき、そしてそれとは別のある状態が、手を上げようという意図として解釈できるならば、前者の状態が典型的に後者の状態をひき起こすのはとうぜんである。入力の側についても同様である。目の前の丸い物によって典型的にひき起こされる状態は、丸い何かに直面しているという視覚経験として解釈される状態の、一つのよい候補となる。そして、信念体系として解釈される諸状態に対してそれが与える典型的な効果は、丸い何かに自分がいま直面しているという外因的な信念の追加と、および、その追加がその信念体系に要求するすべての調整として、解釈すべきである。

ここまではよい。しかし、非常識でひねくれた誤解釈もまた、それにもかかわらず整合させることができ、状態の機能的役割にそうした解釈をどうにかして適合させられるだろうということも、あきらかであるように思われる。内容をある一つのポイントで誤って割り当てたとしても、別のポイントで埋め合わせられるからである。それがどのようにして可能かを見ておこう（以下のような解釈の過度に単純化された図式によってではあるが、すくなくともそれだけでも見ておこう）。解釈は関数Cと関数Vの対によって与えられる。Cは、諸世界に対する確率分布であり、感覚的証拠の与える効果のもとで主体がさまざまな信念を形成する傾向性を包括的に捉えるものとみなされる。つまり、命題Eによって特定される一連の証拠が、主体を全体状態Sへと動かすなら——簡単にいうとEがSを「産出」するなら——、そのSは、Eを条件にしてCから得られる確率分布C(—/E)によって与えられる信念体系から、一部分は構成されていると解釈される。Vは、諸世界から数値化された望ましさのスコアへの関数であり、主体の抱く基本的価値観を包括的に捉えるものとみなされる。つまりもしEが

Sを産出するなら、そのSは、VによるC(—/E)に関する期待値によって与えられる欲求体系からある部分構成されていると、解釈される。CとVが証拠Eに従って行動Bを「合理化（rationalise）」するのは、次のときであり、かつ次のときにかぎる、と言うことにしよう。すなわちそれは、VによるC(—/E)に関する期待値によって与えられる欲求体系が、行動Bを、他のどの行動の選択肢と比べてもすくなくとも同じくらいに高い価値をもつものとして、順位づけするときである。また、CとVが「適合（fit）」するのは、次のときであり、かつ次のときにかぎる、と言うことにしよう。すなわちそれは、証拠を特定するどのようなEについても、そのEのもとでCとVによって合理化されるような何らかの行動をひき起こすようなある状態を、Eが産出するときである。これは適合に関するわれわれの唯一の制約原理である。（他の原理がどこに行ったのかというと、さまざまな状態への内容の割り当てをCとVに包括させるための諸定義のなかに、それらはすでに組み込まれている。）そうすると、同じ証拠に基づいてつねに同じ行動を合理化する任意の二つの解釈は、同じようによく適合しなければならないことになる。二つの世界が主体のもつ証拠と行動の点に関してそっくりであるとき、かつそのときにかぎり、それらの二つの世界は「同値的（equivalent）」であると言おう。そして、行儀のよい世界のどれもが、とりわけ、おそろしく反帰納的な世界や、主体が観察しないすべての物がおそろしく行儀の悪いことになっている世界と同値的であるということに、注意してほしい。適合は、それぞれの同値クラスにとってのCの全体と、それぞれのクラスにおけるCに関するVによる期待値に依存している。しかしそれですべてである。あるクラスのなかで、どの世界がどのCとVの値の対を得ることになるのかに関して違いは存在しない。われわれは適合を保存したまま、自由気ままに同値的な世界どうしを交換することができる。そのため、任意の適合と合理的解釈があれば、われわれは、同値的な世界をそっくり交換することによって、反帰納的世界の確率を上昇させたり、行儀の悪い世界の望ましさを上昇させたり、あるいはその両方を行なって、合理的解釈を同じぐらいに適合的なひねくれた解釈へと変形することができるのである。証明終わり。

（私はおそろしいほど話を単純化した。信念や欲求や証拠の自己中心性、合理的行動の因果的側面、意図の役割、主体のもつ基本的な価値観の変化、論理的能力の限界…等々のものを私はすべて除いて考えた。しかしこれらの除外が私の結論に影響を与えるというのは疑わしい。かりにそれらの点に対応したとしても、適合を保存する形で合理的な解釈をひねくれた解釈に変形することは依然として可能ではないか、と私は考えている。）

適合の原理にすべての仕事をしてもらおうとすると、解釈の根底的非決定性がわれわれを待っている。そこで、さらなる制約が必要となる。それは（洗練された）寛容の原理（principle of charity）や「慈愛」の原理（principle of 'humanity'）と呼ばれる種類の制約である。(33) そのような原理はある種の解釈を要求する。その解釈とは次のようなものである。その解釈に従えば、主体に関して、その主体が送ってきたような生活を送ってきた人にとってはまさに理にかなった態度であるとわれわれが考えるような態度を、当の主体がもっていることになる。そのように解釈することを要求する原理なのである。（それらの原理は、粗雑な寛容の原理とは異なり、欺くような状況下で生活をしてきた主体に対しては、誤りを帰属させることを要求する。）これらの原理は、適合の原理に同じように従いつつも互いに衝突する諸解釈のなかから、ある解釈を選択する。これらの原理は、どのような種類のことが信じられたり欲求されたりしそうであるかについての想定を、アプリオリに――たとえ阻却可能であるにしても――課する。あるいは、主体はどのような信念や欲求を展開させる傾向性をもっていると正しく解釈されうるのか、また、どのような帰納的バイアスや基本的価値観をもっていると正しく解釈されうるのかに関する想定を、アプリオリに課するのである。

自然的性質が必要となるのはここである。寛容の原理は、物がグルーではなくグリーンであるということを信じたりするバイアスや、〝月曜生まれでなければ長い人生で、月曜生まれの場合は偶数の週の長さの人生〟を送ることではなく、長い人生を送ることを望むような基本的価値観をもったりするバイアスを、主体に対して帰属させる。ようするにその原理は適格な内容を帰属させるのである。そのさいの不適格性とは、主体がもっと信じたり欲したり意図したりすると想定される性質の、極端な不自然さにほかならない。寛容の原理は他のものをも同様にうまく主体に帰属させるであろう。しかし目下のわれわれにとって重要なのは、主体に帰属させられる適格性である。

このようにして、思考に内容を割り当てるさいの根底的非決定性の脅威は取り除かれる。われわれを救う制約は内容に関するものである。それは思考者には関わらないし、また、思考者と内容という二者のあいだのいかなる経路にも関わらない。状態に内容のインデックスを付けるためにはそれらの二者が必要である。しかし二者の関係のつねに誤った方を探すかぎり、必要な制約は見つからない。これこれのことを信じたり欲したりすることは、ある部分、それを信じたり欲したりする状態のもつ機能的役割に存している。しかし、ある部分は、内容の適格性に存する。そして考慮すべきその適格性は、ある部分、自然的性質が関わる問題なのである。

クリプキがウィトゲンシュタインのパラドックスを説明するために使ったパズルを考えてみよう。ウィトゲンシュタインのパラドックスとは次のものである。「いかなる一連の行為も規則によって決定することはできないだろう。なぜなら、どの一連の行為も規則に従ったものであると言い張ることができるからである(34)」。算数をちゃんと学んだ人が問題を解いていて「＋」の記号を見たときには、足し算を行なうことを意図する。クワス算を行なうことは意図しない。クワス算とは、小さな数については まさに足し算と同様であるが、クワスされる数がある限界値を超える場合にはつねに答えとして5を算出するような演算である。その人が足し算を意図しており、クワス算を意図していない、というのはいかなる理由によるのだろうか。その人が何を言おうと、その人の脳に何が書きこまれていようと、それらのことはすべて、クワス算をするようにその人を導くものとして、ひねくれた仕方で（誤）解釈可能である。その人の脳状態が足し算をするという傾向性の因果的基盤であると言うだけでは十分でない。というのもたぶんそれは事実ではないからだ。ひょっとするとその人は、初めての計算のケースに直面したとき、みずからの意図を放棄してしまうかもしれない。そして、足し算もクワス算もせずに宿題を放り投げ、問題が難しすぎると不満をこぼすかもしれない。

素朴な解決は次のようなものである。すなわち、足し算をするということは、数が大きくなったときにもそれまでと同じことを続けるということを意味し、他方クワス算をするということは、そのときに何か違うことをしはじめるということを意味している。しかるに、異なる計算のケースで何か異なったことをしようという意図を構成するようなものは、主体のなかには何も存在していない。それゆえ主体は、足し算を意図しているのであり、クワス算を意図しているのではない。この素朴な応答を馬鹿にしてはいけない。これがパズルの正しい解決なのである。しかし素朴さを取り戻すためにはいくらか費用がかかる。つまり性質に関するわれわれの理論は、足し算の事例はどれもすべて同様だがクワス算の事例はそのような意味では同様でない、という判断をとにかく有効にするために、何らかの適切な資源を迎えいれなければならないのである。もちろん、足し算であるという性質は、単位電荷や球形性などに匹敵するほど完全に自然的ではない。一方、クワス算であるという性質も、完全に不自然というわけではない。しかしクワス算は、その選言性ゆえに自然さに関してより劣ることになる。それゆえそのかぎりにおいて、クワス算は足し算に比べて、同じことを続けていくという営みからはずっと離れており、そしてまたそれゆえそのかぎりにおいて、それをしようと意図するのにふさわしい適格な行為からはほど遠いのである。

可能的にさえあなたはクワス算を意図できない、という話ではない。それはありうる。次のような想定をしよう。足し算することをあなたが意図しており、「足し算」というあなたの言葉が足し算を意味しており、また「クワス算」というあなたの言葉がクワス算を意味している、と解釈するための根拠がこれまでと同じぐらい十分に今日においても存在する。そして明日、あなたは次のとおりの言葉を、自分自身に言い聞かせるように言う。すなわち「これからはクワス算をすることで哲学者たちをからかってやるのも面白いな」と。それであなたはそう心に決める。しかしそうした場合、あなたは道からわざわざ外れて行かなければならない。足し算とクワス算は同格ではないのである。足し算を意図するためには、あなたは、プラスとクワスのどちらの意図にも適合するような状態にまずなって、そして、この主体は適格な方の意図をもっていると寛容の原理が宣言してくれるのを待っていればよいだけである。だがクワス算を意図するためには、より適格な方の意図が適合することに対し数々の困難を生み出し、そしてそのせいで適格な意図に有利な前提がひっくり返ってしまうようなことを、述べたり、考えたりしなければならない。つまり、適合と適格性の前提に関する諸原理やそれ以外に寛容の原理なども同時に利用して、主体がクワス算を意図しているのだとする解釈に有利な方向へとバランスを傾けるような何ごとかを、あなたは行なわなければならないのである。われわれは、足し算にとって有利な答えをもたらす積極的《ポジティブ》な何かが見つからないことを悩んでいた。だがそれはいまとなってはなんとも皮肉なことである。というのも、プラスかクワスのどちらかを指し示す積極的なものが存在しないということこそが、まさに、足し算を優勢にするのに必要なことだからである。クワス算は、足し算ほど自然でも適格でもないがゆえに、それを優勢にするための積極的な何かを必要とする。足し算の方は、何もしなくても勝つことができる。

解釈を制約する諸原理の身分はどのようなものになるのだろうか。とりわけ、適格な内容の方により寛容的な前提の身分は、どのようなものであるのか。いくつかの誤解を避ける必要がある。まず次のようには言うべきでない。(1)偶然的な心理学的事実として、われわれの状態の内容がかなり適格なものであることが判明する。つまり、われわれの大部分が、不自然すぎないような性質をみずからもっていると信じており、また、もちたいと望んでいる、と。ましてや次のように言うべきではない。(2)その事実を支持する一片の証拠すらもっていないとしても、われわれは、お互いに相手を解釈するときに、大胆にもそのことを前提にするべきなのだ、と。また次のようにも言ってはならない。(3)偶然的な心理学的事実として、われわれの状態の内容がほかでもない特定の何らかの性質に関わっていることが判明するだろう。そのことが、その何らかの性質を、他の性質よりも自然的なものにする。(ここで言われているのは自然さについての心理学的な理論であろう。)以上の三つのケースのすべてにおいて、誤りは同じである。私の考えではそこでは誤って次のことが想定されている。すなわち解釈の問題が自然的性質と非自然的性質の区別を持ち込まずに解決できる、と想定されているのである。それゆえ自然的性質は、その正しい解決なるものに従って、思考の内容のなかで重要な役割を担わされている性質であることが判明するかもしれないし、判明しないかもしれないということになる。あるいは自然的性質は、思考の内容においてそのような役割を占める性質としてあとから定義されるということになる。しかし私は、こうした考えは楽観的にすぎると思う。すべての性質が思考の内容において役割を果たすのに同等の適格さをもっているとみなしておきながら、どうやって解釈の問題が解けるのか。われわれにはまったく分からない。というのもそれは十分な制約なしに問題を解けということだからである。解釈の問題にそもそも何らかの解決があるとすれば、それは、われわれが、性質のあいだの独立的で客観的な区別を手にし、かつ、適格な内容の方を有利にするような前提を構成的制約としてアプリオリに課しているときにかぎられるのである。そうであるなら、正しい解決はどれも自動的にそうした前提を尊重しなければならないはずである。偶然的な心理学的事実などそこには存在しない。証拠に基づいて信じられたものであろうと、大胆に信じられたものであろうと、そのような偶然的事実は存在しないのである。

法則性に関する選択的かつ集団的なわれわれの理論と突きあわせてみよう。ある規則性が法則であるということは、まさに、その規則性が理想的なハイスコアをあげる体系に適合するということに存している。したがって、ハイスコアをあげるために必要な何かを法則が含んでいることが判明するというのは、不可避的なあたりまえの事態である。また、すでに示唆したように、内容であるということは、まさに、その内容がスコアの高い解釈によって割り当てられているということに存している。したがって、ハイスコアをあげるために必要なものを内容が含む傾向にあるということは、これまた不可避的なあたりまえの事態である。いずれのケースに関しても、必要とされるものの一部は、関わっている性質の自然さであるということを私は示唆した。なぜ自然的性質がわれわれの態度の内容のなかに登場し重要な役割を占めるのかといえば、それは、自然さが、内容において重要な役割を占めるということが意味することのまさに一部だからである。自然的性質に特別の関心をもつようにわれわれが作られているからではないし、たまたま関心をもった性質にわれわれが自然さを付与しているからでもない。

注

＊私はギルバート・ハーマン、ロイド・ハンバーストーン、フランク・ジャクソン、マーク・ジョンストン、ドナルド・モリソン、キム・ステルレルニーらのコメントに負っている。とりわけ、D・M・アームストロングとの数年間にわたる議論や書簡のやりとりからは多くのものを得た。彼とのやりとりがなければ、きっと私は今日でもまだ、可能者へと適用された集合論こそが、必要とされる性質理論のすべてであると信じていたにちがいない。

(1) D・M・アームストロングの『普遍者と科学的実在論(*Universals and Scientific Realism*)』(1978)。同じくアームストロングの論文「ダチョウのように現実逃避的な唯名論に抗して(Against 'Ostrich' Nominalism)」(1980)も参照されたい。

(2) この論文では、アームストロングによる伝統的な用語法を踏襲する。すなわち「普遍者」とは、複現可能(repeatable)な存在者のことであり、個別者がそれらを例化するときにはかならず、その個別者の内にそれの全体がそっくり現れるような存在者のことである。そして「唯名論」とはそのような存在者の否定である。しかしそれと相容れないハーバードの最近の用語法があり、そこではクラスも「普遍者」に数えられる。そして「唯名論」はクラスをいっさい拒否するような立場であるとされる。これらの用語法の混同は重大な誤解を生じさせかねない。一例として、Quine(1980)を見られたい。

(3)「物(thing)」のなかに、私は、最も寛容なメレオロジーが認めるようなものも含めようと考えている。それはつまり、あらゆるゲリマンダー的な全体と、境界によって分離されていない諸部分である。さらに私は、そのなかに、時空領域や力場といったような物理的対象を――それらの対象が還元的に消去されることが望ましいと証明されないかぎり――含める。さらにまた私は、神や幽霊といった非物理的対象も――それらはわれわれと同じ世界の一部をなしてはいないと期待するのだが――そこに含めることにする。世界そのものも特別扱いする必要はない。世界は、たいていの場合、それ自体大きな物である。

(4) 性質についての私の考えは、アームストロングの『普遍者と科学的実在論』、第I巻、二八~四三頁で検討されているクラス唯名論(Class Nominalism)の学説に近いところがある。ただし、厳密にいえば、クラス唯名論者とは、多にわたる一の問題をクラスとしての性質という考えを用いるだけで解決したと主張する論者であるだろう。だがそれは私の意図からはほど遠い主張である。

(5) 私が普遍者のために用意した新しい仕事をもし普遍者が行なえるのだとすれば、普遍者は、ある一つの世界のなかだけでなく、諸世界にわたって複現可能であるのでなければならない。しかしそうすると、普遍者は、私がこれまでよく述べてきた原理――もちろんそれは個別者についてのものであることを意図していたのだが――に対して例外的であることになる。その原理とは、何ものも、異なる二つの世界のなかに、それぞれの世界の部分としてそのもの全体がそっくり現れることはない、という原理である。しかしそのことによって悪いことがあるとは思えない。もし二つの世界が一枚のコインを共有することによってオーバーラップしていると言われ、しかも、そのコインが一つの世界では完全に丸くもう一つの世界では完全に八角形であると考えられているならば、私は、断固としてそのコインの形が何であるのかを問い、そして、形とは世界との関係ではないのだと主張する。(Lewis (1983a) を見よ。) 他方、かりに、諸世界が普遍者を共有することによってオーバーラップしていると言われたとしても、私はそこにパラレルな反論を見いだすことができない。問題を提起しようにも、コインの形にあたる場所に、普遍者のどのような偶然的かつ非関係的な性質を入れればよいのだろうか。そのような性質を私は考えられない。

(6) 『普遍者と科学的実在論』、第I巻、三八〜四一頁、あるいは、Quinton (1957); そして Quine (1969) を見よ。また、Bealer (1982), とくに pp. 9–10 と pp. 177–187 を見よ。ビーラーは、私と同様、性質について不平等主義的な二層構造という考え方を支持している。すなわち、豊富な「概念」とまばらな「質」があり、後者が「実在の論理的、因果的、現象的秩序を決定する」(p. 10) ような性質なのである。この点での一致にもかかわらず、他の多くの点でビーラーと私の見解は異なっている。

(7) 私はここで、普遍者の類似性の問題に対する何らかの解決が可能であると仮定している。おそらくそれは、『普遍者と科学的実在論』の第II巻の一〇一〜一三一頁のなかでアームストロングが示唆した線にそって可能であるだろう。そして私は、かりに性質の自然さを原始的なものとみなすとしても、そうした解決は、完全に自然的な性質どうしの類似性の理論へと引き継ぐことができるだろうと仮定している。

（8） これは『普遍者と科学的実在論』の第I巻の三八〜四一頁で考察されている穏健なクラス唯名論（Moderate Class Nominalism）の立場である。この立場は、Quinton（1957）におけるA・クイントンの見解に類似している。ただし、自然的なクラスの現実化されないメンバーというものが加えられており、さらに「自然的」が心理学的に分析されうるということへのあらゆる示唆が取り除かれている。

（9） このような説は、アームストロングの分類における類似性唯名論（Resemblance Nominalism）の一形態ではある。ただし彼が主として考察している形態のものとは異なる。『普遍者と科学的実在論』、第I巻、四四〜六三頁を見られたい。また、類似性によって自然的なクラスを定義するという問題についての議論や、この問題の解決に有用であることが判明しているあるトリックに関する議論としては、以下を参照のこと。Goodman（1951）, Chapter IV–VI; Quine（1969）; Morton（1975）.

　原始的類似性から完全に自然的な性質を得るにあたって、私は次のような定義を念頭に置いている。まず、比較対照的で可変多項的な原始語であるRから始める。われわれの意図としては次のようなことが判明してほしい。すなわち、$x_1, x_2...$ R $y_1, y_2...$ であるのは、ある何らかの完全に自然的な性質がx_1、x_2、…のすべてに共有されていて、かつその性質がy_1、y_2、…のいずれにも共有されていないとき、かつそのときにかぎる、と判明することを望んでいる。そしてもう一つ別の可変多項的述語Nを、次のことが判明するようなものとして定義したい。すなわち、$Nx_1, x_2...$ であるのは、x_1、x_2、…のすべてが、そしてそれらのみが、ある完全に自然的な性質に属するメンバーであるとき、かつそのときにかぎることが判明するように定義したい。ここでもまたわれわれは、無限に多くのx_nがあるようなケースを予期し、そして受けいれなければならない。$Nx_1, x_2...$ は次のようなものとして定義される。

$$\exists y_1, y_2, \ldots \forall z(z, x_1, x_2, \ldots R\ y_1, y_2, \ldots \equiv z = x_1 \lor z = x_2 \lor \ldots)$$

そうすると、x_1、x_2、…のすべてそしてそれらのみが当のクラスのメンバーであるならば $Nx_1, x_2, \ldots$ であるようなクラスとして、完全に自然的な性質を定義することができる。これで作業は完了である。

Rの代わりにNを原始的とみなしてもよかったかもしれない。しかし、それら二つが相互定義可能であるとして、結果は著しく異なるのではないだろうか。すなわち一方で、Nを原始的とみなすことは、クラスの完全な自然さを原始的とするのとそれほど違わないように見える。その違いは、諸個体を複数形で語ることと、クラスを単数形で語ることの違いにすぎない。それはリアルな違いではないと思われる。複数形での語りはクラスの語りの偽装された形態なのだろうか。あるいはその逆なのだろうか。(『普遍者と科学的実在論』、第I巻、三二一〜三四頁の議論を見よ。また、Black (1971); Stenius (1974); Gödel (1944) も参照されたい。)とにかく、現在の形の穏健なクラス唯名論と類似性唯名論が、単に異なるスタイルで提出された単一の理論というのではなく、ほんとうに二つの異なる理論であるということは、私にはまったくさだかではない。

(10) 赤と橙がよく似ているおかげで、赤い物は橙色の物に非常によく似ることができる。しかし赤い物が青い物にそのように緊密に類似することはできない。可能者の存在論を前提にすれば、あらゆる可能性を現実のように理解できる。よってわれわれは(1)を次のように言い換えることもできるだろう。

(1′) ある赤い物は、どの赤い物がどの青い物に似るよりもいっそう緊密に、ある橙色の物に類似している。

ただしそこで言われている物は、われわれの世界の一部である必要はないし、任意の一つの世界の一部にかぎる必要もない。そう考えるかぎりにおいてであるが。あるいは、現実化されない物については語りたくなく、むしろ日常言語における様相表現を原始的なものとみなしたいのであれば、代わりに次のように言い換えることもできるだろう。

(1″) 赤い物は、赤い物が青い物に似ることができるよりもいっそう緊密な仕方で、橙色の物に類似することができる。

標準的な様相論理ではなく日常的な言語表現やその適切な形式化を用いることが必要である。様相論理では(1″)を表現することができない(類似性の程度やそうしたものへの量化を行なうことで言い換えのそもそもの趣旨を損なってしまうような、拡張された様相論理は除いて)。なぜなら、標準的な様相論理は、複数の世界にまたがる関係を表現できないからであり、とりわけそこで必要な複数の世界のあいだの類似性の比較を表現することができないからである。

(11) アームストロングはこの論証と、すぐあとで考察する第二の意味論的論証を、Pap (1959) ; Jackson (1977a) から引いてきている。

(12) あるいは、より正確にいうなら、その人が属する種の生命体の場合に関してということになるだろう。これについてはLewis (1980) を見られたい。

(13) Lewis (1979a) を見られたい。

(14) Sは文という統語論的カテゴリーであり、Nは名前というカテゴリーであるとしよう。さらに任意のカテゴリーxとyについて、x／yは、yという表現に付与されることによってxという表現を生成するような表現のカテゴリーであるとする。したがって述語はS／Nというカテゴリーになる(また二座述語は(S

／N）／Nであり…等々）。原始的な述定を使わずに、名前（あるいは名前のカテゴリーに属する変項）を文のなかへと埋め込むためには、まず、SでもNでもS／Nでもないような任意のカテゴリーQを考え、そして、Q／NおよびS／Qというカテゴリーの原始語があるとすればよい。あるいは、SともNともS／Nとも異なり、さらには互いにも異なっているようなQ_1とQ_2を考え、そして、Q_1／N、Q_2／Q_1、およびS／Q_2というカテゴリーの原始語があるとするのでもよい。あるいはまた…。私にはこうした小細工が、どのようにして原始的述定の（偽装ではなく）真の代替になりうるのかが分からない。

(15) Devitt (1980). デヴィットは、自分自身のためにというだけでなく、クワインの代理としても議論を行なっている。クワインは、Quine (1980) においてデヴィットへの賛意を表明している。

(16) 複製を考えれば、外在的性質を下位分類することができる。純粋な外在的性質のケースを、外在的性質と内在的性質のさまざまな混合から区別することによってである。まずこの世界および他の諸世界にあるさまざまな物を、複製という関係のもとで、同値クラスへと分割せよ。ある性質は、ある同値クラスを二つに分けるかもしれないし、包含するかもしれないし、排除するかもしれない。そのとき次のように言われる。性質Pが外在的であるのは、それが同値クラスのうちのすくなくともあるものを二つに分けるときであり、かつそのときにかぎる。さらにこれには四つの下位的なケースがある。すなわち、(1)Pはすべての同値クラスを二つに分ける。このときわれわれは、Pを「純粋に外在的」と呼ぶことができる。(2)Pは同値クラスのうちのあるものを二つに分け、あるものを包含するが、どの同値クラスも排除はしない。このときPは内在的性質と純粋に外在的な性質との選言である。(3)Pは同値クラスのうちのあるものを二つに分け、あるものを排除するが、どの同値クラスも包含することがない。このときPは内在的性質と純粋に外在的な性質との連言である。(4)Pは同値クラスのうちのあるものを二つに分け、あるものを包含し、そしてあるものを排除する。このときPは、内在的性質と、二番目のケースで考察された種類の純粋でない外在的性質との連言である。

ある。あるいは、それと同値であるが、内在的性質と、三番目のケースで考察された種類の純粋でない外在的性質との選言である。

関係を内在的関係と外在的関係に区別することもできる。ただしそれには二つの異なる方法がある。二項関係すなわちクラスあるいは順序対を考えよう。ある関係が「関係項に対して内在的」であるのは、以下のときであり、以下のときにかぎる、と言うことにしよう。すなわち、aとa′が複製（または同一）で、かつbとb′も複製（同一）であるときはつねに、⟨a, b⟩と⟨a′, b′⟩の両方が当の関係にあるか、さもなくば両方が当の関係にないかのいずれかである、というようなときである。他方、ある関係が「対に対して内在的」であるのは、以下のときであり、以下のときにかぎる、と言うことにしよう。すなわち、⟨a, b⟩という対と⟨a′, b′⟩という対のそれら自体が複製であるときにはつねに、それらの両方が当の関係にあるか、さもなくば両方が当の関係にないかのいずれかである、というようなときである。第二の場合においては、対に対してより強いことが要求されている。たとえばaとa′が複製で、bとb′も複製であるとしても、aとbの距離とa′とb′の距離が異なるために複製的な対になりそこねるかもしれない。伝統的な用語法では、「内的関係」はその関係項に対して内在的である。「外的関係」は、対に対しては内在的であるが、関係項に対しては内在的でない。また、同じ所有者に属するといった関係は、その関係にある対に対してさえ外在的であり、そうした伝統的分類の完全に埒外にある。

複製によって内在的性質を定義するわれわれのやり方は、マイケル・スロートがSlote（1967）およびSlote（1970）のなかで与えた「差異を示す性質（differential property）」の定義に酷似している。ただし私が可能者を量化するところで、スロートは、様相を通常の（おそらく現在主義的な）量化子に対して適用している。そのため違いが生じる。ある外在的性質は、複製のあいだで異なっており、しかもそうなるのはそれらの複製が別々の世界に存在するときにかぎるというものであるかもしれない。その場合スロートはそうした性質も差異を示す性質であると考えるだろう。例としてあげられるのは、たとえば、豚のいる世界に存在する球かまたは豚のいない世界に存在する立方体であるといった性質である。

　複製から内在性へそしてその逆方向へという円環に関するさらなる議論については、Lewis (1983b) を見られたい。

(17) 同様に、⟨a, b⟩と⟨a′, b′⟩が複製的対であるのは次のときであり、次のときにかぎる。すなわち、aとa′がもつ完全に自然的な性質が正確に同じであり、bとb′についてもそうであり、そしてさらに、aとbのあいだの完全に自然的な関係がa′とb′のあいだの完全に自然的な関係と正確に同じであるときである。

(18) スーパーヴィーニエンスの一般的な議論については、Kim (1978) を見よ。

(19) 全体的なものが局所的なものにスーパーヴィーンするというこうしたテーゼは、一九七九年アメリカ哲学会大会東部部会およびその他のところで発表された「時間を通じての同一性」のなかでソール・クリプキが考察し、そして退けている「ホログラフィック仮説」に、類似している。

(20) このアプローチは、本質的には、リチャード・モンタギュー (Montague (1962)) によるものである。しかしモンタギューは、選抜されたある性質の共有による世界の初期の区間の複製について、私が語ったように語ってはいない。代わりにモンタギューはある語彙による記述の相同性を用いている。だがその語彙は、彼の分析のなかでは特定されないパラメータとして残されている。それは彼が、論理学者として、形而上学の諸問題に対し中立的であるという義務に従って、その論文を書いているからである。

(21) 密接に関連した定義が van Inwagen (1975) にある。

(22) 以下を見られたい。Lewis (1979b)；ジョナサン・ベネットによる私の『反事実的条件法 (*Counterfactuals*)』についての書評、Bennett (1974)；Downing (1959)；Gibbard & Harper (1978)；Jackson (1977b).

(23) この反論は、「ミクロ物理学の存在論的優位性」の定式化としてのM4に対する反論として、Horgan

（1982）のなかにある。

（24）この定式化は、前掲論文でホーガンが提案したものに類似している。主要な違いは次のとおりである。ホーガンは、他の世界のミクロな物理学の基本法則が言及し、この世界のミクロな物理学の基本法則が明示的に言及していないような性質は、どれも異世界的（というのはホーガンではなく私の用語であるが）であると考える。その性質がどちらかの世界で例化されているか否かは考慮されない。しかし異世界的性質は、他の世界の物理学の法則に出てこなければならないものなのだろうか。あるいはそもそも他の世界の何らかの法則に登場しなければならないのだろうか。唯物論的世界は、異世界的な（ホーガンではなく私が言う意味で異世界的な）性質が存在する世界と物理的に異なることなく、異なることがあると思われる。その世界とはおそらく法則が行き渡らないような世界である。

（25）『普遍者と科学的実在論』、第Ⅱ巻、一四八～一五七頁。この理論のより発展した形態が、Armstrong（1983）に見られる。類似の理論が、Dretske（1977）と Tooley（1977）によって提案されている。

（26）アームストロングのより発展した理論が『自然法則とは何か（*What is a Law of Nature?*）』（1983）にあるが、そこでは図式が二とおりの仕方で複雑化している。第一に、二階の事態N(F, G)がそれ自体で普遍者と考えられるようになったため、事例のなかへのその普遍者の出現が、必然化する事態と必然化される事態との分離をさらに曖昧化することになっている。第二に、すべての法則が阻却可能であるとされている。結局、N(F, G)とFaが成り立ちながらGaでないということは可能であることになる。つまり、N(E&F, H)とEaがそれに加えて成り立ち、かつそのHがGと両立しないとき、それは可能なのである。（そのような阻却を行なう事態N(E&F, H)が成立していないならば、Fであるようなものが Gでもあるという法則は偶然的に阻却不可能になるかもしれない。しかしいかなる法則も、阻却不可能性がそのなかに本質的に組み込まれているということはない。）必然的な結びつきと称される、私には理解不可能と思われるものがそこに存在することは、依然として真である。だがそれは前よりも複雑になっている。ある事態を必然化するためには、もともと考慮されていた一階の事態と二階の事態だけではなく、阻却者として作用しうるタイプのさらなる事態が存在しないという意味での、存在の否定が必要となるのである。

(27) Mill (1843), Book III, Chapter IV, Section 1; Ramsey (1978a). ラムジーは、この法則の理論が自分の Ramsey (1978b) のなかの別の理論によって乗り越えられたとみなしている。しかし私は、ラムジーの第二の理論よりも最初の理論のほうを好む。私は、Lewis (1973a) pp. 73-75 において、ラムジーの初期の理論に沿った法則性の理論を提出した。その議論は確率的なケースに関して改訂の必要があるが、ここでは無視することにする。

(28) Lewis (1973b) を見よ。

(29) Prior *et al.* (1982) における傾向性の無効力性に関する議論を見よ。ある傾向性がその傾向性の実際の基盤と同一でないとすれば、原因と見られるものが多重化するという、私の例に見られるものとよく似た脅威が生じる。われわれは、強打されたグラスが割れることが、グラスの脆さと脆さの基盤である凍結応力の両方によってひき起こされた、とは言いたくないだろう。そしてもしどちらか一つを選ぶのであれば、われわれは後者を選ぶべきだろう。私の提案は、脆さはあまりにも非自然的な性質であるために効力をもたない、というものである。すなわち脆さは、何らかの出来事の生起の条件のなかに登場するには、あまりにも非自然的で、あまりにも選言的、外在的なのである。

(30) Putnam (1978) および Putnam (1980). 読者に注意しておくと、ここで私が提示する議論は、正確にパトナムが意図したものではないかもしれない。というのも私はかなり自由に行間を読み、私なりの仕方で議論を述べなおしているからである。

(31) Merill (1980).

(32) Schiffer (1978) を見よ。

(33) Lewis (1974) と Grandy (1973) を見よ。

(34) Kripke (1981) を見よ。

文献

Armstrong, D. M. (1978), *Universals and Scientific Realism*, Cambridge University Press.

—— (1980), "Against 'Ostrich' Nominalism: A Reply to Michael Devitt," *Pacific Philosophical Quarterly* 61, 440–449.

—— (1983), *What Is a Law of Nature?*, Cambridge University Press.

Bealer, George (1982), *Quality and Concept*, Oxford University Press.

Bennett, Jonathan (1974), "Counterfactuals and Possible Worlds," *Canadian Journal of Philosophy* 4, 381–402.

Black, Max (1971), "The Elusiveness of Sets," *Review of Metaphysics* 24, 614–636.

Devitt, Michael (1980), "'Ostrich Nominalism' or 'Mirage Realism'?" *Pacific Philosophical Quarterly* 61, 433–439.

Downing, P. B. (1959), "Subjunctive Conditionals, Time Order, and Causation," *Proceedings of the Aristotelian Society* 59, 125–140.

Dretske, Fred I. (1977), "Laws of Nature," *Philosophy of Science* 44, 248–268.

Gibbard, Allan and William Harper (1978), "Counterfactuals and Two Kinds of Expected Utility," in C. A. Hooker, J. T. Leach and E. F. McClennen (eds.), *Foundations and Applications of Decision The-*

ory, D. Reidel Publishing, 1978; and in W. L. Harper, R. Stalnaker, and G. Pearce (eds.), *Ifs*, D. Reidel Publishing, 1981.

Gödel, Kurt (1944), "Russell's Mathematical Logic," in P. A. Schilpp (ed.), *The Philosophy of Bertrand Russell*, Cambridge University Press. 〔戸田山和久訳、「ラッセルの数理論理学」、飯田隆編監訳、『リーディングス 数学の哲学』、勁草書房、一九九五年、五七〜九五頁。〕

Goodman, Nelson (1951), *The Structure of Appearance*, Harvard University Press.

Grandy, Richad E. (1973), "Reference, Meaning and Belief," *Journal of Philosophy* 70, 439–452.

Jackson, F. C. (1977a), "Statements about Universals," *Mind* 86, 427–429.

—— (1977b), "A Causal Theory of Counterfactuals," *Australasian Journal of Philosophy* 55, 3–21.

Kim, Jaegwon (1978), "Supervenience and Nomological Incommensurables," *American Philosophical Quarterly* 15, 149–156.

Horgan, Terence (1982), "Supervenience and Microphysics," *Pacific Philosophical Quarterly* 63, 29–43.

Kripke, Saul (1981), "Wittgenstein on Rules and Private Language: An Elementary Exposition," in Irving Block (ed.), *Perspectives on Wittgenstein*, Basil Blackwell. 〔同じブラックウェル社から翌年刊行された同題の著書（黒崎宏訳、『ウィトゲンシュタインのパラドックス』、産業図書、一九八三年）の初期バージョン。〕

Lewis, David (1973a), *Counterfactuals*, Basil Blackwell.

—— (1973b), "Causation," *Journal of Philosophy* 70, 556–567. Reprinted in Ernest Sosa (ed.), *Causation and Conditionals*, Oxford University Press (1975).

—— (1974), "Radical Interpretation," *Synthese*, 23, 331–344.

—— (1979a), "Attitudes 'De Dicto' and 'De Se'," *Philosophical Review* 88, 513 –543.〔野矢茂樹訳、「言表についての態度と自己についての態度」、『現代思想』、一九八九年六月号、一三五〜一六三頁。〕

—— (1979b), "Counterfactual Dependence and Time's Arrow," *Noûs* 13, 455–476.

—— (1980), "Mad Pain and Martian Pain," in Ned Block (ed.), *Readings in Philosophy of Psychology*, I, Harvard University Press.

—— (1983a), "Individuation by Acquaintance and by Stipulation," *Philosophical Review* 92, 3–32.

—— (1983b), "Extrinsic Properties," *Philosophical Studies* 44, 197–200.

Merill, G. H. (1980), "The Model-Theoretic Argument Against Realism," *Philosophy of Science* 47, 69–81.

Mill, John Stuart (1843), *A System of Logic*, Parker.

Montague, Richard (1962), "Deterministic Theories," in NF. Washburne (ed.), *Decisions, Values, and Groups Decision*, II, Pergamon Press, 325–370; and in Montague, *Formal Philosophy*, Yale University Press, 1970.

Morton, Adam (1975), "Complex Individuals and Multigrade Relations," *Noûs*, 9, 309–318.

Pap, Arthur (1959), "Nominalism, Empiricism, and Universals: I," *Philosophical Quarterly*, 9, 330–340.

Prior, Elizabeth W., Robert Pargetter, and Frank Jackson (1982), "Three Theses About Dispositions," *American Philosophical Quarterly* 19, 251–257.〔本論文集の第七論文。〕

Putnam, Hilary (1978), "Realism and Reason," in his *Meaning and the Moral Science*, Routledge & Kegan Paul.

—— (1980), "Models and Reality," *Journal of Symbolic Logic* 45, 464–482.〔飯田隆訳、「モデルと実在」、

パトナム、『実在論と理性』、勁草書房、一九九二年、二一～六〇頁。〕
Quine, W. V. (1969), "Natural Kinds," in his *Ontological Relativity*, Columbia University Press.
—— (1980), "Soft Impeachment Disowned," *Pacific Philosophical Quarterly* 61, 450–451.
Quinton, Anthony (1957), "Properties and Classes," *Proceedings of the Aristotelian Society* 48, 33–58.
Ramsey, F. P. (1978a), "Universals of Law and of Fact," in his *Foundations*, Routledge & Kegan Paul. 〔伊藤邦武・橋本康二訳、「法則的普遍と事実的普遍」、D・H・メラー編、『ラムジー哲学論文集』、勁草書房、一九九六年、二〇五～二一三頁。〕
—— (1978b), "General Propositions and Causality," in his *Foundations*, Routledge & Kegan Paul. 〔伊藤邦武・橋本康二訳、「一般命題と因果性」、『ラムジー哲学論文集』、二一四～二四二頁。〕
Schiffer, Stephen (1978), "The Basis of Reference," *Erkenntnis* 13, 171–206.
Slote, Michael (1967), "Some Thoughts on Goodman's Riddle," *Analysis* 27, 128–132.
—— (1970), *Reason and Scepticism*, George Allen & Unwin.
Stenius, Eric (1974), "Sets," *Synthese* 27, 161–188.
Tooley, Michael (1977), "The Nature of Laws," *Canadian Journal of Philosophy* 4, 667–698.
van Inwagen, Peter (1975), "The Incompatibility of Free Will and Determinism," *Philosophical Studies* 27, 185–199.

David Lewis, "New Work for a Theory of Universals," *Australasian Journal of Philosophy* 61 (1983), 343–77. なお、この論文は Lewis, *Papers in Metaphysics and Epistemology*, Cambridge University Press,

1999, 8–55 に再録されている。

〔訳注1〕「全体としてそっくり在る（wholly present）」という観念は（第二論文にも出てきたが）重要な観念である。ここでは、普遍者に関するアームストロング的な（それゆえ「アリストテレス的」な）文脈を尊重して、「present」に対して「在る」の訳語をあてている。文脈によっては本書において「present」を「姿を現す」と訳すこともあるが、そのときには現象的な含みを読み取らないようにしてほしい。そこにおける「現す」の用法は、特定の主体の認識とは本質的に独立である。原注（2）における「複現可能」の「現」の字についても同様の注意を促しておきたい。

〔訳注2〕確定可能（determinable）な性質と確定的（determinate）な性質の区別は、次のように説明できる。色という性質と赤という性質と深紅という性質を例にして述べよう。それらのあいだには以下の関係がある。色は赤に対して確定可能であり、逆に、赤は色に対して確定的である。また赤は深紅に対して確定可能であり深紅は赤に対して確定的である。もちろん深紅は色に対しても確定的であり、色は深紅に対しても確定可能である。ある個体が確定的なある性質をもつならば、それに対応する確定可能な性質をかならずもつ。また確定可能な性質をもつならば、対応する確定的性質の一つをかならずもつ。ただし同じレベルの確定的性質を二つ以上もつことはできない。この区別の概念はW・E・ジョンソンによるものである。

〔訳注3〕Chisholming away. 再定義をくり返すことによって、概念などをより厳密に、明確にしていくこと。R・M・チザムの著作に見られる特徴的なスタイルに引っかけて作られたジャーゴン。動詞として使われる。

傾向性についての三つのテーゼ

エリザベス・W・プライア
ロバート・パーゲッター
フランク・ジャクソン

このグラスは脆い。もしそのグラスが時点tにおいて強打されるならば、時点t＋δに割れるだろう。この事実は奇跡ではない。そのグラスが脆いのには理由があるからだ。その理由は、グラスがもつ因果的に関連する性質（あるいは性質複合体）に関わっている。そのような性質のことを傾向性の「因果的基盤（causal basis）」と呼ぶことにしよう。

このあまり注目されない着目点はしかしいくつもの問いを喚起する。第一に、傾向性が因果的基盤をもつということは必然的真理なのだろうか。それとも、脆さのような傾向性に関しては単なる偶然的真理であり、放射性崩壊の傾向性といったようなものに関してはきっと偶然的に偽だ、ということになるのだろうか。第二に、それらの基盤は対応する傾向性と区別されるのだろうか、同一なのだろうか。そして第三に、それらが別物として区別されるとして、傾向性の表出をひき起こすのはそのどちらなのだろうか。つまり、グラスが落ちたとき、割れることをひき起こすのは、脆さの因果的基盤なのだろうか、脆さそのものなのだろうか。あるいは、その二つがいっしょになってひき起こすのだろうか。

これらの問いおよびその類縁については、これまでさかんに論じられてきた[1]。しかし、解答とその論証を正しく組み合わせたものはいまだ提出されていない。あるいは、提出されていないようにわれわれには思われる（だからこの論文が書かれたのである）。第1節では、還元不可能な仕方で確率的であるような傾向性も含めて、傾向性が因果的基盤をもつことが必然的真理であることを論証する。第2節においては、そうした基盤が、それに伴われる傾向性から区別されることを論証する。そして第3節においては、傾向性がその顕在化（manifestation）に関して因果的に無効力（impotent）であることを論証する。これら三つのテーゼのための論証を提示するさい、広範にわたるさまざまな形而上学的問題に対しては、できるだけ中立的であるように努めたい。形而上学的問題とは、たとえば性質についての実在論や、カテゴリカルな性質〔訳注1〕と傾向性的な性質との区別に関わる問題といったものである。われわれが確立をめざすのは、傾向性の形而上学全体ではなく、まさにいま素描したかぎりでの解答である。

1　因果性テーゼ

それぞれの傾向性について、先行状況と顕在化の対《ペア》を特定することができる。その対は、一組で、当の傾向性を決定する。脆さの場合、そのような対は（おおまかにいうと）〈強打すること、割れること〉であり、水溶性の場合、対は〈水の中に入れること、溶けること〉である。その他のお馴染みのケースについても同様である。「因果的基盤」ということでわれわれが意味しているのは、対の第一の要素――先行状況――といっしょになることで、「まちがいなくそうなる」ような傾向性の場合には、顕在化にとって因果的に実効的な十分条件を構成し、そして、確率的な傾向性の場合には、関連する顕在化の確率《チャンス》にとって因果的に十分な条件を構成するような、そのような物体の性質ないしは性質複合体のことである。

因果的基盤がなければならないというテーゼ（以下「因果性テーゼ」と呼ぶ）の論証を、われわれはまず、その唯一可能な反例が非決定論的な世界のなかでしか生じないという点を確認することから始めたい。なお可能世界による反事実条件法の標準的な取り扱いの比較的異論のない部分については、以下それを当然のものとみなすことにする。

まずわれわれの世界が決定論的であると仮定して、ある脆いグラスAのケースについてふたたび考えてみよう。ここで関心があるのは「もしAが時点tにおいて強打されるならば、時点$t+\delta$に割れるだろう」の真理であり、またそれゆえに、Aが時点tにおいて強打される最も近い諸世界（もちろんわれわれの世界も含みうる）における「Aが時点$t+\delta$に割れる」の真理である。最も近い諸世界はどれも決定論的な世界であり、われわれの世界と同じ法則が成り立っているはずである。そう想定しなければ現実から無意味に遠ざかることになろう。しかしそうだとすると、Aが割れるか、またはAが割れないかのどちらかが、すでに決定されていることになる。後者の場合、あきらかにAは脆くない。前者の場合、割れることをもたらすさいに実効的であるような因果的に十分な先行条件が存在す果的基盤はなければならないのである。

ることになる（これは決定論より帰結する）。それゆえ、Aが脆く、かつ決定論が真であるならば、因果的基盤はなければならないのである。

したがって、因果性テーゼにとって問題となるケースは、非決定論的世界（われわれの世界もおそらくその一つである）のなかにのみ存在しうることになる。よって、そのような非決定論的世界においても反例が得られないことを示すことができれば、テーゼの正しさを立証したことになるだろう。これまでしばしば出されてきたタイプの反例がある。二つのゴムバンドAとBがあるとしよう。それらはありうるかぎりそっくりで、とにかく因果に関連するすべての点に関して完全に同様である。Aは、伸ばされたときにはいつでも、放されたとたんにもとの長さに戻る。だがBはけっしてそうならない。最初に考えるべき仮説は次のようなものだろう。AとBはじつはまだ気づかれていない何らかの仕方で異なっているにちがいない。つまり、われわれはまず、因果に関与するあらゆる点においてAとBが同様だとした前提を、再調査する方向へと導かれるはずである。しかし、と話は進むのだが、その再調査によって興味深いことが何も出てこないかもしれない。その場合は、その類似性にもかかわらずAには伸縮性があるがBはそうでない、と結論せざるをえない。そしてその結果われわれは、Aが因果的基盤のない傾向性をもつということを、因果性テーゼに反して受けいれなければならなくなる、というわけである。(2)

このケースは正確には何を示しているのだろうか。まず第一に、同じこと――伸ばすこと――が因果的に同一の物体に起こっていて、その結果が違っている、という点に注意しよう。これは決定論とは両立不可能である。決定論とはまさに、十分によく似た繰り返しが同じ結果を導かなければならないとする見解だからである。とはいえ問題のケースで扱われているのは、還元不可能な仕方で確率的であるような法則――何かが起こる確率については述べるが、それが確実に起こるかどうかについては述べない法則――に支配された状況である。それゆえ、もしいま伸ばされても確実にもとの長さに戻るだろうという意味での伸縮性は、Aでさえもっていない。せいぜい真でありうることは、もしいま伸ばされたとしてももとの長さに戻る確率はこれこれであるという意味での確率的傾向性をAがもつ、ということである。したがって主張はこうでなければならない。因果性テーゼは、唯一次のような例によって、確率的傾向性に関して反駁される。すなわち、AとBが、因果に関してはそっくりであるが、それらが伸ばされた後もとの長さに戻る確率に関しては異なっているような例によって。

われわれはこれが状況を記述する正しい仕方でありうることを否定する。伸ばされた後もとの長さに戻る確率をAに対してどれくらい割り当てるかを決めるにあたっては、より以前のBに関する諸結果が、より以前のAに関する諸結果と同じぐらいに重要である。なぜなら、仮定により、AとBに関連する重要な違いはないからである。同様に、Bがもとの長さに戻る確率を考えるとき、Aに関する諸結果を考慮に入れなければならない。というわけで目下のケースに関して、Aに帰属させるべき確率の傾向性とBに帰属させるべき確率の傾向性とのあいだに差異はない。そのためそこに、因果性テーゼにとっての困難は存在しないのである。AとBを実際このように公平な仕方で考慮することは難しいだろうと反論されるかもしれない。もっともである。しかしそれは、このようなケースにおいて、AとBのあいだにほんとうに関連する重要な違いがないということが信じがたいからにすぎない。

さて、傾向性が因果的基盤をもたなければならないとすれば、ある傾向性をもつ物体はどれも、その物体がもし～ならば～するであろうということを満たすようなものであることに対し因果的な責を負う《レスポンシブルな》何らかの性質――基盤――を、もたなければならない。性質とは、「これこれの事柄を満たすようなものであること」である。したがってわれわれは、たとえば「xは時点tにおいて脆い」を、「もしxが時点tに落とされるならば、xは時点t＋δに割れるだろう」として定義することもできるが、「xは、時点tに落とされるならば時点t＋δに割れるだろうということを満たすようなものである」として定義することもできる。この二つの定義はまったく同じであり、われわれの目的にとって区別する必要はない[3]。この帰結には当惑するかもしれない。たとえば強化ガラスで作られた一つのコップがあったとする。そのコップは脆くない。ここで、悪霊がそのコップを気に食わないとしよう。悪霊は、いかなるときにもそのコップが強打されることがあれば稲妻によって粉々にしてやると保証している。するとそのコップについては、いかなる時点tにおいても、もし時点tにおいて強打されれば時点t＋δに割れるだろうということが真であることになる。にもかかわらずそのコップは脆くないのだ[4]！

　しかしここで、「もし時点tにおいて強打されればxは時点t＋δに割れるだろう」と「xは、時点tにおいて強打されれば時点t＋δに割れるだろうということを満たすようなものである」のあいだにあると称される区別が、ほんとうの助けとなることはない。たしかにxに関しては、一つの「これこれの事柄を満たすようなものであること」がある。つまりxは、悪霊に嫌われているという条件を満たすようなものであり、そしてそれは問題の状況においては非常に関連度の高い重要な「これこれの事柄を満たすようなものであること」である。だがここで言うべきなのはむしろ次のことである。

すなわち、ものが割れる仕方はじつにさまざまであり、そのうち雷に撃たれて割れるケースは、脆さを定義する対がカバーする範囲にはない。例の悪霊に嫌われたコップは、ある一つの傾向性的性質をたしかに申し分なくもっている（あるいはお好みなら、その傾向性は設定状況全体に伴われるものだと考えてもよい）。しかしそれは「脆さ」として適切に記述されるような傾向性的性質ではない。

これで因果性テーゼのための論証は終わりである。われわれは、因果的基盤がカテゴリカルであるとか内在的であるといったことを以上で論じていない。ただ因果的基盤が存在するということだけを論じた。(5) しかしながらその種の見解を論証する一つの仕方は示唆した。すなわち、カテゴリカルな性質か内在的性質のいずれかだけが、因果的に実効的な十分条件の非冗長的部分を形成することを論証するという仕方である。

2　区別性テーゼ

脆さという傾向性は因果的基盤をもたなければならない。ではなぜ、話を単純にして、脆さとその基盤が同一であるということにしないのか。(6) もし第1節において、傾向性がカテゴリカルな基盤をもたなければならないと論じていたのだとしたら、われわれは、単にライプニッツの法則に訴えることによって即座にその同一視に抵抗できたであろう。基盤はカテゴリカルであるが傾向性はそうでないのだから、基盤と傾向性は区別される、というわけである。また、因果的基盤は傾向性に対して因果的な責を負うのだから傾向性そのものとは区別される、と論じることもわれわれにはできない。基盤はむしろ、適切な状況下での顕在化に対して、因果的な責を負うものだからである。したがって、われわれはもうすこししっかり問題に取り組まなければならない。

第一に、一つの傾向性が異なる物体では異なる因果的基盤をもつということが経験的に妥当であるという考察がある。個別的な例として、ある物体における脆さの因果的基盤は分子結合αであり、別のある物体では結晶構造βであると仮定しよう。(この仮定が脆いということに関して実際妥当であるかどうかは問題でない。すくなくとも何らかの傾向性に関してこうしたことがありうることは、まず否定できないからである。とりわけ、たとえば進化論における適応といった傾向性の場合には、多数の異なる基盤が存在することだろう。)

「脆いこと=分子結合αをもつこと」と「脆いこと=結晶構造βをもつこと」を、われわれは同時に主張することができない。なぜなら、推移性によって「分子結合αをもつこと=結晶構造βをもつこと」という明白に偽である結論に導かれるからである。

これといくらか類似した状況が、心的状態に関する機能主義者にとっても生じる。痛みを例にとれば、ある場面において痛みを定義する機能的役割の担い手O_1は、別の場面における担い手O_2とは違うかもしれない。(7) しかし、このケースにおける解決は脆さのケースより簡単である。「痛み=O_1」かつ「痛み=O_2」であると述べる代わりに(もしそう述べるならば「O_1=O_2」という虚偽へと導かれる)、機能主義者は、「トークン=トークン」同一性と「タイプ=タイプ」同一性を区別して、「第一の場面における痛みのトークン=O_1」である一方で「第二の場面における痛みのトークン=O_2」であるといった形にテーゼを制限することができるからである。しかし、これと対応する道具立てを性質のケースに用いることはできない。たとえば、「脆いことの一つのトークン＝分子結合αをもつこと」であり、かつ「脆いことの別のトークン＝結晶構造βをもつこと」であると述べることは、あきらかに偽であることを述べることである。同様に「脆いということの一つの事例（instance）＝分子結合αをもつこと」も偽である。というのも事例は、それが何であるにしても、普遍者ではないがゆえに、性質ではないからである。

第二に、次のような困難がある。たとえ脆さという傾向性にただ一つの因果的基盤しか存在しない——たとえば分子結合αしかない——としても、すべての脆い物体がαをもつ一方で、αをもつ物体のあるものは脆くないということがありうる、という困難である。αをもつことによる結果を圧倒してしまうような内部構造的性質Sがあるとすれば、実際そういうことになるだろう。αをもつがSをもたないどのような物体も脆く、かつ、すべての脆い物体はαをもつのであるが、しかし、αとSを両方とももつ物体は脆くないのである。これは完全に可能な事態であろうと思われる。だがもし「脆さ＝αをもつこと」であるとすると、そうならなくなる。というのも、もしそうだとすると、αこそが脆さであるのだから、αをもつ物体はすべて、脆いという傾向性をもつことになり、それゆえαとSの両方を備えた物体もまた脆いということになってしまうからである。

因果的基盤を傾向性と同一視することに反対する第三の、そして最後の論証は、以上で言及したような本質的に経験的な観察とは独立である。それは、性質の名前がまさに名前であるという事実に依っている。すなわち、性質の名前が固定指示子であるという事実にである[8]。

「〜は赤い」が可能世界ごとにその外延を変えるという事実を目にするとき、われわれは、異なる対象が、異なる世界において、赤いというたった一つの性質をもつのを見ているのである。異なる対象が異なる性質をもつのを目にしているわけではない。それゆえ、「赤いこと」、「赤さ」などはすべての世界において同じ性質を名指す(9)。

同じことが「脆さ」を含む傾向性の名前一般についても言える。そのため、もし「脆さ(脆いこと)=(たとえば)αをもつこと」が真であるなら、それは必然的に真であり、偽であるなら、必然的に偽なのである(どちらかの性質が存在しない世界は、そのような世界があるとしてだが、無視することにする)。しかし、脆い物体がαをもたないような世界が存在する。なぜなら、傾向性の因果的基盤が何であるかは偶然的だからである。したがって、脆さの外延とαであるという性質の外延がそのような世界において異なるという決定的な理由から、「脆さ=αをもつこと」が偽であるような世界が存在することになる。そしてそれゆえ、指示の固定性により、現実世界を含むすべての世界において、その同一性言明は偽であるということになるのである。

この最後の論証は、脆さとαをもつこととが(われわれの世界において)共外延的であるとしても区別される性質だ、ということを示している。そのようなケースにおける脆さとαをもつこととのあいだの関係は、熟したトマトの色(=赤いこと)と熟したトマトの色をもつこと(もつという性質)とのあいだの関係に似たものになるだろう。トマトがずっと緑のままであるような世界においてさえ、熟したトマトの色をもつことは、まさにわれわれの世界におけるそのような性質——すなわち熟したトマトと同じ色であるという性質——にほかならない。それゆえ、その性質は、熟したトマトが緑である可能世界においては、赤いという性質と明白に区別され、したがって、われわれの世界においても、赤とは区別されることになる。同様に、落ちたとたんに割れるということに対して因果的な責を負うただ一つの本性（つまり単一の因果的基盤）がもしあるとしても、その本性と、落ちたとたんに割れるということに対し因果的な責を負うような本性をもつということとは、まったく同じ形の論証によって、われわれの世界で共外延的であるにもかかわらず、区別されることになる。

区別性テーゼを擁護するわれわれの論証に対する二つの反論を考察する必要がある。

第一に、その論証に対して次のような反論があるかもしれない。（たとえば）αをもつことが脆さの因果的基盤であることは偶然的ではなく、むしろアポステリオリに必然的なのであり、経験的に発見される必要があるにもかかわらずすべての世界において真であるような事柄である、という反論である。この反論とあきらかにパラレルなのは、自然種名辞についてのソール・クリプキとヒラリー・パトナムの見解である。彼らによれば、「熱＝運動エネルギー」はアポステリオリに必然的である。なぜなら、(i)「熱」と「平均運動エネルギー」[10]は固定指示子であり、(ii)同一であるというその事実を発見するには何らかの作業が必要だからである。熱（や水など）について、それは正しい見解であるのかもしれないし、誤った見解であるのかもしれない。だが脆さ（や伸縮性など）に関してはとにかく誤った見解である。

クリプキ＝パトナム見解の要点は、「xは熱い」を「xはこれこれの事柄を満たすようなものである」（「これこれ」には熱の外的標徴と認められる特徴づけが入る）という形で定義することが誤りだということである。というのも、ある世界において、そのような熱の外的標徴を示すものが熱素の流動を伴う物体であり、平均運動エネルギーをもつ物体でないという可能性は、排除されていないからである。

ところが、脆さを一つの傾向性にしているものは、まさに「xは脆い」を「もし時点tにおいて落とされるならばxは時点t＋δに割れるだろう」として定義することが正しいという事実なのである。そして、もし落とされたならば割れるであろうということを満たすような物体の因果的基盤が世界ごとに変わりうるということは、やはり議論によって排除されていない。

第二の反論は、性質の実在論のもつ多様性に対してわれわれが十分に注意を払っていない、というものである。第1節でわれわれは実在論者のスタイルで性質を語った。もちろんそうしたスタイルはこの種の議論において完全に標準的なものである。とはいえ、以下のように論じることもできよう（あくまで論じることもできるという話であるが）。すなわち、実在論者的なスタイルをそこで避けることは可能であったし、しかもそれは因果性テーゼを破壊することなく可能であった、と。つまり第1節の結論を、必然的に脆さの因果的基盤であるような性質が存在するという形で表現する代わりに、xが脆いということが真であるときにはいつでも、xがFである（「F」は何らかの法則において主要な役割を果たす述語である）、と述べることもできたはずである。そこにおいては、性質が量化されることも、性質の名前が用いられることもない。

立場の違いは第2節で際立つ。性質に関連する同一性と区別の問題についての第2節の議論が意味をなすためには、性質に関する何らかの形の実在論を支持しなければならない。つまり性質のための単称名辞を、単に一つの語り方としてではなく、真面目に受けとらなければならないのである。しかしながら、とさらに反論されるかもしれないが、実在論には強い形と弱い形がある[11]。それらの両方ともが、述語は性質のゆえに（それのおかげで）物体について真となるということには同意する。だが、強いバージョンによれば、「Fであるという性質」といった表現のすべてが、性質――その性質のゆえに「～はFである」が、Fである物体についてあてはまるような性質――を指示している。他方、弱いバージョンによれば、「Fであるという性質」といった表現のうちのごく一部が性質を指示するにすぎない。典型的な例は次のようなものである。たとえば、FまたはGであるという性質は存在しないのだが、しかし事の次第によって、物体がFであるという性質をもつか、あるいはGであるという性質をもつかのいずれかのゆえに、当の物体について「～はFまたはGである」が真であるような、そのような選言的述語「～はFまたはGである」は存在する。この立場は、ネガティブな事実や選言的事実を否定するときのやり方を思い起こさせるものであろう。

反論は、「Fであるという性質」といった表現が指示を行なうと進んで仮定した点において、われわれが実在論の強いバージョンしか想定していない、というものである。いかにもそのとおりなのだが、しかしその想定は無害である。たとえば、われわれが論証したのは、「脆いという性質＝分子結合αをもつこと」が偽であるということである。かりに、その両辺にある単称名辞のどちらか、あるいは両方が何も指示していないという事態になったとしても、その同一性の主張が真ではない（偽であるにせよ、偽以外のものであるにせよ）ということは依然として言えるだろう。そしてわれわれとしてはそのことが示せれば満足なのである。

他方、強い実在論者にとって、傾向性は二階の性質となる。つまり、脆いという性質は、（適切な仕方で）落ちたとたんに割れるということに対し因果的な責を負う一つの性質または性質複合体（因果的基盤）をもつという性質と、同一であることになるだろう。そして、トマトの色のケースのように、この二階の性質は、かりに一階の基盤がケースごとあるいは世界ごとに変わるとしても、同じ性質のままであるだろう。

3　無効力テーゼ

脆いグラスが倒れ、そして割れる。グラスの脆さは、それが割れることの原因あるいは原因の一部だったのだろうか。無効力テーゼによれば、答えはノーである。傾向性はその顕在化の原因ではない。ここで、われわれの論証は因果性テーゼと区別性テーゼに依拠している。また、完全な因果的説明が競合する説明を排除する仕方に関するあるテーゼにも依拠している。そのテーゼは、二元論的な相互作用説に対する唯物論者の反論としてよく知られたものである[12]。

論証は次のように進む。まず因果性テーゼにより、どの傾向性も（それゆえ脆さも）因果的基盤をもたなければならない。その因果的基盤は、物体の性質について論じるかぎり、割れることに対する十分な因果的説明となる。しかしもしそうであるならば、その物体の他の性質にはするべきことが何も残されていないことになる。そして区別性テーゼにより、傾向性は、そのような他の性質の一つである。ゆえに傾向性は何もしない[13]。

以上の論に対して、三つの反論が提起されそうである。

まず第一に、多重決定が起こるという事実をわれわれは見過ごしている、という反論がなされるかもしれない。しかし、多重決定の二つのタイプを区別する必要がある。一つの出来事に対し二つの異なる（先行する）十分条件があるということに、それほど異論はない。われわれが否定するのは、一つの出来事に対して異なる二つの実効的な十分条件があるということである。多重決定の古典的な例は、一方の十分条件が実効的であり、他方の十分条件はそうでないというものである。これこそが、多重決定の例が、原因と説明に関する十分条件説に対する標準的な反論として提出される理由にほかならない。実効的でない方の条件は、十分ではあるが、原因でも説明でもないのである。因果的基盤はもちろん傾向性の顕在化の説明の一部であり、原因の一部である。それゆえに傾向性は、そうしたものではないのである。

第二に、われわれの日常的な語り方が傾向性の効力を強く支持するものである、という反論があるかもしれない。[14]「なぜそのグラスは割れたのか」「なぜならそれは脆いからだ」。これはあまり中身のない説明であるように思われる。しかし「彼は致死性の毒を飲んだために死んだ」も同様に中身の乏しい説明であるが、その致死性の毒はたしかに彼の死をひき起こしている。そのためわれわれの返答はむしろ、多義性に注意する必要がある、というものになる。

次の例を考えよう。

(1)王の好きな酒を飲むことは賢明である。

一つの読み方では、(1)は、王の好きな酒ではなく王について（とくに尊敬のない仕方で）語っている。

もう一つの読み方では、王ではなく酒について語っている。王の好きな酒がワインであるなら、どちらの読み方をしても、(1)はワインを飲むように言っている。ただ、王を尊敬しない仕方で読むならば、同時に(1)は、かりに王の好きな酒がビールであったとすればわれわれが飲むべきものはワインではなくビールであっただろう、ということも述べている。しかし王をもっと尊敬する仕方で(1)を読むことができる。おそらく王の好きな酒は風土病を正しく予防するのである。(1)はこの事実に対する反応として述べられたものかもしれない。その場合、王の好きな酒が何か他の酒であったとすれば、その、他の酒を飲むことは賢明でないことになろう。

それぞれ次のように書くことによって、解釈の二義性は解消することができる。

(1′)〈王の好きな酒を飲むこと〉は賢明である。

(1″)王の好きな酒は、それを飲むことが賢明であるという条件を満たすようなものである。

さて、次の例を考えよう。

(2)そのグラスは脆いので割れた。

これは、因果性テーゼにより、次と同値である。

⑶そのグラスは、落ちたとたんに割れることに対し因果的な責を負う本性をもっていることのゆえに、割れた。

そして⑶は⑴と類比的な仕方で多義的である。というのは、

⑶′そのグラスは、〈落ちたとたんに割れることに対し因果的な責を負う本性をもっていること〉のゆえに、割れた。

か、または、

⑶″そのグラスは、ある本性、すなわちそれをもつことで落ちたとたんに割れることに対し因果的な責を負うことになるということを満たすようなある本性のゆえに、割れた。

のいずれかの仕方で、読むことができるからである。

無効力テーゼにより、⑶′は偽である。なぜなら括弧で括られた部分は、脆さという傾向性――それは因果的にいえば何もしない――を名指しているからである。しかしそれに対し⑶″は、脆さの因果的基盤についての単純な真理である。というわけで、⑶に同意したい気がするというわれわれの傾向は、無効力テーゼと両立可能な――それゆえ無効力テーゼにとって何ら脅威ではない――真なる読み方を

(3)がもつということにより説明できる。

第三に、次のような反論がなされるかもしれない。もし無効力テーゼが真であるならば、傾向性の存在を信じる理由がなくなってしまう。もしそうならば、何ものも、傾向性の存在の徴候としてみなすことができなくなるからである(15)。

これに返答するさいには、傾向性の存在を信じる理由がないということに関して二とおりの解釈が区別できるという点が重要である。つまり、われわれのお馴染みの例でいうなら、その否定は、あるものが脆いということを信じる理由がないということを意味するかもしれないし、脆いという性質の存在を信じる理由がないということを意味するかもしれない。

第一の仕方で解釈するならば反論に説得力はない。ロシアにある電子e_Rが速度vで運動しているということを、私は、その速度の諸結果を部分的な根拠として、知っているとしよう。そして同様の根拠によって、オーストラリアにある電子e_Aが速度vで運動していることも知っているとしよう。さてそのとき、e_Rとe_Aは同じ速度で運動している。そしてその事実は何に対してもまったく因果的に無効力であるのだが、にもかかわらずそれを私が知りうることはあきらかだろう。脆さについても同じストーリーを語ることができる。われわれは、ある物体が脆さのための因果的基盤をもつという事実を、その基盤の諸結果を部分的な根拠にして知るかもしれない。そして、その物体が時点tに落とされれば時点t＋δに割れるという条件を満たすようなものであることや、それゆえにその物体が脆いということは、その事実から帰結するのである。

第二の仕方で解釈する場合、議論はすでになされた強い実在論と弱い実在論の区別に応じて異なったものになる。まず、強い実在論者にとっては、ある物体が脆いことをわれわれがときに知るという事実だけで、そうした物体が脆いという性質をもつことをわれわれが知るのには十分である。他方、弱い実在論者にとって、答えは、AがFであるという事実が、性質Fが存在するという信念をどのような場合に保証するのかに関して、その実在論者のもっている理論に依存する。以上はこの論文の範囲をはるかに超えた話題であるが、無効力テーゼを損なうことなく、いずれかの仕方で答えられるだろう。つまり、脆いという性質がもし存在するのであれば、すでに行なった論証により、それは脆さの顕在化に関しては無効力である。逆にもし存在しないのであれば、それはまさに不在者の無力さゆえに無効力なのである。(16)

注

(1) たとえば、Mellor (1974) およびその参考文献を見よ。
(2) Tooley (1972), p. 286. J・L・マッキーは、Mackie (1973), pp. 130–131 において、類似の論点を主張することを意図したと思われるケースを記述している。
(3) われわれはこの点で Mackie (1973), p. 128 に異議を唱える。
(4) Smith (1977), pp. 444–445.
(5) それゆえわれわれの因果性テーゼは、傾向性に関する実在論としては、Armstrong (1973), pp. 11ff. において支持されているよりも弱い形のものである。
(6) Armstrong (1973) において行なわれているように。

(7) Putnam (1967).

(8) Kripke (1972) のなかでソール・クリプキが言う意味において。

(9) この論点に関するさらなる展開については、Jackson (1980) および Tye (1981) を見よ。

(10) Kripke (1972) ; Putnam (1975).

(11) Armstrong (1978) を参照のこと。彼は弱い形の実在論を好んでいる。

(12) たとえば Campbell (1970), pp. 50–51 を見よ。

(13) たとえば Mellor (1974) には失礼ながら。

(14) とくに、Rozeboom (1978), p. 88 を見よ。

(15) これが Mackie (1973), p. 137 における反論の本質である、とわれわれはみなしている。

(16) われわれは、D・M・アームストロングおよびD・ルイスとのディスカッションに多くを負っている。

文献

Armstrong, D. M. (1973), *Belief, Truth and Knowledge*, Cambridge University Press.

—— (1978), *Universals and Scientific Realism*, Cambridge University Press.

Campbell, K. K. (1978), *Body and Mind*, Anchor Books.

Jackson, F. (1980), "A Note on Physicalism and Heat," *Australasian Journal of Philosophy* 58, 26–34.

Kripke, S. (1972), "Naming and Necessity," in D. Davidson and G. Harman (eds.), *Semantics of Natural Languages*, Dordrecht.〔八木沢敬・野家啓一訳、『名指しと必然性』、産業図書、一九八五年。〕

Mackie, J. L. (1973), *Truth, Probability and Paradox*, Oxford University Press.

Mellor, D. H. (1974), "In Defence of Disposition," *The Philosophical Review* 83, 157–181.

Putnam, H. (1967), "The Mental Life of Some Machines," in H. Castañeda (ed.), *Intentionality, Minds, and Perception*, Wayne State University Press, 177–200.

— (1975), "The Meaning of 'Meaning'," in his *Philosophical Papers*, vol. 2, Cambridge University Press.

Rozeboom, W. W. (1978), "Dispositions Revisited," in R. Tuomela (ed.) *Dispositions*, D.Reidel Publishing.

Smith, A. D. (1977), "Dispositional Properties," *Mind* 86, 439–445.

Tooley, M. (1972), "Armstrong's Proof on the Realist Account of Dispositional Properties," *Australasian Journal of Philosophy* 50, 283–287.

Tye, M. (1981), "On an Objection to the Synonymy Principle of Property Identity," *Analysis* 41, 22–26.

Elizabeth W. Prior, Robert Pargetter and Frank Jackson, "Three Theses about Dispositions," *American Philosophical Quarterly* 19 (1982), 251–257.

〔訳注1〕 カテゴリカルな性質（categorical property）とは、本質的に、仮言的でない、つまり条件法的にではなく表現されるような性質のことである。傾向性が本質的に条件法的に表されるものであるとすれば、カテゴリカルな性質とは、傾向性的でない性質のことである。

個別の衣をまとった個別者たち

――実体に関する三つのトロープ説

ピーター・サイモンズ

われわれは馬や石などといった個別的な種類の物的実体について語ったり考えたりする。そのさい、われわれがそれらのおのおのに関してもつ観念は、われわれが「馬」や「石」と呼ぶもののなかに統一されているのを目にするさまざまな感覚的質のいくつかの単純観念の複合ないしは集合にすぎない。ところがわれわれは、それらの各要素が単独で存立したり、それらだけで互いに他を存立させあう仕方というものを、想像することができない。そのため、何らかの共通の主体においてそれらが存在しており、そしてその主体によってそれらが支えられているのだと仮定するわけである。この支える主体をわれわれは「実体」という名で指示する。もっとも、支えるものとして仮定されているそのものについて、われわれが何らかの明晰または判明な観念をもっているわけではないことは、確実なのだが。（ジョン・ロック、『人間悟性論』、第二巻、第二三章、第四節）

1　導入

個別と普遍の問題という、存在論の地雷原のなかを安全に通り抜けるためのルートを、私は選び出そうと思っている。馬や石といった物的実体を存在論的にうまく分析することを請けあう唯名論にはいくつかの形態が存在するが、そのうち、とくに二つのものが強く注意を引く。両者はともに、トロープ〔訳注1〕(trope) あるいは個別的性質例の概念を利用する。おそらく現在、よりポピュラーなのは束説 (bundle theory) の方だろう。束説は、ドナルド・ウィリアムズとキース・キャンベルによって強く支持された学説であり、具体的な個別者がトロープの束にほかならないと主張する。第二のものは基体説 (substratum theory) である。基体説によれば、具体的個別者は、トロープのほかに、「基体」と呼びうる非トロープ的成分を必要とする。基体はときに「裸の個体 (bare particular)」とも呼ばれる。基体説に近い傾向はアリストテレスとトマスのなかにも見られるが、最も有名な基体説の提唱者はおそらく (冒頭にも引用した) ロックである。そして、ロックと基体説に対する現代を代表する支持者が、C・B・マーチンである。二つの見解はそれぞれ、固有の利点とその他の難点をもっており、私はそれらをこれから論じるつもりだ。結論をいえば私は、束説でも基体説でもない、「核説 (nuclear theory)」と呼ぶべき第三の説を支持する。核説は (私の期待するところでは) 束説と基体説の欠点を除き、長所を組み合わせた学説である。

近年、普遍者についての古い問題をめぐる議論が進歩し、その結果、見たところ、さまざまな選択肢が多かれ少なかれ標準的な仕方でチャート化され、議論のいくつかの定石が明文化されるに至ったのは、喜ばしいことである。こうした進歩への貢献において中心的な役割を担ってきたのが、デイヴィド・アームストロングである。アームストロングの二つの著作、一九七八年の『普遍者と科学的実在論（*Universals and Scientific Realism*）』と一九八九年の『普遍者――自説を語る入門書（*Universals, an Opinionated Introduction*）』の立場を比較してみると面白い。最も顕著な変化は、私が正しいと考える種類の立場とまさに関係している。その立場は今日では一般に「トロープ唯名論（trope nominalism）」と呼ばれる立場である。アームストロングの変心は、トロープ唯名論がいかに広く認知されるようになったかをよく示している。前者の本で、アームストロングは、いまでは彼自身でさえ正しくなかったと認める理由によって、その立場をかなりあっさりと退けている。それに対し現在の彼の見解は、ある種のトロープ唯名論が、アポステリオリな実在論という彼自身の見解に対抗する最も有望なライバルであるというものである。そして、実在論の方がすこしばかり優勢であるものの、最終的な軍配が二つの説のどちらに上がるかはおそらく今後論証が与えられるのを待って決まるだろう、と彼は考えている。アームストロング個人の話を除いて核心を述べるなら、トロープ唯名論がその本来の力によってより多くの認知を得たということである。そしてアームストロングについていえば、彼自身のそれまでの見方に影響が及ぶにもかかわらず、いつもの誠実さから、トロープ唯名論のもつ力に注意を促さざるをえなかった、というわけである。

私は、トロープ抜きの唯名論に対してトロープ説がもつ利点のすべてを提示しようとは思わない。また、普遍者をトロープに置き換える形の理論に対するトロープ説の利点を提示するつもりもない。

それらは、アームストロングの後者の著書のなかでうまく述べられているし、また、より強い信念とともに、キース・キャンベルの著作『抽象的個別者 (*Abstract Particulars*)』(一九九〇) において示されている。

2 なぜトロープはかくも無視されてきたのか

いまやトロープは、存在論において、一般に受けいれられたというほどではないにせよ、比較的馴染みのカテゴリーとなった。英語圏の分析的土壌で育ってきた哲学者のほとんどは、トロープに最初に接したとき、おそらくそれを存在論の動物園のなかの何やら見なれない奇妙な生物とみなしたであろう。ただ、反対に、より完全な中世哲学の基礎知識をもつ人々は、トロープを、アリストテレスやスコラ派の個別的付帯者として見なれたものと感じただろう。トロープは風変わりなものと考えられてきたし、また、必要以上の数の美しくない名前が (何人もの哲学者が多かれ少なかれ独立にその必要を認めたせいで) それに対して付けられてきた。こうなったことの原因は、おそらく、二〇世紀に世界の多くの場所で分析哲学が発展し教えられてきたその仕方にある。そしてさらにいえば、とりわけラッセルとムーアの影響に、その原因はある。ラッセルは、性質と関係についての議論のなかで、性質や関係が普遍者であるか個別者であるかという問題に、まるで触れようとさえしていない。彼はそれらが普遍者であると端的に前提してしまっている。ムーアはさらに効果的に人々をトロープから遠ざけた。彼は、スタウトのトロープ説に対する有名な批判のなかで、普遍的性質の実在論があたかも唯一の合理的な見解であるかのように論じたのである。

過去の有名な哲学者たちの関連する一節をほんのすこし眺めただけでも、トロープ――どういう名前のもとであれ――の存在を信じることが、常道というよりはむしろ例外であることが示唆されているのに気づくだろう。アリストテレス＝スコラ学派の伝統のほかにも、ロックの言う（分離されていない）様態、ライプニッツのモナドの性質、そして（条件付きだが）バークリーやヒュームの言う観念がある。トロープはまた、一九〇〇年ごろのヨーロッパ大陸の科学的な哲学、すなわちブレンターノの学徒たちの主要な伝統において、突出した概念であった。経験主義者たちに関する初期の研究において、マイノングが性質と関係について述べたとき、彼は疑うことなくそれらを普遍者ではなく個別者であると仮定していた。[1] トロープに対する分析が深まったのには、『論理学研究』におけるフッサールの影響があった。[2] フッサールは、シュトゥンプのなかに見いだした非独立的な内容もしくは観念というアイデアを、心理学の領域から存在論の領域にまで広げた。そしてそのような非独立的な対象を「モメント（moment）」と呼んだ。ブレンターノも同様に、他から一方的にのみ分離可能な対象の観念というものについての議論を展開した。スタウトの『分析的心理学（*Analytical Psychology*）』はブレンターノ学派から影響を受けたものであるが、抽象的個別者という彼の学説もやはりその方向からの刺激を受けたものであると想像される。

私自身は、いくぶん逸脱的なルートを通ってトロープを認めるに至った。すなわち、スタウトやスコラ学派を経由するのではなく、フッサールのモメントの概念からトロープに至ったのである。フッサールの文脈のなかでは、それらが普遍のゲームにおける可能な一方の駒として登場するわけではない。なぜならフッサールは（彼自身は「イデア的なスペチエス」と呼ぶ）普遍者の存在をも信じていたからである。私が、トロープが唯名論者にとって有用であると気づいた最初のきっかけは、ギド・キュンクの『存在論と言語の論理学的分析（*Ontology and the Logistic Analysis of Language*）』にある。キュンクのその本は、唯名論者であるグッドマンとレシニェフスキの影響を受けたものであり、一九六七年に英語へと翻訳された。キュンクがフッサールとスコラ学派の伝統について博識であったことは偶然ではない。イグナチオ・アンジェレッリの『フレーゲと伝統哲学の研究（*Studies on Frege and Traditional Philosophy*）』（これも一九六七年）は、いかに近代の観点が、アリストテレスの『カテゴリー論』における「存在の四角形」のうちの個別的付帯者を恒常的に抑圧してきたかを、私に示してくれた。そうしてそれ以来私はトロープに夢中である。ケヴィン・マリガンとバリー・スミスと私自身による「真にするもの《トゥルースメーカー》」の理論（Mulligan, Simons & Smith（1982））のなかでも、トロープが「モメント」の名前のもとで使用されている。

だが制度的要因や偶然的な歴史的理由だけでは、なぜ近代においてトロープが広範に無視されてきたかを十分に説明できないと思われる。キュンクは、彼の著作において、より系統的な三つの理由を提出している。(3) すなわち、

(1) 二つのものが相等であるのはそれらがこれこれの性質に関して同じだからだ、という言い方にわれわれは慣れている。それゆえ、数的に異なる二つのものが似ているときにはつねに何か理由がなければならないと、つい考えてしまう。

したがってもし二つの性質が相等（equal）であるならば――つまりそれらの性質が、正確にそっくりであるが、数的には区別されるかもしれないというのであれば――、それらの性質は同一であるか、さもなくば、それらの性質についてのある性質ゆえに互いに類似しているのである。最初の答えはわれわれの手からトロープを奪ってしまうだろう。第二の答えも満足のいくものではない。というのも第二の答えは、二階の普遍者を持ち出して、一階の普遍者がよりうまく行なえるであろう説明をそれら二階の普遍者が行なうと称するだけか、あるいはそうでなければ、無限後退に陥るからである。この点に対するキュンクの解答は、トロープの相等性はさらなる正当化を必要としない基礎的関係だというものである（これはたしかにトロープ説の支持者が受けいれられる唯一の解答である）。トロープに関するより最近の研究では、同じ見解が、トロープのあいだの正確な類似性（キュンクの「相等性」）がトロープの本性によって含意される内的な関係であると述べることによって、表明される。あるいは、二つのトロープが相等であるという事実は、それらが現にそうであるところの二つの個体であるということにスーパーヴィーンしている、と述べることによって表明される。内的な関係は、存在論上の付加を意味せず、無限後退を食い止めるであろう。またスーパーヴィーニエンスも存在論的には無害である。

(2)通常の論理言語はトロープの名前を含まず、またわれわれは通常トロープに対して量化を行なわない。

自然言語がかならずしも前面にトロープを押し出さないという事実を、さらにこれに付け加えてもよいだろう。これらの事実に関しては語用論的な説明を与えることができると思う。すなわちだいたいの場合われわれは、トロープを、われわれが大きな興味をもち、それゆえ固有名を授けるに値するような個別者を同定し認識するのに役立つ単なる道具として、扱う。物的実体ではない数多くの個別者がそれ自身のための単称名辞をもっており、そのうちのいくつかは固有名をもっているとみなすことさえできる（たとえばある戦いは、それが起こった場所——トラファルガー、ゲティスバーグ——に由来するがしかしその場所の名前とは区別される名前をもつ）。その一方で、私は、あるトロープに対する単独の固有名というものを考えることができない。また、確定記述を与えるに値する傑出性をそれ自身で備えているようなトロープも、きわめて少数である。そのような傑出したトロープの候補としてあげられるのは、たとえば、モナリザの口のあの形とか、『カサブランカ』のなかでイングリッド・バーグマンがサムに「時のたつまま」を弾かせようとするときのあの仕方といったような芸術的なものかもしれないし、あるいは、撃たれた直後のジョン・F・ケネディの頭部が描いたあの曲線といったような歴史的瞬間に関わるものかもしれない。

(3)トロープは、無限後退への恐れから拒絶されているのかもしれない。

もし三つの正確に類似した、あるいは相等の、トロープをわれわれが手にしているとすれば、それによって得られる三つの相等性の関係もまた相等なものでなければならない（さもなければ、類似性唯名論を批判するラッセルが論じるように、普遍者を密輸入せざるをえなくなるだろう）。さらに、それらの相等性もまた互いに相等なものでなければならない。そしてさらに…。ここから抜け出す道は二つある。一つは、相等性が内的であるということやあるいはスーパーヴィーニエンスを持ち出して、さらなる存在論的付加を避けるやり方である。つまりわれわれが手にしているのは、二つのトロープと一つの相等性の関係ではなく、二つのトロープなのである。そして、その二つがあるとして、それらが相等なのである。これはキャンベルが採用した解決法である。キュンクは、一方、こうした後退を気にしない。彼にとって、相等性の関係の無限性は、かならずしもその関係を容認することの妨げにはならない。キュンクによれば、どのような言語においても、相等性がもはや表現されることなく心のなかで想像されるというレベルになれば、後退は止まるのだから、そうしたことは物事について何かを語ることの障害にならないのである。

3 用語法

「トロープ」という語は今日多かれ少なかれ地位を確立し、ミスリーディングな含みをもつ心配がないほどに曖昧さが少なくなった。そのため私は以降でも「トロープ」の呼称を使い続けることにしたい。以前の著作において私は「個別的付帯者（individual accident）」の語を使っていた。しかしそれは「トロープ」よりも長く、しかも、付帯者のあるものはそれらの担い手にとって本質的でありうるために、誤解を招きかねない用語であった。私はまだフッサールの「moment」という語を気に入っている。だがその言葉は（時間的瞬間を指す他の用法は置くとしても）、ドイツ語からの輸入語にほかならず、ドイツ語のなかでは伴うであろう適切な含意を、英語の響きのなかでは伴わない。

「唯名論」と「実在論」という用語はさらに有害な仕方で多義的である。そこで、普遍者の存在を否定する立場を「個別主義」と呼ぶことにしたい。他方、普遍者を容認する立場は「普遍主義」と呼ぶ。普遍者を定義する特徴は、それらが多重的に例化されうるということである。その特徴からは、通常、時空的な位置の占有に関する論証を経由することにより、普遍者が抽象的な存在者であることが帰結すると考えられている。その論証は再検討に値すると私は考えるが、この問題に対していま態度を決める必要はない。よって私は、抽象的対象の存在を否定する「具体主義」と、抽象的対象を容認する「抽象主義」との区別もしておくことにしたい。「抽象的」と「具体的」という語は、個別者と普遍者との関連のなかで、二とおりの両立不可能な仕方で用いられてきた。私がこれまで使ってきた用語法に従えば、抽象的対象は空間的位置づけも時間的位置づけももたない。他方、具体的対象は、空間的位置づけはともかく、すくなくとも時間的位置づけをもつような対象である。以上の用語法は、具体的対象がそれ自身で存在することのできる個別者であるのに対し、抽象的対象は独立して存在することのできない個別者であるとする用語法とは区別される。後者は、キース・キャンベルが著書『抽象的個別者』において用いた言葉づかいである。そしてこの多義性はフッサールによってすでに一九〇一年に指摘されていた。[4] トロープを「具体的」と言うことに対する違和感は、非独立的な個別者と独立的な個別者を区別することによって軽減される。「非独立的な個別者」という語が得られたならば、われわれはトロープを「非独立的な具体的個別者」の一種として記述できるだろう。そのように述べるとしても、たとえば出来事や境界といった他の種類の非独立的な具体的個別者が存在する可能性は閉ざされない。またたとえば、もし存在するとしてもかならずしも普遍者である必要のない、集合のような抽象的個体や抽象的個別者について、抽象主義者が語る余地も残される。さらに、そうした集合論の研究者が、空集合のような独立的な抽象的個別者と、単集合のような（つまりその要素が存在してはじめて存在できるような）非独立的な抽象的個別者とを区別したいのであれば、それも可能である。独立的な具体的個別者のための簡便な呼称としては、「実体（substance）」を用いることにしたい。この呼称が伝統的な考えからひどく外れたものだとは思わない。ともあれ、いまは実体そのものに焦点を当てたいわけではないのだから、当面の目的にとって「実体」という呼び方で十分であろう。

4　束　説

独立的な個別者がトロープの単なる集団や束であるという考えは、非常に魅力的なものである。バークリーは物的な個体について、そしてヒュームは自己というものに関して、そうした議論を試みた。ドナルド・ウィリアムズは、日常の物的実体が同時存在という同値関係によって関係づけられたトロープの群れもしくは束であるという見解を、彼の先駆的な論文「存在の基本要素（The Elements of Being）」において擁護した(5)。キース・キャンベルは、ウィリアムズに続いて、こう書いている。「日常的な物体、すなわち具体的な個別者は、共存（compresent）するトロープの集団の総体である。それは、まさにトロープの集団の完全体であることによって、それが占める場所を――日常的な物体について通常そうだと考えられているように――独占するのである」(6)。

束説の魅力は否定できない。束説は、キャンベルの言う「単一カテゴリー的存在論」をわれわれに約束する。それはエレガントにオッカム的である。つまりそれは、われわれの知りえない基体や裸の個体といったものを必要としない。だが束説には固有の問題がある。問題の第一のグループは、共存という関係にまつわるものである。その関係は分析不可能なのだろうか。それは悪性の無限後退へと導かれないのか。同じ種類の複数のトロープ（たとえばいくつかの赤さ）が一つの束の中に共存することを止めるものは何であろうか。同じレベルの特定化が与えられるトロープどうしの時空的排除に関する様相的関係といったものを、さらに導入する必要はないのだろうか。第二のグループの問題は、束になることによって実体的個別者を生み出すにはトロープがあまりにも実体からかけ離れており、それらは単なる群れにとどまるだけで個別者にはならない、という反論に関わっている。

まず最初に、共存の関係について考えてみよう。共存関係が、二つのトロープを束ねる二座的な関係であるのか、一つの場所を二つのトロープと結びつける三座的な関係であるのか、それとも、さらにたくさんのものをそっくり一つの系へと束ねあげる多座的な関係であるのかは、あきらかでない。第一の可能性を考えてみる。通常の物的実体はたくさんのトロープを伴う。そのため、多くの共存関係が存在し、しかもそれらの共存関係のいずれもが、たった一つの実体を作り上げるために共存していなければならない。それゆえ、われわれは最初のトロープの束を、いくつもの共存関係の束によって説明することになる。そしてそのことは、われわれが出発点で直面していたのとまさに同じ問題を、しかし今度はより高いレベルで、生じさせる。数に関してはなお悪化するだろう。共存する四つのトロープに対して六つの共存関係がある。トロープが五つなら共存関係は十である。つまり一般に、nの数のトロープに対して、${}_nC_2$の数の共存関係があることになるのである。類似性のときと同じようにここでも悪性の無限後退は生じない、と返答されるかもしれない。しかしこのケースではそううまくはいかないと思われる。類似性のケースにおいて、二つのトロープのあいだの類似性が、それらのトロープ自身の個々の本性に由来する内的関係であるというのは、もっともなことであった（類似性が正確なものであってもなくても）。ところが二つのトロープの共存は、かならずしもそうした種類の関係ではない。複数のトロープが同時に生起せざるをえないというようなケースは、たしかにあるかもしれない。しかし実体という個別者において、多くのトロープは、偶然的に、その束の中にあるにすぎない。これは、それらのトロープが別の場所に存在しえたということではなく、その物的実体が別の仕方で存在しえたという意味である。そして実際、その実体は変化しうるだろう。トロープの束のある一つ——たとえば一枚の紙に対応するような——が、ある時点で、ある一つの形トロープSとある一つの温度トロープTを含むと仮定しよう。（この例がそっくり全部受けいれられるかどうかは重要でない。ここでのポイントはそうしたことに依存しない。）このときわれわれは、温度を変えることなく形を変える物体を想像することができ（紙をゆっくり曲げてみよ）、また、形を変えることなく温度を変える物体を想像することができる。真正の変化に関する標準的なトロープ説の説明に従えば、実体の変化は、一つのトロープが他のトロープに置き換わるということに存している。それゆえSは、新しい温度トロープT′といっしょに束の中にとどまり、存在し続けるかもしれない。あるいはまた、Tが、新しい形トロープS′と共存して存在し続けるかもしれない。いずれの場合にも、SとTのあいだの共存関係は消滅する。そのことは、SとTの共存が、SとT自身の本性だけによるものでないことを示している。二つ以上のトロープが本質的にいっしょに生起するような場合には、それらのトロープのあいだの共存関係が内的であると考えるのも、たしかにもっともであろう。だがそのことをすべてのトロープにあてはめようとは誰も思わないはずだ。

原始的な内的関係は、悪性の無限後退を止めるのに役立つ。そして、結束の無限後退にはフッサールも気づいていた。彼はトワルドフスキのある見解を批判した。トワルドフスキの見解はわれわれのここまでの議論と関連している。つまりトワルドフスキによれば、任意の二つの項の統一はそれらを結びつける第三項によって保証されるのである。[7] フッサールが言うには、その見解はあきらかに悪性の無限後退へと導かれる。無限に多くの項が生じるだけでなく、どの段階になっても統一が達成されないからである。フッサールによる回避法は、彼が「基づけ関係」と呼ぶ特別な関係を導入することである。基づけ関係とは、複数の物を、さらなる接着剤を使うことなく一つの統一体へと結びつける役目をする関係である。彼は、実際、二種類の基づけを明確に区別している。まず個体Aは、次のとき、そして次のときにかぎり、個体Bに弱い意味で基づけられる。すなわち、Aが必然的に、Bが存在しなければ存在しえないようなものであるときである。物体は、それの本質的な真部分に、弱い意味で基づけられている。だが基づけには目下の文脈により適合したもう一つの意味がある。それは次のようなものである。AがBに弱い意味で基づけられており、かつBがAの部分でないとき、そしてそのときにかぎり、AはBに強い意味で基づけられている。フッサールのアイデアは、無限後退に陥ることなく統一を確保するための形式的関係として、基づけを使おうというものである。彼は「真に統一するものはすべて基づけの相互関係である」と明示的に述べる[8]。しかし、これで十分なのだろうか。AとBが互いに強く基づけあっていると仮定しよう。つまり、いずれも他方の部分ではなく、かつ他方なしには存在しえないという仮定である。そのときわれわれは、AとBをそのような関係にさせているものは何なのか、と問うことができるだろう。フッサールの答えは次のようなものである。ある種類の一つの対象（たとえば一つの色トロープ）は、まさにそれが属する種類あるいはイデア的なスペチエスのゆえに、別の種類の対象（一つの延長トロープ）を必要とする。すなわち、基づけは第一には種レベルにおける関係なのだが、それが事例へといわば引き継がれるわけである。だがこの答え方は、本質的な共存のケースに対してしか有効に機能しない。どの延長トロープも何らかの色トロープを必要とすることは認めてよいだろう。しかしそのことから、この延長トロープEがほかでもないこの色トロープCを必要とするということは帰結しない。というのも、Cが種類の異なる別の色トロープC′に入れかわる一方でEが存在し続けるということはありうるからである。典型的にそうしたことが起こるのは、物体がじっと動かないままで色を変えるときである。フッサールは、種のレベルにおける依存ゆえに成り立つ基づけ関係――「いかなる（音の）高さもある（音の）大きさを必要とする」のような――と、個別事例のレベルにおいて成り立つ基づけ関係――たとえば「この高さはこの大きさを必要とする」――とのあいだの違いに無頓着であった。種的な基づけは個体の可変性と両立可能である。ちなみに、基づけあるいは依存関係の二つの種類のうち、種的な方を言表関与（*de dicto*）的、個別的な方を事物関与（*de re*）的と記述するのはミスリーディングである。両方とも事物関与的だからである。むしろわれわれは、種の依存を個の依存と区別しなければならない。結局、基づけ関係を、トロープの群れをより実体的な一つの全体へとまとめあげる接着剤として使うというフッサールのアイデアは、個体のレベルで他に基づけられているようなトロープに対してしか有効ではない。そして、偶然的あるいは付帯的なトロープのあいだには（たとえそれらが、その種類に属する何らかの事例を互いに要求しあうような種類のものであっても）いかなる基づけ関係も存在しないのである。

偶然的に共存する二つのトロープを結びつけるために必要なものは、両者がともに要素となるようなより大きな束にそれらが依存しているという共通の関係である、と思われるかもしれない。しかし、その提案は共存の定義としては使いものにならない。というのもそれは、共存関係がまさに達成するとみなされること——すなわち集まったトロープを一つの全体へと溶接してまとめること——を前提として含んでしまっているからである。

役立つように見えるかもしれないもう一つの提案は、二つのトロープの共存関係を、二つのトロープとそれらが存在する一つの場所とのあいだの三座関係によって、説明することである。つまりトロープAとBは場所Pにおいて共存するというわけである。するとAとBは、共存する場所Pなるものが存在するとき、そしてそのときにかぎり、従来の二項的な意味で共存することになる。この提案は次の三つの欠点をもつ。一つは、場所が、関係の適切な項になりうるということを前提にしている点である。それは、可能なら前提とせずに済ませた方が好ましい、場所に関するある形の絶対主義である。もう一つの欠点は、そのような関係が結局のところ場所を基体にしてしまうことである。なぜなら、たくさんのトロープのすべてが（二座的な意味で）共存するのは、それらのトロープのすべてがそこにおいて共存するような一つの場所Pが存在するときであり、そのときにかぎるということになるため、それゆえ、束全体の統一を保証するのはそのPの同一性にほかならないことになるからである。これは基体説であって束説ではない。それはただ、場所PをトロープA、B…等の担い手（bearer）や支柱とみなさないという点においてのみ標準的な基体説と異なっている。第三の難点は、この説が、実体の運動を必要以上に不可解な謎にしてしまうことである。もし場所そのものが担い手であったならば、トロープは動けなくなるだろう。というのもその場合、あるトロープは、それまでいた場所を占めるのをやめたとたん、存在するのをやめることになるからである（たとえすぐ隣の正確に類似したトロープがそれに置き換わるとしても）。かりにトロープが動けないとすれば、それらの束も動くことができず、それゆえ物的実体の同一性は消失するだろう。しかしいま問題になっている理論はそこまで苦しい状態にはない。というのも、AとBは複数の場所と継続して共存していくのであるが、AはBと共存したままであり続けることが可能なので、それらのトロープは真の意味で動くことができるからである。一つの実体が動くとき、そのトロープもいっしょに動くわけである。もし物的実体が一つの場所Pと関係する共存の束であるならば、その束が運動するというのは、場所Pとの三座的な共存関係の系列全体が、他の場所P′、P″…等と関係する同様の系列によって置き換えられていくということに等しい。P′、P″…等との共存関係のそうした系列のいずれもが、同じトロープをそっくり巻きこんでいるという事実だけでなく、それらの共存関係の系列のいずれもが、完全に調和のとれた形で、いっきょに成立し、いっきょに解消されるという事実をも説明するものは、はたして何なのか。つまり、たくさんのトロープがばらばらの方向へと迷走するのを防いでいるものは、何なのだろうか。束がまさに束であるという本性を何らかの仕方でもし説明できれば、それらの事実は、束が全体として動くという事実によって、ひとなぎで簡単に説明されるだろう。そして、それができないならば、われわれは謎や奇跡に直面することになる。以上の反論は、場所以外の何かを基体とみなす基体説のバージョンにはあてはまらないことに注意してほしい。というのも、そのバージョンの基体説では、ある物的実体におけるトロープの束の運動がもつ一体性は、それらのすべてのトロープが同じ一つの基体へと束ねられていることによって説明されるからである。そのような基体説にはさらに、空間の関係説が正しいかどうかという問題に対して中立的であるという利点もある。

共存についての残った最後の可能性は、共存関係が、二項的でも三項的でもなく、もっとたくさんの——つまり束の中に存在するトロープの数と同じだけたくさんの——項をもつ関係であるというものである。その関係がどのような項数《アリティ》をもつのかについて、われわれが知ることはないだろう。項数は無限でさえあるかもしれない。また、具体的で独立的な個別者の異なるタイプごとに項数は異なるかもしれない。だがにもかかわらずそのような関係は存在するだろう。こうした考え方は、私の見るところ、二つの欠点をもつ。第一に、これがどのような説明力をもつかを理解しがたい。そこで述べられているすべてのことは、トロープの束が、それをまとめあげる関係がどのようなものであれ、そうした関係によってまとめあげられているということである。これは実際のところ説明の放棄であろう。第二の欠点は、偶然性と変化をそのアイデアがどのように説明しうるかを理解するのがまた、難しいことである。いくつかのトロープは物的実体にとって本質的であり、他のトロープは偶然的であるとするならば、トロープを一つに束ねている巨大な関係のなかに、その答えが示されることはない。そのような関係それだけでは、なぜ、実体が変化するとき、その束の一部は固定されたまま残り、他方、ほかの消えていくトロープによってできた空席には同種のトロープが収まるのかを、説明できないのである。以上の理由により、私には、この選択肢を採用するのは絶望的な一手であるように思われる。ただ、にもかかわらずそこから拾い上げる価値のある一つの論点があるとすれば、それは、われわれが異なるタイプの具体的な独立的個別者を探し求めた結果、単に種類の異なるトロープというだけでなく、おそらく、数においても異なるトロープを手にすることになるかもしれない、ということである。

束説に対する反論の第二のグループは、トロープが見たところあきらかに非実体的な本性をもつことと、それゆえ、それらが束になっても物的実体を形成しえないという論点に関わっている。マーチンは言う。「群衆がメンバーを集めて作られるように物体がその性質や特徴を集めて作られることはない。というのも、物体のもつそれぞれの性質のどれもが、その物体がそもそも存在するためには、その物体がもたなければならないようなものだからである。ところが群衆に属するメンバーのそれぞれは、そもそもその群衆が存在するために、かならずしもその群衆に属している必要はない(9)」。レヴィンソン、サージェント、そしてアームストロングは、トロープを個別化された「仕方（way）」とみなす。「仕方」の群れがいったいどのようにして物的実体を構成しうるのか見てとるのは難しい。トロープは非独立的な存在者だとみなされる。実体がトロープから構成されるとしたとき、その点こそが、マーチンとアームストロングの双方の批判に共通する主旨となると私は考える。そしてアームストロングによれば、それこそが、トロープ説の支持者が「トロープをより実体的なものへと組み立て」ようと苦労する原因である[10]。もちろん、彼らはそうしようと苦心している。なぜなら彼らは、複合的な個体としての見かけを説明しようと努めているからである。だがおそらく批判者の考えは次のようなものなのだろう。非独立的な存在者が集まったり結束したりしても、その総体は結局、一つの非独立的な存在者か、あるいはいくつもの非独立的な存在者の集団以外のものにはならない。それゆえ、独立的な存在者――もしそもそも何かが存在するのであれば、すくなくとも一つそういうものが存在しなければならないような――が存在するということが説明されない。

人の群れとトロープの束とのマーチンによる比較は完全に適切というわけではない。トロープの束は、単なる集団を意味しない。もとよりそれは、最初にまず存在しそしてそのあと集められて一つの全体になるようなそれ自身自立存在的な個体の集団ではない。つまり、人々を集めてくることによって軍隊ができあがったり、いろいろな鋼材を組み合わせることによって一隻の船ができあがったりするというような話ではないのだ。トロープを一つにまとめる関係性についての十分に繊細な説明は、トロープの非独立性を考慮に入れるだけでなく、膨大な数の非独立的なトロープをもつことがなぜ、何がしかのもの――それは、一つの集団かもしれないし一つの個体かもしれないが、独立性という創発的な性質をもつ何かである――を生み出すかを、示すものであるだろう。そのような説明を見つけるために、われわれはふたたびフッサールに注目することができる。フッサールは全体の概念をいくつかに区別した。そのうちわれわれの目的にとって最も重要であるのは、フッサールが「含蓄ある概念としての全体」と呼ぶもの（ここではそれを単に「統合的全体」と呼ぶが）である。[11] 以下の説明はフッサールのものに基づくが、より現代的な用語を使用している。[12] まず最初に、二つの個別者は、どちらか一方が他方に弱い意味であれ強い意味であれ基づけられているときに、「直接的な基づけ関係にある」と言われる。そして二つの個別者が「基づけ関係にある」のは、それらが互いに、直接的な基づけ関係の系列の祖先であるときであり、かつそのときにかぎる。さらに、ある集団が「基づけあう一つの系」を形成するのは、その集団の中のどのメンバーも、集団の他のすべてのメンバーと基づけ関係にあると同時に、集団のメンバーでないものとは基づけ関係にないときであり、そのときにかぎる。そしてある対象は、基づけあう一つの系を形成するような諸部分に分割できるとき、かつそのときにかぎり、一つの「統合的全体」であるといえる。

基づけ関係という関係性が、依存や基づけという概念によってどのように定義されているかに注目されたい。基づけあう系の定義は、集団の各メンバーの依存の要求がその集団の内部で満たされていることを必要とする。そしてさらに、その系全体が完全に結合されていることを要求する。それゆえ、二つの実体が独立的であることもあろうが、そのとき、それらを構成するトロープの集団の和は、基づけあう一つの系を形成しないだろう。というのも、それらのトロープの二つの集団にまたがる依存関係は存在しないからである。それらのトロープは、二つの（あるいはおそらくもっと多くの？）互いに素である基づけの系のいずれかに属することになるだろう。基づけあう系の存在は、独立性を保証することができるのだろうか。補助的な原理を加えるならばそれも可能であるように思われる。すなわち「全メンバーの基づけの要求が当の集団内部で満たされているような個別者の集団は、それ自身、独立的である」という原理である。この原則は否定することが困難に思われる。ゆえに、独立性は非独立性から創発しうるのである。だが、物的実体は単なる一つの集団ではなく一つの個体であると考えられるにもかかわらず、われわれがまだ集団の独立性についてしか語っていない、という点に注意されたい。これが厳しい反論であるかどうかはさだかではない。基づけあう一つの系は、物の単なる集団や多数の物ではなく、結合された一つの系である。同様に、軍隊はたしかにある意味で集合的な存在者なのだが、その一方で、それは単なる兵士の集団や複数の兵士というわけではない。どれだけ多数の兵士もそれだけで一つの軍隊を形成することはない。また、マーチンの例を思い出すなら、どんなにたくさんの人間もそれだけで一つの群衆を作り出すことはない。それは、いっしょに近くにいて、かつ物理的障壁で隔てられていないようなすべての人々でなければならない。あまりに遠くに位置するか、あるいは他から隔てられた人間は、その群衆の内部には属さない。他人と十分近い距離にいて、かつ物理的障壁によって隔てられていない人間が、その群衆に属しているのである。群衆は一種の「空間的近接系」である。われわれはそれを「一つの群衆（*a* crowd）」という単数形で表現することさえある。たしかにわれわれは、ある種の実体（たとえば身体）を何かの集団だとはみなさない。それは、単にわれわれが、その種の実体を構成する諸要素を知覚せず、また、その構成要素間の関係性ではなくむしろそのもののもつ集合体的あるいはゲシュタルト的な質だけを記録している、ということに依るのであろう。

しかし、二つの心配な側面がこのフッサール的解決にはある。第一の側面として、そこでもまた、物的実体における本質的なトロープと偶然的なトロープとの違いが無視されている。そして第二に、実体が個体であるにせよ集合的な系であるにせよ、トロープが、物的実体の部分として扱われている。フッサールの立場はこの点については完全に開かれている。つまり彼にとって、部分とは、個体の実際の構造や構成に参与する任意の何かなのである。われわれが標準的に「部分」と呼ぶものは、もっと特定の種類のもの、すなわち独立した部分または部品である。そして、そうではない他の種類のもの、つまり非独立的な部分は、フッサールが「モメント」と呼んだものである。[13]私には、トロープを物的実体の「部分」と考えることはまったく信じがたいことに思われる。トロープが物の個別化された「仕方」であるというサージェントとアームストロングの見解がもし正しいならば、トロープを物の部分と考えるのは確実に誤りであることになる。あるものがどのような仕方であるかは、そのものに関する何かではあるが、しかしそのものの部分ではない。複合的な人工物――たとえば飛行機のような――の全部分というものについて考えてみよう。あなたはそれの翼、レーダーシステム、エンジン、エルロン…等々を区別し、さらにボルトやリベットやトランジスターや何本かのケーブルといったより小さな部分に目をやるであろう。しかし、それの重さが一〇・五トンであることといったものを、飛行機の諸部分の中に、見つけることはないだろう。部分は部分であり、性質はそれとは別なのである（そして部分の性質はさらにまた別である）。トロープを部分（直接的な意味での部分であれ、あるいは通常の意味と類比的な意味での部分であれ）と考えたくなる誘惑は、束説そのものに起因するというわけではないが、空間的な位置に関する一連の考察からひき起こされるように思われる。すなわち、赤いガラス製の立方体のもつ赤さは、その立方体それ自体（あるいはすくなくともその外部表面）がある場所にないとすれば、いったいどこに位置しうるのか。そうして、立方体のある空間的断片の占める場所が、その立方体全体が位置する場所の一部分であるというのと同じ仕方で、赤さの位置する場所が、その立方体が位置する場所の一部または全体であるのだとすれば、たしかに、赤さが（ある意味で）立方体の部分であると言うことにも不都合はないだろう。——以上のように推論する人がいるかもしれない。だがその誘惑には抵抗すべきである。なぜなら、そうするとわれわれは、物的実体が、互いに関係しあう他の（より小さな）物的実体から構成されたものではなく、いくつものトロープから構成されたものとみなすことになるからである。

レヴィンソンが論じ、そしてサージェントとアームストロングが支持する見解によれば[14]、普遍者は（どれだけ「薄っぺらい」ものであっても）けっして物と解釈すべきではなく、むしろ、何かがありうる仕方と考えるべきである。ちなみにそれは普遍主義的な語り方である。個別主義者はそのような「仕方」を受けいれることができない。個別主義者が受けいれられるのは、仕方の事例のみである。だがその点に関しては、トロープに対して前の方で行なった自然さについての見解をそのまま適用することができる。それゆえその点は障害とならない。われわれは「個別化された仕方」について話すだけのことである。しかし別の、すべてのトロープを「仕方」と呼ぶことを留保したい言語学的動機づけが存在する。われわれがふだん物についてどのように話しているかを思い出してほしい。われわれは名詞を、自分たちが語る物に対して（それらが何であるかを言うために）使い、また形容詞を、それらの物がもつ質に対して（それらがどのようであるかを言うために）使う。他方（様態の）副詞は、物ではなく出来事や行為を記述するために使う。つまり「彼はひそひそ話した」や「彼女は元気よく歩いた」などのように。「仕方（way）」という語は、そもそも物的実体がもつ一階のトロープにではなく、二階のトロープに合うように仕立てられているのである。このことを見るための別の仕方は、アリストテレス的なカテゴリーを考える古い仕方を考慮することである。アリストテレスは「仕方」というカテゴリーを考えなかった。そしてそれには理由がある。おそらくアリストテレス自身が意図し、そして、すくなくともアヴェロエスやオッカム以降の『カテゴリー論』の解説者たちが強調するところによれば、アリストテレス的なカテゴリーは、実体について問うことのできる問いの基本的な種類のそれぞれと密接に関係している。そしてしかも、「それは何であるか?」という形式の問いだけが、名前を与える答えを引き出すことができる。「赤い (red)」、「十二ヤード (twelve yards)」、「蹴ること (kicking)」、「蹴られること (being kicked)」、「アルフレッドより年上 (older than Alfred)」、「樹の下で (under the tree)」といった答えは、いずれも名前ではない。それらの答えの種類を分類し、分類のグループがそれぞれ何についてのものなのか、それらを名指すように名詞化するとしよう。純粋にサクソン語だけでそれをやれば、「howness」、「howmuchness」、「doing」、「undergoing」、「bearing-to-ness」、「wherehood」といった、多くは洗練されない破格の抽象語が作られることになる。それらの語はわれわれの哲学に、ほとんどハイデガー的な無骨さをもたらすであろう。同じものを名指すために、われわれがもし「quality」、「quantity」、「action」、「passion」、「relation」、「place」といった高度に洗練されたノルマン語名詞をすでに使えるのでなかったとすれば、ほんとうにそうなっていたところである。さて、この場面で「way〈サクソン語〉」や「manner〈ノルマン語〉」といった語がただちに出てくることはない。その理由を見つけるのは容易である。というのはつまり、それらの語が指示するのは、あるものがどのようであるかとか、どれぐらいあるかとか、なされたことが何であるか…等々の事柄ではなく、むしろ、あることがどのようになされたかとか、どのように起こったかとか、あるいはあるものがどのように配置されているかといった事柄だからである。行為が付帯者であるとすると、その行為を行なう仕方や様態や様式は、付帯者の付帯者であることになる。だがアリストテレスは、根源にある実体の付帯者を認める以外、そのようなものを容認しない。すべてのトロープを「存在の仕方（way of *being*）」として記述することは、「存在（being）」というきわめて非実体的な名詞化に乗じて、「仕方」の語の、以上に述べた側面をゆがめることである。「在る（be）」はいかなる状態も活動も記述しないがゆえに、「存ること（being）」は、「蹴ること（kicking）」といった正真正銘の動名詞が備える体裁から一ランク落ちる体裁すら保てないのである。そしてそれと同時に他方で、トロープのトロープは実体性からいっそうかけ離れたものであるために、トロープを「仕方」と呼ぶことはトロープの非実体性を強調しすぎることになる。仕方の記述は、「どのように？」という問いに対する自然な答えとなる。「どのように？」に対する答えは、われわれに、行為やその他の出来事がどのようであるかを最も自然に教えてくれるものであり、物的実体がどのようであるかを教えてくれるものではない。よって、トロープのうちのあるものが個別化された仕方である——すなわち仕方とはそのようなトロープの自然種である——ことを私は認めるが、しかし、すべてのトロープが仕方であるというわけではない。

トロープを個別化された仕方とみなすことの意味は、それらの可能なかぎりの非実体性が保証されることにある。こうした展開および「仕方」の用法は、ふたたびオッカムを思い起こさせる。特定の語り方が人を存在者にコミットさせないことを強調したいとき、オッカムは、ラテン語の斜格を使う傾向にあった〔訳注2〕。彼は、物的実体が個別化された存在の仕方や様式（*modus se habendi, modus essendi*）をもっと述べる代わりに、むしろ、実体がこれこれこのようであることや、そうであることや、いかようにかであること（*alio et alio modo, aliquo modo*）について語る(15)。そう性（so-nesses）や、いかようにか性（somehows）や、このように性（thusses）などを実体化したくなる誘惑は、穏健な言い方をしても、非常に乏しい。にもかかわらずわれわれの自然な言葉づかいは、物について語るときには、名詞節を主語にしてそれを述定することによって語るよう強制する。もしトロープを物的実体の部分とみなす気がわれわれにそもそもないのであれば、すべてのトロープを個別化された仕方と考えることで、トロープをそのようにみなしてしまうことへの人工的な防御壁をわざわざ設ける必要はないだろう。

とはいえ、仕方であろうとなかろうと、トロープは存在者ではまったくないのだといった見解を、真面目に考えるべきではない。束説の支持者はあきらかにその見解を受けいれることができない。というのも、それを認めると束説支持者は非存在者から存在者を構成しなければならなくなるからである。仕方や他のトロープは、何ものでもないわけではない。それらは何かではある。したがってそれらは存在者である。ただしそれらは「もの」的ではない。「もの」的ということが物的実体的であるということを意味するのであれば、「もの」的ではない。それらは「もの（*res*）」ではなく、「ものの（*rei, rerum*）」何かなのである。だが束説の支持者は、実体についての基体説支持者よりも保守的でないことを強いられるだろう。そして、微視的なスケールにおいて生じることに注目したとき、物的実体の実体性はより希薄なものになっていくのである。物的実体とトロープとのあいだの隔たりについては、あまり独断的でないことが賢明である。

この節で束説に対して提起した未解決の反論の主眼は以下である。つまり、フッサールの基づけ概念を基礎にした束説の最も有望なバージョンも、実体の偶然的トロープと本質的トロープのあいだの地位の区別といったものの説明に関して、困難を抱えている。

5　基体説

物的実体には単なるトロープの束や集団という以上の何かがある、と基体説は主張する。さらなる何か、すなわち基体が、存在するというわけである。基体はトロープの担い手となる（それゆえトロープの非独立的な身分を説明する）。そしてまた、それらのトロープのいずれもがまさに同じ一つの基体によって担われているとすることによって、担われるトロープのクラスの統一性を説明する。基体説はもちろん普遍主義者たちのあいだにも見られる。基体説をとる普遍主義者たちは、単なる普遍者の束からそれ以上の個別的な実体を作り出すための個別化子（individuator）として、基体を導入する。とはいえこの論文では、もっぱら個体主義者によるバージョンのみを問題にしよう。基体説の起源はアリストテレス――私の考えでは彼は普遍主義者でない――に見いだすことができる。アリストテレスは、『形而上学』Z巻のなかで、物的実体の諸性質を剝ぎ取っていけば、それらの性質の共通の担い手に到達すると語る。その担い手それ自身は、可能態において以外には、いかなる性質ももたない。そのような担い手が第一質料である。「他のすべてのものが剝ぎ取られたとき、あきらかに、質料以外には何も残らない。〔…〕究極的な基体は、それ自体、個別的な物であることも個別的な質であることもない。またそれは、肯定的に特徴づけられることはないし、かといってその否定でもない。なぜなら否定的特徴づけもまた、それに付帯的にのみ属するものだからである」(16)。これがアリストテレスの考えていた見解であったかどうかはともかく、その反響をトマスのなかにも見つけることができる。トマスは、非実体的形相を実体の述語であるとしたが、実体的形相は質料の述語であるとした。固有の形相がないこと、性質が欠如していること、そして、述定される究極の主体としての機能と役割に対して補助的でしかないことにおいて、第一質料は、ベルクマンの言う裸の個体になるための重要な一つのものを欠いている。その一つのものとは、個別性である。

ベルクマンの裸の個体とは、第一には、個別化子である。彼ははっきりと次のように認めている。すなわち、もし普遍的な性質の複合体として個体を「分析」するならば、われわれは同じ性質をもつ諸個体を区別することができなくなり、したがって、裸の個体を必要とするようになるだろう。他方、唯名論者はすでに個別性を手にしている。それゆえ「厳密な論理に従えば、唯名論者は〔…〕さらなる〔トロープを超えた物的実体の〕構成要素を探し求めることを迫られないのである」(17)。だが、普遍主義者の理論の文脈において裸の個体に対して出される標準的な異論のいくつかが、この個体主義の文脈においても適用できるだろう。つまりこういう反論である。裸の個体は、見知りの対象ではありえない。というのも、裸の個体が本質的に性質（トロープ）をもたないことや、二つ以上の実体の中に同時に存在しないことが本質的であるという点において、そうであることは不整合であると思われるからである(18)。また別の反論は、裸の個別者が本質的に性質をもたないならば、ライプニッツがモナドの消滅について述べたような種類の奇跡でも起こらないかぎり、それが破壊されることがありえなくなるというものである。以上の反論のそれぞれはどれもおそらく致命的ではない。しかしそれらがいっしょになると、基体に関する別の説明を探そうという強い動機を提供する。

本物と言える別の選択肢を、チャーリー・マーチンが提案しているように見える。マーチンの理論はアームストロングも好むところである。マーチンは次のように論じる。「もし諸性質を物体の部分とみなすことができず、それゆえ物体を（それの部分が何であるにせよ）諸性質の集団とはみなせないというのであれば、どの記述のもとでも担われなければならない性質の担い手であるような、その物体に関する何かが、存在するにちがいない。そして、物体に関するそれが、基体なのである[19]」。さらに彼は次のように述べる、「ある物体に（それがもつありとあらゆる）性質を帰属させる最も一般的で可能な仕方を考えているとき、われわれは、その物体を〔…〕単にそれがもつ諸性質の担い手（それ自身は何かに担われないような担い手）として、あるいは単にそのような担い手としての役割において、考えているのである。言いかえれば一方的にそのようなものとして——その物体がたしかにもっている現実の性質に言及してその物体を同時に考慮することなく——その物体をみなしているのである[20]」。ここにおいてわれわれが奇妙な種類の個別者を手にしていることは疑いようがない。つまりいまやわれわれは、それ自身はいっさいの性質をもたず、しかしそれでいて、それと結びついた物的実体が一連の諸性質を失うことによって存続できなくなるような、奇妙な個別者を手にしているのである。そのように考えられた基体は、当の物的実体の部分や構成要素というわけでもない。だが、基体に関してマーチンが主張するまさにこの無害さこそが、基体からそれの存在理由《レゾンデートル》を奪うのである。性質（この文脈ではすなわちトロープ）の担い手に関するその何か――つまり諸トロープの担い手であるというそのこと――は、それ自体はトロープでないか、あるいは、よりもっともらしく言えば、二階のトロープなのである。つまり、物的実体がもつ一階のトロープの存在にスーパーヴィーンするような二階のトロープなのである。いずれであるにしてもそれは、どうしてトロープの束以外にトロープを担う何かが存在するということになるのかを説明しないし、担うという例の関係がどのようなものであるかを説明する手助けもしない。マーチンの考える基体は、トロープ統括者としての実行力をもたないのである。二階のトロープについて話をしたいならばそれもいいだろう。しかしそれをしたとしても、物的実体に対してトロープがどのような関係にあるのかという問題にとって進展があるわけではない。それどころか「トロープの、担われることのない担い手としての物的実体」として基体を説明することは、対象と呼ぶに値する何か本物のアイテムがそこに存在するのか、それともむしろある一面から実体を捉える異なる仕方が存在しているにすぎないのかはともかく、次のことをすでに前提にしている。すなわち、実体であるとはどのようなことかについてと、担うという概念についての十分に満足のいく説明を、すでにわれわれが手にしているということを前提にしてしまっているのである。というわけでマーチンの説明は、われわれを最初の問題へと引き戻す。すなわち、まず物的実体がある。そしてその実体のトロープがある。実体はトロープを担っている。つまりトロープは物的実体に依存しており、その逆ではない。もしさらなる説明が見つからないのであれば、われわれは、ルークスが「実体に関する実体説（substance theory of substance）」と呼んだものの個体主義的同等物以外には、いかなる基体説も手にしていないことになる。つまりそれは、実体の概念が依然、基礎的なままにとどまっているということである。もちろん、物的実体の概念が実際に基礎的でありつづけなければならないということはありうるだろう。しかしわれわれは、担うということがどのようなことであるかを、基づけや依存といったアイデアでもって説明する過程（それは束説のために必要だったのだが）において、すでにいくらかの前進を果たしたのである。それよりうまくやることができるだろうか。

6　核説

次のような見解について考えてみよう。すなわち、トロープの束の担い手や結び紐として裸の何かを考えるよりはむしろ、そしてまた、本質的トロープと偶然的トロープの区別を無視して束の全体を考えるよりはむしろ、二段階的なアプローチを考えることにしよう。第一段階においてわれわれは、すべてが個体として共に生起しなければならないような諸トロープの集団を手にする。それらは物的実体の本質的なカーネルあるいは核を形成する。そうしたトロープの集団に対して、それらのトロープを一つに結びつけるための基体を想定することもできるだろう。だが、前節で述べた問題（それはまだ解かれないままであるが）を考慮すれば、私はむしろフッサール型の束説の方を好ましく思う。それらのトロープはすべて、個体であると同時に、直接的あるいは間接的に互いに基づけあっているがゆえに、先に論じた意味での一つの基づけ系を構成することになる。そのような核は、物的実体の個体的本質や個別的本性を形成する。だがそれ自身のみでは通常完全な物的実体にならないだろう。

というのも、実体がもつべきさらなる非本質的な性質が存在するからである。核は、ある特定の確定可能な種類のトロープによる補完を必要とする。とはいえ、その種類の個別的なあるトロープを必要とするわけではない。つまりそこでの依存は、特定的ではあるが、個別的なものではないのである。核が従える核外のトロープは、核の存続に影響を与えることなく入れ換えることができ、全体として一つの担い手となっているその核に対して、依存しているとみなすことができるだろう。（そうした核の外のトロープは、したがって、核の内部にある必須のトロープの一つ一つにも依存していると言える。これは必要性という依存関係のもつ推移性による。）諸トロープの依存関係のある部分は一方向的なものである。というのは、偶然的トロープがその存在を核に依存する一方で、核の方はそれらの偶然的トロープに依存していないからである（偶然的トロープの族に属する何らかのトロープは必要とするけれども）。こうして核は、それ自身一つの堅く結ばれた束となり、緩く結ばれた偶然的トロープの束にとっての基体の役割を果たす。そしてそれらのすべてが一つにまとまっていることの説明を与える。核説は、このように束説と基体説の両方の側面を組み合わせたものである。もし束説を受けいれず、核のための基体を別に考えるのであれば、われわれはむしろアリストテレスやトマスの説に近い学説に到達することだろう。そこでは質料が基体であり、実体的形相が核に相当し、それがさらなる非実体的トロープの担い手の役割を果たす。私の提案する理論は、究極的な基体を必要としない点において、それよりシンプルなものである。

もちろん、核説に対する反論（何であれ他のどのトロープ説にもあてはまらないような固有の反論）を数多く考慮することになれば、私はきっと、他のトロープ説のどれかを好むようになるだろう。よって、反論を携えて私に向かってくるかどうかは読者に任せることにしたい。そのあいだに私は、核説のもつ利点を一つ二つ――他のトロープ説がそれぞれ抱える主要な困難を回避できるという明白な利点は別にして――述べることにする。

利点の一つは、核説が実際にかなり柔軟であるということである。それは、異なるサイズと複雑さの核を許容する。おそらく、周囲に偶然的トロープの群れを引き連れていない実体も存在するだろう。そのような実体は全部が核である。それはライプニッツのモナドに似ているとも言える。それのもつ性質のどれも、当の実体にとって個のレベルで必要だからである。物理的宇宙の最も基礎的な諸構成要素は、そのようなものでありうるだろう。それらのもつ非関係的性質のすべてがそれらにとって本質的であり、完全な消滅以外にそれらが破壊されることはありえず、また、それらが帯びるいかなる偶然的複雑さも、それらのあいだの偶然的な外的関係か、あるいはそれらと他の物体とのあいだの偶然的な外的関係にほかならない。こうしたことはありうるだろう。反対に、核をもたないトロープの実体的な集団もおそらく存在する。これは、単一のトロープが自由に単独で存在しうるという意味ではない。そうではなくて、個別的トロープの一つ一つがその履歴のなかでどの特定のトロープと結びつくかということが、つねに偶発的な事柄である、という意味である。そうした個々のトロープは、おそらく単独では存在することができない。しかしその一方で、そのトロープの生涯においてパートナーをそっくり入れ換えるかもしれない。しかも、かりに出発点においてはある特定の他のトロープと組まなければならなかったとしてもである。第三に、単一の核トロープが存在するかもしれない。そのような核トロープは、特定の族に属するトロープを周囲に従えることを必要とする。だがそれらの周辺トロープのどれを失ったとしても、それが同一の確定可能族に属する他のトロープと置き換わるのであるかぎり、当の核トロープは失われずに残ることになる。そのようなトロープは、他の周辺トロープに対して真の意味での基体であるだろう。それの破壊は、それへの依存関係がすべて消滅することを意味する。

実体の周辺部に属するトロープのうち、必要とされるような種類のトロープと、余計な付属品的トロープとを区別したいと思う。ある実体が、まったく余計な二、三の付属品的トロープを身につけるということがおそらくあるだろう。具体例を私は一つも思いつけないが、しかしその可能性はアプリオリに排除しないのが賢明であると思われる。

柔軟性の別の源泉は、周辺部が、単独的な一つ一つのトロープから成るのではなく、トロープのいくつかの塊から成っているかもしれないということにある。それらの塊はそれぞれがそれ自身のための副次的な核をもっており、その副次的核自体の要求はほとんど満たされている。ただ、その核の内部か核の周囲にあるトロープのあるものが、別の核に付き従うことをさらに必要としている。それゆえに、いくつかの性質は、それ自身複合的でありうるのである。あるいは、それ自身ほとんど自由でほとんど実体的であるようなトロープの塊がいくつか存在し、それらがわずかな関係によってようやく架橋され一つにまとまっている、ということがあるかもしれない。

しかしさらに別の可能性もある。すなわち、一つの物的実体の周辺トロープのなかに、複数の物的実体を関係づけることを要求するような関係的トロープがあるという可能性である。ただしそれらの実体のいずれもが他の実体によって置き換わりうるため、その関係はどの実体にとっても本質的な関係ではない。ここにおいて私は、関係的トロープの可能性というものを考えている。関係的トロープとは、それが存在するために複数の核を必要とするようなトロープである。多くの哲学者がそのようなものをアプリオリに排除しようと試みてきた。最も悪名高いのは、クラークとの往復書簡におけるライプニッツである。それに対して私は、その可能性を真面目に捉えている。これについては稿を改めてより長く考察するつもりである。

というわけで一般的に核説は、科学的に許容できる形而上学の特徴であるべき開放性と柔軟性という長所を、束説と共有している、と私は考える。これはキャンベルによって束説のために強調された点である。私がアームストロングのまばらな普遍者理論〔訳注3〕との類比で、まばらなトロープ説(sparse theory of tropes)として知られる考え方を好んでいることは、きっと明白であるだろう。まばらなトロープ説とは、たまたま使われてきたお馴染みの述語のすべてに、トロープの何らかの種類が対応しているわけではない、とする考え方である。どのような種類のトロープが実際にあるかは概して、アームチェアからの宣言というよりはむしろ、経験的な探究の課題である。

7 フェルミオン・ボソン・同一性

科学的と称するそのような形而上学に対するよいテストは、われわれがよく知っている中くらいのサイズの世界の外側の領域に対して――とりわけ進んだ物理科学が扱う対象に対して――、それをスムーズに適用できるかどうか確かめてみることである。そうした領域は、無謀な者たちが危険を承知で突入していく領域である。というのはつまり、物理学的な事実とその解釈をめぐっては、しばしばそれ自体が、物理学の哲学者たちのあいだだけでなく、当の科学者たちのあいだでも論争の対象となるからである。トロープが量子論の文脈でどうなるかをろくに準備もせずに見てやろうというのは、それより無謀であるのが難しいほど無謀な行ないである。量子物理学の解説者全員の意見が一致することがもしあるとすれば、それは次の点である。すなわち、観察されたさまざまな現象に対して量子物理学が与える説明は、物事に対するわれわれの旧来の「古典的」考え方からの根底的な離脱を要求する、という点である。トロープの理論がどのような種類の対象に対して考案されたかといえば、個別者と普遍者に関する他の理論が提案されたのと同じく、キャベツや王様といったお馴染みの中規模的対象に対してである。私はちょっとばかり無謀になろうと思う。ただ、量子論についての包括的な議論を始めるためのスペースも能力も私にはない。そのためここでは一つの小さな問題について論じることにしたいと思う。そこにおいて標準的に用いられている専門用語は、哲学者をぞっとさせるものである。それは、物理学者が「同一粒子（identical particle）」〔訳注4〕と呼ぶ、数的に区別することが可能な何かである。トロープや束などに関する議論の多くは同一性の問題に関係するため、その問題は、トロープの理論に対しても影響があるものと考えられる。リチャード・ファインマン[21]、バス・ファン・フラーセン[22]、ピーター・ミッテルスタッド[23]が私の頼る典拠であるが、三人の全員が、その問題について論じている。

物理学者が「同一粒子」について語るある非難されるべき仕方がある。そしてその語り方は簡単に避けることができる。すなわち素粒子は、静止質量、電荷、スピン量子数といった複数の核つまり本質的性質をもつのであるが[24]、ときに物理学者は、核の性質が同じであるような素粒子（たとえばすべての電子）を「同一（identical）」と呼ぶのである。この言い方はルーズであろう。というのもそれらは、われわれの用語で言う「核（nucleus）」――あるいはミクロな物理学の文脈での紛らわしさを避けるために「カーネル」という言い方もこのあと一時的にしようと思うが――が正確にそっくりであるような諸粒子にすぎないからである。核説に関してここに問題はない。だが、粒子は偶然的な性質をも所有している。たとえばそれらの相対位置、運動エネルギー、運動量、スピンの向き（それらはすべて一度にもたれる）といったものである[25]。そして、等しいカーネルをもつ二つの粒子がカーネルの周辺部分に関しても正確にそっくりであるということが（すなわちそれらの粒子のトロープが、相対位置に関係するトロープも含めて、すべて正確にそっくりであるということが）、ある種類の粒子に関しては物理的に可能であることも判明している。そのようなケースに関して物理学者たちは、そうした二つの粒子を「同じ状態にある」と記述する。そしてさらにそれらの粒子を「同一である」とも述べる。これは、哲学的に、より理解のできる話である。というのも、それらの粒子は、それらがもつ（絶対的あるいは相対的な）トロープによってそのように現に識別できないからであり、また、それらがそのように識別できない任意の期間においては、他のいかなる手段を使ってもやはり区別できないからである。しかしそれでも、それらは数的には異なっている。記述されたその状況に関する物理学が、一つより多い数の粒子の存在の仮定を要求するからである。たとえばファインマンは次のように述べている。「「同一の諸粒子[26]」と言うとき、われわれは、諸電子のように互いにどうしても区別できないものを意味している」。さて、粒子の区別可能性に関する話は、認識論の話であって存在論の話ではない。それは、粒子のどちらがどちらであるかわれわれに分からないにもかかわらずそれらの粒子が実際には異なっている、という可能性を排除しない。しかしながら、同種間の相互作用に関して根底的に異なる二種類の基本粒子が存在する。「フェルミオン」（電子はフェルミオンである）は、パウリの排他原理に従うトロープによって特徴づけられる。パウリの排他原理とは、いかなる二つのフェルミオンも正確に同じ状態になりえないというものである。したがってヘリウム原子が一番内側の殻に二つの電子をもてる理由は、それら二つの電子のスピンの向きが反対であるため、それらの電子は一つのトロープ（スピンの向きというおそらく二階のトロープ）に関して異なっているからだ、ということになる。重ね合わせ状態にある二つの電子のスピンの向きは、量子化され、二つの反対の向きのおのおの一つのみをとらざるをえない。それゆえ、排他原理の要求するところによれば、リチウム原子は、一番内側の殻の二つの電子とは異なるエネルギー準位にある第三の電子を、二番目の殻にもたなければならないことになる[27]。もう一つの種類の粒子は「ボソン」である。ボソンはパウリの原理に従わない。そのため複数のボソンが同じ時間に同じ状態にあるということが可能である。とりわけ、それらは、同時に同じ場所に存在しつつ、かつ、いかなるトロープに関してもまったく異ならないことができる。もしかりに電子がボソンであったならば、三つの電子のすべてがリチウム原子核の周りの同じ空間を占めることもありえただろう。最もお馴染みのボソンは光子である。レーザー光線を可能にしているのは、非常に多数の光子の重ね合わせ可能性にほかならない。

　ところで、リチウム原子核の周りに三つの電子があるとして、それらは互いに直交状態にあると呼ばれる。それは、粒子が関連する性質のすくなくとも一つにおいて異なっていることを表す、物理学者たちのジャーゴンである。ある一つの時点における諸電子は、実践的には無理かもしれないが、原理的には区別が可能であると思われる。つまり、それらの一つを他から区別するすべはわれわれにはないが、事実それらは別物なのである。ファン・フラーセンは以上のポイントを、よりテクニカルに根拠づけられた仕方で、次のように述べている。すなわち、フェルミオンの集団において、「すべての粒子は一つの同じ縮退状態のなかにあるが、その状態はすくなくともNの数の互いに直交する純粋状態の混合である」[28]。そしてファン・フラーセンは、(縮退状態の)フェルミオンの識別不可能性に対する「無知」解釈を、留保付きではあるものの、好意的に見る実践的な理由を用意している[29]。その一方でファインマンは、次のように述べるとき、認識論をひそかに存在論のなかに紛れ込ませている。つまり、「三番目の電子は他の二つの電子によって占有されている場所に近づくことができない。そのため、それは〔…〕原子核からさらに離れた別種の状態にある特別の条件を満たさざるをえない。(ここではかなりラフな仕方で語っている。というのも実際には三つの電子はすべて同一だからである。すなわち、本当はどの電子がどれであるかをわれわれは区別できないのだから、以上の描像は近似的なものにすぎないのである。)」(4—13)。この言い方は、多義的で理解しにくい。諸電子は、見分けることができないがゆえに、同じ(same)である。しかしそれらは、異なる量子状態を占めるがゆえに、異なるのである。われわれに不可能なのは、異なる相互作用にまたがるフェルミオンの履歴をたどることである。二つの電子がヘリウムの原子殻に捕えられ、そしてその後ふたたび離れていったとすれば、たとえ、それらが重ね合わせ状態にあったとき原理的に区別可能であったとしても、われわれにはそれらの電子のどちらがどちらであるかを語るすべがないということである。

ボソンの集団がふるまう仕方はそれとは異なっている。ボソンは、同じ状態にありつつ重ね合わせが可能なので、ときとして、ある一つの時点において原理的にさえそれらのトロープによって区別することができない。「同一」粒子の散乱が生じるボソン（例えば光子）どうしの衝突においては、あきらかに違うと思われる二つの結果のうちどちらが起こっているかを知る方法はじつは原理的にすら存在しない。そのため「同一」のボソンの生涯をたどる方法もまた存在しない。それゆえわれわれは、相互作用に関与してそのあと別々の道を歩んでいく個別的な粒子について、実際には語ることができないのである。ファン・フラーセンは、ボソンとフェルミオンのいずれに関しても、ミッテルスタッドに従い次のように忠告している。「時間を越えてのそれらの再同定は量子力学において経験的な意味をもたないのだ[30]」。そうするとフェルミオンとボソンの違いは、フェルミオンが、異なる時間にわたって同定できないにしてもある一つの時点においては原理的に区別可能であるのに対し、ボソンは、一つの時点においてすら区別することがつねにできない、ということになる。

このことは、別々の諸粒子についてわれわれが語っていると考えるのがミスリーディングであるということを（含意するというまではいかないが）示唆している。そこでは、選択可能な二つの個別者のあいだに存在論的なくさびを打ち込む手立てが存在しないのである。つまり、同じ性質をもつ二つの別々の個別者が存在すると（ライプニッツの法則を拒否して）考えるか、そうでなければ、二つの別々の個別者はそこには存在しないと考えるかである。とすると、同じような粒子が重ね合わせ状態にあるところには、いったい何が存在しているのか。性質実在論者なら次のように言うかもしれない。電子であるという性質（electronhood）が、ある仕方でその一つの領域において多重に例化されているのだ。[31] しかし、普遍者を避けたいという気持ちは置いておくとしても、私には、そのような記述が有益であるとはまったく思えない。なぜならその記述は複数の基体を要求すると考えられるからである。さらにまた私は、領域そのものを、電子であるという性質の例化の主体や基体とみなしたくもない。むしろ私は別の説明を好む。トロープ説（性質実在論から区別される意味でのトロープ説）への反論として、たびたび以下のような指摘がなされてきた。つまりなぜ一つの個体が同種の複数のトロープ（たとえば正確にそっくりな複数の形トロープや、正確にそっくりな複数の色トロープ）をもつことができないのか、それができない論理的な理由も形而上学的な理由も存在しないように見える、と。もとよりこの問題は実在論者に対しては生じない。というのも、実在論者たちからすれば、一つの普遍者があるだけだからである。トロープ説の支持者は、この反論を手に負えないものとして退ける傾向にある。もし、この論点が実在論者に有利な一般的論点になる（一つの個体が一つの普遍者を二重に例化できないことがどうしてであろうか）と認められるのであれば、トロープ説支持者のそうした傾向も無理はないと思う。だが、われわれは、電子の本性を構成するトロープの二重の核の束を考えるとしよう。つまり、電子のカーネルを形成する本質的トロープの複数の束と、その偶然的トロープの複数の束とをである。ある電子が物理的に他の電子から孤立しているとき、その電子は一つの実体である。しかし、たとえばヘリウム原子において、反対向きのスピンをもつ二つの電子が重ね合わせ状態にあるとき、それらの電子は実体であることをやめる。だが、それらのトロープはその同一性を保持し、そして近接によってその体制を変えることになる。これは、電子であるという性質が二度例化されているということではなく、二つの電子トロープの束が一つの実体のなかにあるということを意味する。

パウリの排他原理は、トロープの複数の束がいかに結合して、ある種類のトロープを二重に含むより大きな束を作り出すか、に対する制約である。同様の考察は、より近年措定されるようになったクォークに対してもあてはまる。(32)

そして同じことがボソンの重ね合わせの場合についても言える。つまり、ボソンの集団と呼ばれるものは、関連するボソントロープの複数のパッケージが重なり合った複合的な実体なのである。いや実際には、その記述すら楽観的にすぎるかもしれない。ボソンの相互作用の場合には、粒子だけでなくそれを構成するトロープに関しても、相互作用をまたぐ同一性を帰属させることができないからである。おそらく、起こっているのは次のことである。二つかそれ以上のトロープのパッケージは、互いに接近すると消滅し、新しいいくつかのトロープのパッケージに置き換わる。新しいパッケージのうちのいくつかは、オリジナルのパッケージの諸性質を引き継いでいる。あるいは、先行のパッケージから性質を実際にではなくただ見かけ上受け継いでいるだけの、トロープの単一のパッケージに置き換わるかである。フェルミオンとボソンの違いは、結合や置換の生じ方に対して、異なる種類の制約を課するという違いとして解釈することができる。いずれの場合についてもわれわれは、どうしても識別不可能な複数の個別的粒子を記述するなどといったことを求められてはいない。「同一」粒子については、相互作用しない場合を除いて、時間をまたいだ同一性に意味が与えられない。よって、束説を採用することに利があるとみなされるにちがいない。なぜなら基体説は同定子（identifier）の存在をわれわれに要求するからである。とにかく、その線に沿った何らかの理論が、「同一粒子」の問題がもたらす概念の袋小路から抜け出すための出口を与えてくれるものと思われる。量子論によって予言され、そして今日では実験によって確かめられる非局在性の問題を、みずからを大きく変えることなくうまく扱える理論は、トロープ説であると私は考えたい。

私の印象では、トロープ説は、他の説にはお手上げの問題を解決する存在論的ツールを提供しうるものである。その一方で私は、トロープ説だけでなくさまざまな性質の理論にも等しくあてはまるパズルについては、読者に残しておこうと思う。ただし私の推測によれば、そうしたパズルを解決するために必要な改訂も、性質実在論よりトロープ説の方がずっと大掛かりでなく済むはずである。もちろん物理学者たちは、スコラ的な用語や哲学用語を使おうとはしない。だがそれは、彼らが性質というものを認めていないという意味ではない。よって、物理学者たちがトロープについて語っていると理解してもさしつかえないだろう。粒子は測定可能な性質（あるいはおおよそのところ測定可能な何か）をもっており、それはベクトルとスカラー量である[33]。たとえば電子は（その値が2分の1で一定の）ある方向のスピンをもつ。そしてそれに加えて、運動量をもつ。しかし量子論で必要とされる絶対値は、本質的かつ必然的に、複素的なものである（すなわち、数学的形式化のために複素関数が要求されるという意味において、複素的である）。実際のところ、量子力学において一つの粒子は現実にある一つの特定された運動量をもたない。粒子はある確率のもとで、ある運動量をもつのである。あるいは、ファインマンが言うように、ある運動量をもつことに対してある（複素）確率振幅をもつのである。正確な運動量はファインマンが「基本状態」と呼ぶもの——すなわちわれわれが系の状態を記述するために確率と結びつけて使うもの——である。そのためそうしたものは、実際には、いかなる個体によっても実現される必要がない。「一つの電子の完全な記述が要求するのは、われわれの知るかぎり、その基本状態が運動量とスピンによって記述されているということのみである」[34]。電子の現実の状態は、運動量とスピンへの振幅分布によって与えられる。（ある与えられた粒子を発見する確率は、確率振幅の絶対値もしくはモジュラスに比例する。）水素原子は内部構造をもつ。そのため、電子と陽子の相互作用によってもたらされるさらなるファクターがある。水素原子は、励起した内部エネルギー状態（基底状態でない電子をもつ状態）にあるかもしれないし、ないかもしれない。だがそのような内部構造は電子については発見されていない。ただ現在のところ、存在論の用語で述べられた確率振幅の重ね合わせが何を意味するかは、私にはよく分からない。特定の正確な運動量というのは、電子がもつ一つのトロープであろうか。それとも、よりぼんやりとしたトロープ――すなわち運動量をもつことに対する確率振幅――へと結びつけられた理論的構成物であるのだろうか。トロープ説は今日の段階でそれを決定する手助けをしない。したがって、より多くの仕事がなされる必要がある。このことは私にドナルド・ウィリアムズの次の訓戒を思い出させる。「いずれかの可能世界においては物がトロープから出来ているにちがいない、という血の通わない命題から、この現実の世界の物を構成するさまざまな種類のトロープについての研究へと展開していく哲学的営みの、われわれはまだ端緒についたにすぎない[35]」。これが四十年近く前に書かれたことを考えると、酔いもいっぺんに醒めるというものだが。

注

＊マーカス・グラベル大佐（1930–1992）の思い出に捧げる。

（1）cf. Grossmann（1974）, p. 5.

（2）Husserl（1970）. 注釈としては、Simons（1992）を見られたい。

（3）Küng（1967）, pp.166–168.

（4）Husserl（1970）, p. 426.

（5）Williams（1966）.

（6）Campbell（1990）, p. 21.

（7）Husserl（1970）, pp. 478–479. この無限後退はもちろんブラッドリーによって有名になった無限後退と関係している。

（8）cf. Husserl（1970）, p. 478.〔邦訳書六九頁。引用文は邦訳書に従う。〕

（9）Martin（1980）, p. 8.

（10）Armstrong（1989）, p. 115.

（11）Husserl（1970）, p. 475.

（12）より詳細な説明は Simons（1982）, Simons（1987）, ch. 9 を見られたい。

（13）Husserl（1970）, p. 437. モメントとしてフッサールが認めているのは、質のほかには、強度、延長、境界、関係的な形である（Husserl（1970）, p. 456）。

（14）Levinson（1978）, Seargent（1985）, Armstrong（1989）.

（15）Adams（1985）, pp. 181–182 を見られたい。

（16）1029a 10–25.

(17) Bergmann (1967), pp. 22–23.
(18) これについてはLoux (1978), ch. 8を見よ。
(19) Martin (1980), pp. 7–8.
(20) Martin (1980), p. 9.
(21) cf. Feynman *et al.* (1965).
(22) van Fraassen (1991), ch. 11–12.
(23) cf. Mittelstaedt (1986).
(24) 基本粒子について、「本質的／付帯的」といった古い本質主義者の語彙を使用するのは、アナクロニズムだと思われるかもしれない。しかしそうした語彙を使用したあとで私は、ミッテルスタッドもまた同じことをしていることに気づいた (Mittelstaedt (1986), p. 146)。
(25) ついでに言えば、素粒子に関しては、それらの本質的性質および付帯的性質に対する確定可能性質は数的に有限である。このことはまばらなトロープ説にとっては不安材料とならない。というのも、物がもつトロープとその物について真である述語とのあいだに一対一対応が存在しなければならない、と考える理由はないからである。
(26) Feynman *et al.* (1965), 4–1.
(27) 電子がフェルミオンであるということの帰結は、はるか遠いところにまで及んでいる。たとえばそのことは、われわれがよく知る物質の安定性をもたらす。そして、それゆえにわれわれがここにこうして存在でき、この一文を目にしうるということをもたらすのである。
(28) van Fraassen (1991), p. 386.
(29) van Fraassen (1991).

（30） van Fraassen (1991), p. 430.

（31） ファン・フラーセンがまさにそのようなことを述べている。彼は言う。――「複数の牛がいる」を含意しないような仕方で「牛という種が多重に例化される」ということが理解可能であると仮定せよ。そのときわれわれは、牛の個体なしに多重の牛性だけ存在するような世界を手にすることができるだろうか（van Fraassen (1991), p. 436）。

（32） キャンベルは前掲書の六八頁で（アームストロングに従い）次のように示唆している。すなわち一つの電子は、それを「構成」するクォークから引き継いだ、e／3の絶対値をもつ電荷トロープを三つもつであろう、と。物理学的にこれは間違いである。クォークから構成されるのはハドロンだけだが、電子はレプトンだからである。だがおおよそのアイデアは間違っていない。陽子は、それぞれプラス2e／3の電荷をもつ二つのアップクォークと、マイナスe／3の電荷をもつ一つのダウンクォークから成ると考えられる。ちなみに、クォークが分離不可能であるという事実は、トロープ説に容易に適合させることができる。つまり、おそらくクォークとは、より大きな実体的な束の中にあるまさに非独立的なトロープの団塊なのである。

（33） 適切なトロープ説は、スカラーとベクトルの絶対値トロープについての満足のいく説明を提供するものでなければならない。

（34） Feynman *et al.* (1965), 8–5.

（35） Williams (1966), p. 108.

文献

Adams, M. M. (1985), "Things versus 'Hows', or Ockham on Predication and Ontology," In J. Bogen and J. E. McGuire (eds.), *How Things Are. Studies in Predication and the History of Philosophy and Sci-*

ence, Kluwer Academic Publishers, pp. 175–188.

Angelelli, I. (1967), *Studies on Gottlob Frege and Traditional Philosophy*, Humanities Press.

Armstrong, D. M. (1978), *Universals and Scientific Realism*, Cambridge University Press.

—— (1989), *Universals: an Opinionated Introduction*, Westview Press.

Bergmann, G. (1967), *Realism: a Critique of Brentano and Meinong*, University of Wisconsin Press.

Campbell, K. (1990), *Abstract Particulars*, Basil Blackwell.

Feynman, R. P., R. B. Leighton, and M. Sands (1965), *The Feynman Lectures on Physics Vol. 3; Quantum Mechanics*, Addison-Wesley Publishing.〔砂川重信訳、『ファインマン物理学 第V巻 量子力学』、岩波書店、一九七九年。〕

Grossmann, R. (1974), *Meinong*, Routledge & Kegan Paul.

Husserl, E. (1970), *Logical Investigations*, Routledge & Kegan Paul.〔立松弘孝・松井良和訳、『論理学研究 3』、みすず書房、一九七四年。〕

Küng, G. (1967), *Ontology and the Logistic Analysis of Language*, D. Reidel Publishing.

Levinson, J. (1978), "Properties and Related Entities," *Philosophy and Phenomenological Research* 39, 1–22.

Loux, M. J. (1978), *Substance and Attribute, A Study in Ontology*, D. Reidel Publishing.

Martin, C. B. (1980), "Substance Substantiated," *Australasian Journal of Philosophy* 58, 3–10.

Mittelstaedt, P. (1986), "Naming and Identity in Quantum Logic," in P. Weingartner and G. Dorn (eds.), *Foundations of Physics*, Hdlder-Pichler-Tempsky, 139–161.

Mulligan, K., P. M. Simons, and B. Smith (1984), "Truth-Makers," *Philosophy and Phenomenological Re-*

search 44, 287–322.

Seargent, D. A. J. (1985), *Plurality and Continuity: An Essay in G. F. Stout's Theory of Universals*, M.Nijhoff Publishers.

Simons, P. M. (1982), "The Formalisation of Husserl's Theory of Wholes and Parts," in B. Smith (ed.), *Parts and Moments*, Philosophia Verlag, 113–59. Reprinted in Simons (1992).

—— (1987), *Parts: a Study in Ontology*, Oxford University Press.

—— (1992), *Philosophy and Logic in Central Europe from Bolzano to Tarski*, Kluwer Academic Publishers.

van Fraassen, B. C. (1991), *Quantum Mechanics: an Empiricist View*, Oxford University Press.

Williams, D. C. (1953), "On the Elements of Being," *Review of Metaphysics* 7, 3–18, 171–192. Reprinted as "The Elements of Being" in his *Principles of Empirical Realism*, Charles C Thomas, 1966, 74–109.

Peter Simons, "Particulars in Particular Clothing: Three Trope Theories of Substance," *Philosophy and Phenomenological Research* 54 (1994), 553–575.

〔訳注1〕 トロープがどのような存在者であるのかについては、編訳者解説の第4節を参照されたい。なお「trope」は、実質的にD・C・ウィリアムズによる造語——正確にはG・サンタヤナの言葉のウィリアムズによる意図的な濫用——であるため、辞書を引いても何も得られない。

〔訳注2〕 斜格とは主格と呼格以外の格の総称である。ようするに、仕方を語るさいにオッカムが主格（"modus"）を使わない傾向にあったという指摘。

〔訳注3〕 アームストロングのまばらな普遍者理論については本論文集の第六論文を参照されたい。トロープがまばらであるとは、述語に対してトロープの種類の存在がまばらであるという意味である。対立する考え方は一般に「飽和説（abundant theory）」と呼ばれる。

〔訳注4〕 この語の標準的な日本語訳は「同種粒子」であろう。ここでのサイモンズの指摘に照らせば、それは賢明な意訳である。もちろんわれわれはここでは直訳しなければならない。

編訳者解説

柏端達也

1　形而上学の封印と復活

次の文章は、人文科学に敵意をもつ物理学者によって数年前に書かれたものではなく、半世紀以上も前にある哲学者によって書かれたものである。

「理性とは実体であり、また無限の力であり、その無限の質料は、自然および精神生活のすべての根底に横たわる。理性はさらに、その質料を運動せしめる無限の形相であり、あらゆる事物がその存在を引き出すところの実体である。」

多くの読者は、この種の言語的産物に我慢ができず、それになんの意味も見出せないことから、そんな書物は火の中に投げ込んでしまいたいと思うだろう。このような感情的反応から論理的批判へ前進するためには、博物学者がカブト虫の珍らしい標本を調べる時のような中立的観察者の態度で、いわゆる哲学的言語を研究することが必要となる。誤謬の分析は、言語の分析に始まるのである。

哲学を研究するひとびとは、通常はアイマイな表現方法にいら立ちはしない。かえって初めに引用したような文章を読むと、そのようなひとびとは、この文章を理解できないのは自分のせいだ、とおそらく考えることであろう。したがって彼らは、幾度も幾度もそれを読んだあげく、なんだかわかったと思えるような状態に到達する。(1)

よく引かれる一節であるため知っている人も多いと思うが、これはH・ライヘンバッハの『科学哲学の形成』(一九五一)の冒頭部分である。論理実証主義者が形而上学に対して徹底的な批判を行なったというのは、多くの教科書に書いてある事実である。ライヘンバッハのこの一節もそのサンプルと言うことができる(ただしかなり晩期のものであるが)。ライヘンバッハの「たちの悪い」点は、彼が問題の引用箇所をじつは理解できていると思われることである。ライヘンバッハは続けてすぐあとで次のように述べる。

おそらく彼の言いたいことは、宇宙のすべての出来事が、ある理性的目的に役立つように生起してゆく、ということであろう。これは疑問の余地のある想像だが、少なくともそう考えれば納得はゆくのである。しかしもしこれが、くだんの哲人が言いたいことのすべてであれば、どうしてその哲学者は、あのように謎めいた表現をしなければならないのだろう？ 厳格なヘーゲル研究者は文句を言うかもしれないが、これは悪くないまとめである（と私は思う）。哲学書を手にとってみたところさっぱり分からないので哲学というジャンル全体に敵意を抱く、というのなら理解できる。しかし、ちゃんと読めているのに、ライヘンバッハはなぜ最初に引用したようなことを言うのであろう。これほどの悪意はないと思う。

さて、それから半世紀が経過した。論理実証主義はその後いろいろあって分析哲学というより大きな流れのなかへと解消された。分析哲学はといえば、いまや陳腐化し、もともと希薄であった思想的ムーブメントとしてのアイデンティティを完全に消失させている。これはもちろん成功の物語である。今日、分析哲学は誰にでも利用可能な一群のツールとして、日々更新され、最新版が大学で教えられ、スタンダード化したものは教科書になり書店に並んでいる。分析哲学が「哲学」になったのである。五十余年前ライヘンバッハがあのようなスタンスをとったのは当然だった。新しい波はつねに伝統を否定するものだからである。そして、革命的スタンスが長く続かないのもまた世の常である。論理実証主義から反蒙昧主義的な精神を受け継いだ哲学者たち――すなわち分析哲学者たち――は、今日すでに伝統との再接続を完了している。

というわけで、現代において「分析形而上学（analytical metaphysics）」と呼ばれるジャンルが存在し、しかもそれが分析的な哲学のけっしてマイナーな部門でないとしても、もはやまったく違和感はないのである。(2) とはいえ**「そもそもなぜ何かがあるのか」**といった論文のタイトルを目にしたときには、さすがにひとこと言いたくなるかもしれない。いくらなんでもそれはないだろう、と。しかしたとえば本書に収録した同題の論文のなかでP・ヴァン・インワーゲンは、パロディや哲学史研究としてではなく、なぜ無ではなく何かがあるのかというこの悪名高い問題に正面から取り組んでいる。もちろん彼は論理実証主義者たちが批判した蒙昧さを再現しようとしているのではない。インワーゲンは、可能世界や確率などの道具立てを用いて、新たな角度から問題へのアプローチを試みている。たしかに彼の議論は多くの批判に対して開かれているであろう。だが、現代の形而上学の包括性（あるいは雑食性）を示すそれは興味深い一例である。

この半世紀のあいだに起こったことについて、もうすこし具体的に述べておこう（さきほどは中間を飛ばしすぎた）。とりわけ一九七〇年代に、形而上学的な指向の復活を象徴する研究が相次いでなされたと思う。たとえば、S・クリプキが自然種と様相について、T・ネーゲルが意識と主観性について、それぞれ転機となる重要な指摘を行なった。N・ブロックやS・シューメーカーは、ある文脈において、スペクトラム逆転の可能性を真面目に論じた（スペクトラム逆転が論理実証主義者たちによって「疑似問題」の典型とみなされていたことを思い出されたい）。本書の構成に関わりの深い存在論（ontology）の分野に関していえば、D・ルイス（本書にも論文を二篇収録した）や、D・M・アームストロング（本論文集のじつはキーパーソンである）の一連の仕事が、際立っている。あげるべき名前は他にもあるだろうが(3)、大枠に関する話はこれぐらいにしたい。

駆け足になるが、以下に続く数節では、具体的な議論の文脈や、収録論文のそれぞれの注目点などを解説していくことにしよう。

2　中くらいの大きさの物体の謎

身のまわりに何があるかと問われて、原子や分子や空気と答えるのは子供である。大人はもちろん、財布や猫や机や壁のスイッチや妻…といったものを列挙するだろう。大人たちはそれらのものを退屈そうに列挙するにちがいない。われわれの生活する世界は、そうした中ぐらいの大きさの物体（中規模物体）で溢れかえっているからである。われわれはそれらの物体をある意味で非常によく理解している。理科の授業で何かを学ぶ前に、日常言語によってそれらを名指し、記述することができる。日常的な概念や日常的な言語なしで済ますことはできないだろう。それは、厳密な言葉をしゃべる科学者や、耳なれない単語を使う奇人にとってさえそうである。しかし、ほとんどつねに言われることであるが、日常的な概念や言語は曖昧であり矛盾を含んでいる。

日常的な概念のほころびを示す典型的な例をあげよう。座布団の上にぽつりとタマがいるのが見えるとする。そのとき次の三つの命題はいずれも主張可能であると思われる。

［1］一匹の猫の真部分もまた猫であることがある。
［2］一匹の猫が異なる空間領域を同時に占めることは不可能である。
［3］目の前にいる猫は一匹だけである。

［1］の原理は、ひげが一本抜けたぐらいで猫が猫でなくなるとは誰も思わないという常識をうまく説明するだろう。また［2］は、物体の個別化に関するより一般的な原理の一例とみなすことができる。猫のアリバイを考えるとき、われわれは［2］の原理に従い、同じ時間に異なる場所で目撃されたのだから同じ猫ではないといった推論をするはずである。［3］の正しさは自明に思われる。もし［3］が否定されるなら、中くらいの大きさの具体的な存在者を正しく数えることが、じつはわれわれには不可能であるということになってしまう（一桁の素数がいくつあるかなどは依然正しく数えられるにしても）。

ところが、主張の中身をあわせて考えてみると、三つが同時に成り立たないことに気づく。［1］が許すとおり、ある猫のひげ一本を除いた部分もまた猫であるとしよう。だが、最初の猫とそのひげ一本ぶん小さな猫は、同じ空間領域を占めていない。したがって［2］によりそれらは同じ猫ではない。この結論は［3］と衝突する。

三つの命題はどれも捨てがたいが、［1］を否定することはまだましに思われるかもしれない。［1］を放棄し、猫はどの時点においてもその輪郭のいっぱいいっぱいが猫なのだと考えるのである。一つの懸念を払拭するなら、そのように考えたからといって、タマがひげを一本失った瞬間に猫でなくなるということにはならない。ひげを失っても猫でありつづけることは、ひげを失ったときにはじめてそのひげ以外の部分が猫になることによって可能となる。直観の一部はこれで救われるように見える。それでも直観の他の部分への皺寄せが指摘されるかもしれない。たとえば、ひげを失う前と後の猫は、どちらもタマなのだから、やはり同一の猫だと思いたいだろう。しかし、だとすると、同一

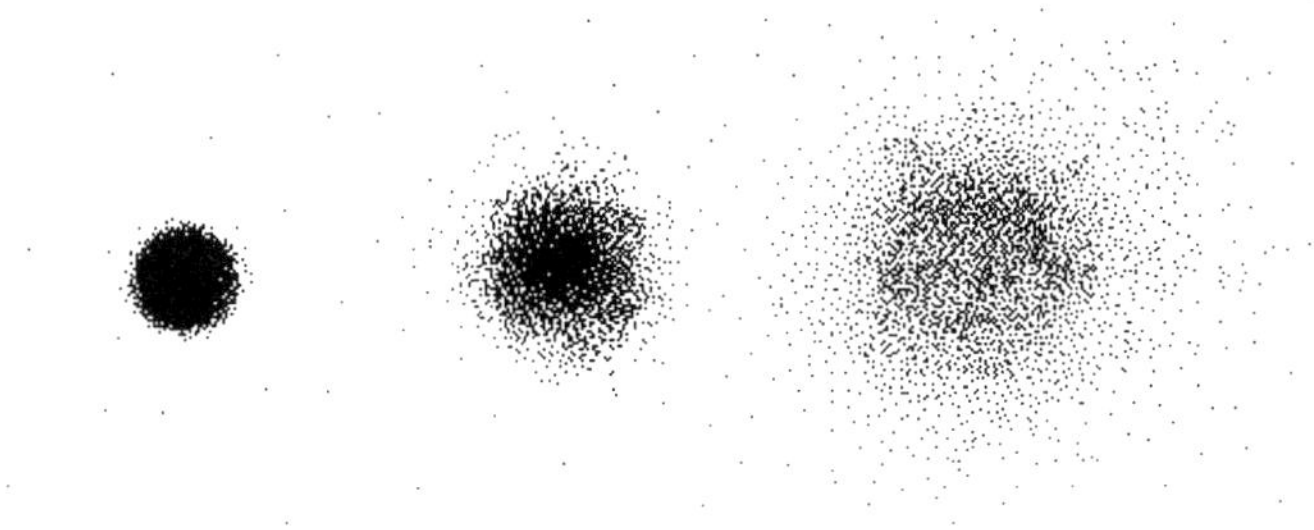

図1

のものが異なる諸部分によって構成されうることになる。諸部分の一致は全体の同一性の必要条件ではないのだろうか。関連する他の指摘は、猫であることが外在的な性質になってしまうというものである。タマがひげを失う前から、そのひげを除く部分は、タマの真部分として存在していた。最初は猫でないそれがのちに猫になったわけである。だがその変化は、それの内在的性質における変化ではない。もっぱら関係的、外在的に、それは猫であったりなかったりする。猫であることについてのこれは正しい理解だろうか。

以上の指摘に対し、諸前提を調整することによって、［1］の否定を再擁護する道はありうる。だがD・ルイスが「**たくさん、だけど、ほとんど一つ**」の冒頭で描写している問題群は、そのアプローチに、より根底的な難問を突きつけるだろう。ルイスの着想の卓抜さは、いわゆる「曖昧さ」の問題をミックスさせたところにある。図1を見てほしい。毬藻《まりも》か、星雲か、そこには三つの何かが描かれている。いちばん右のものを「一つ」と数えるのには決断が必要であるかもしれない。しかしとにかく、必要なら、不自然ではない何らかの規準に基づいて、三つの何かがあると言うことができる。それはいいのだが、それらの三つのものは正確にはどこにあるのだろうか。それらは空間的にどう位置づけられるのだろうか。右にいくほどそう言いたくなるが、それらの正確な輪郭を、恣意的にでなく一つに定めることは不可能に思われる。もちろん適当な専門家がいれば、右端のものに関してさえ、目的に応じた規準によって輪郭を一つに定めてくれるだろう。だがそのことはむしろ一つ一つの輪郭の恣意性を表している。一見かなり明確な輪郭をもつように見える左のものに関しても、その恣意性は指摘できるだろう。ルイスによれば、中規模ないかなる物体も微小な粒子からできているのだから、それらの輪郭はすべて、以上の意味において不明確である。これが例の（三つの命題を同時に主張できないという）問題をさらに厄介なものにする。［1］を否定する「解決」のなかで、猫は、明確な一つの輪郭をもつものと前提されていた。つまり、猫のどの真部分も猫ではないという結論は、明確に輪郭づけられる猫の存在を前提としていた。しかしその前提がいまや問題となっている。中規模物体の輪郭の実際的な不明確さを考えれば、猫とみなされるある一つの全体と、それよりわずかに小さな真部分とでは、それを猫とみなすことのもっともらしさに関して差はない。それゆえ、明確な一匹の猫の存在を出発点として確保しつつ［1］を否定することはもはやできない。いずれも一匹の猫の輪郭として等しく解釈可能であるような非常に多くの輪郭を、われわれは目の前にしているのである。

難易度の上がったこの問題に対して、ルイスは二種類の解決を提示する。そのうちの一つは、超付値による解決である。超付値的解決法はすこしテクニカルであるが、ポイントを思いきって言ってしまうと、「まあいろいろ解釈できるだろうけど、どう解釈しても猫が一匹いることには変わりないだろ、どこが問題なんだ」というものである。この解決法の前提にあるものが、曖昧さや不明確さというよりも、解釈の非決定性であるという点に注意する必要がある。われわれは実際多くの場合そのような非決定な状態にみずからを置いているのだ、というのがルイスの強調点である。超付値的な解決において、一つ一つの解釈の中で用いられている同一性の概念は、まぎれもなく厳密な同一性の概念である。たくさんある解釈のどれにおいても、猫は正確に一匹なわけである。

ルイスが提案するもう一つの解決は、ある点で常識に忠実に従ったものである。その基本的なアイデアは「猫は、たしかに厳密にはたくさんいるけど、ほぼ一匹と言ってもいいだろう」と表現できる。ルイスによれば、われわれの常識は「異なる（different）」と「別々の（distinct）」の概念を適切に区別している。前者は「同一の（identical）」の単なる否定であり、後者はそのうちとくに部分を共有しないケースを言う。完全な「同一」性の対極にあるのは後者である。多くの輪郭のそれぞれに対応する多者が、同一性の極に圧倒的に近いことを確認できるだろう。それらは小さな部分（ひげや剝がれかけの角質など）を除いてどれも互いに大幅にオーバーラップしているからである。つまりそれらは「ほとんど同一」であり、[4] ゆえに「ほぼ一つ」なのである。この解決法によって、問題のケースに関してはいまや次の整合的な三つの命題を考えることができる。

［1］一匹の猫の真部分もまた猫であることがある。

［4］ほぼ一匹の猫がそれほど異ならない空間領域を同時に占めることは可能である。

［5］目の前にいる猫はほぼ一匹である。

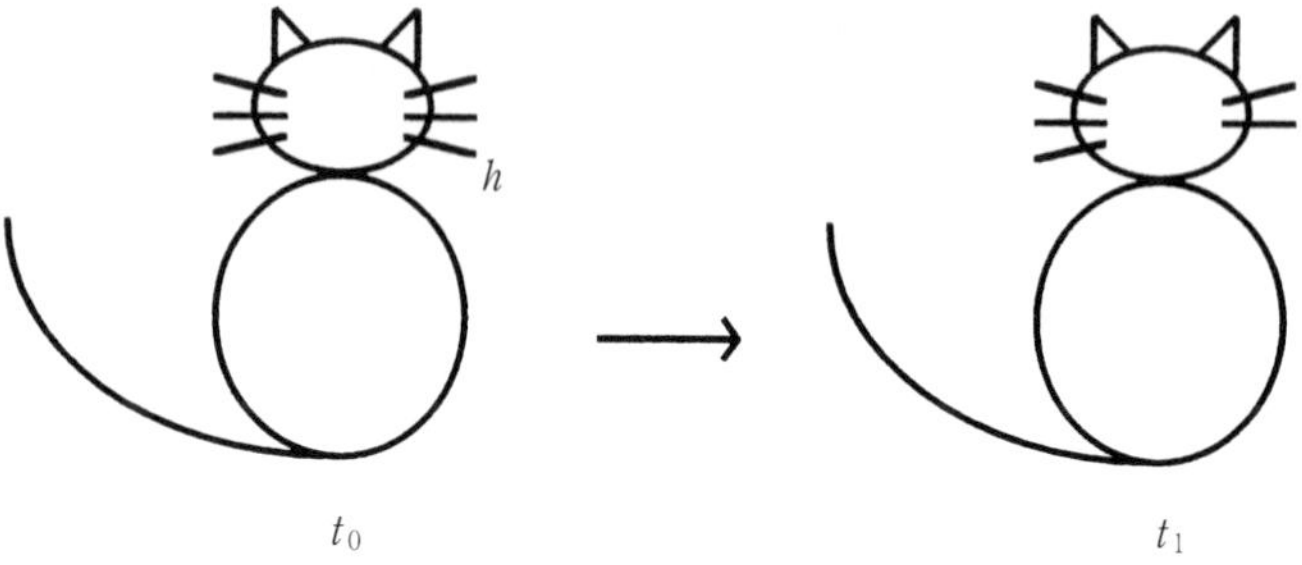

図2

興味深いことにルイスは、超付値による解決法と「ほとんど同一」性による解決法の併用を勧める。たとえば、非共有部分が無視できないような二者（ガレージを含めた家と含めない家など）については、前者の方が適しているというようにである。このような複数の解決法のプラグマティックな使い分けはルイスの得意のパターンである。

　ところでいまの話には、本質的にではないにせよ、時間が関わっていた。一つはもちろん、ルイスも述べているように、時間的位置づけに関して同様に輪郭の問題が生じるということである。もう一つは、ひげを失うタマの例において示唆されていたのだが、時間を通じての同一性の問題との関わりである。その問題は次のような形で提起することもできる。図2のように、タマが時点t_0からt_1のあいだにひげhを失った。われわれはt_0の猫とt_1の猫を「同一」と考えたい（それがタマである）。しかし構成部分に注目すれば、t_1のタマと同一であるのは、むしろ、t_0のタマ−《マイナス》hという物体であるだろう（「a−b」は、aの部分のうちbと部分を共有しないものの総和を意味する）。構成部分の一致を全体の同一性の十分条件とし、かつ同一性の関係を推移的とみなすならば、以上のことからは、t_0のタマと、t_0のタマ−hとの同一性が帰結するように思われる。だが後者は前者の真部分にすぎないのだから、それらが同一だというのはおかしい。さらに別の角度から問題を指摘すれば次のようになる。t_0にタマが偶数本のひげをもっていたとすれば、t_1にタマは偶数本のひげをもっていないことになる。同じタマが、偶数本のひげをもち偶数本のひげをもたないという矛盾は、どのように回避できるのだろうか。一つの対処法は、時点を存在者と考え、ひげの所有をさまざまに異なる時点との関係として捉えることである。たとえば、t_0にタマが偶数本のひげをもつことは、「偶数本のひげをもつ（タマ，t_0）」のように形式化される。それと「偶数本のひげをもつ（タマ，t_1）」との連言的結合は矛盾を生じない。しかしこの形式化に関しては、ひげの所有といった猫の形に関わる性質を関係的性質とみなすことの不自然さが問題になるかもしれない。猫の特定の形は（所有されるのが一時的であるにせよ）猫の内在的性質ではないのだろうか。

以上の諸問題を生じさせている背景には次のような存在論がある。すなわち、時間的延長をもたない存在者が、時間の経過を耐えて、同一性を維持するという描像である。これは対象の持続に関する一つの考え方である。タマについていえば、彼女は風雪に耐え（といってもわれわれの例ではひげが一本抜けるだけだが）死ぬまでタマでありつづけるのだ。このときタマは三次元的なものとみなされている。それが時間的変化にもかかわらず同一性を保つことによって、持続するのである。この持続の仕方を表す哲学的なジャーゴンは「耐時（endurance）」である。関連するいくつかの問題の源泉が、耐時する三次元的対象というこの観念（のとりわけ同一性に関わる部分）にあることは明白であるだろう。

耐時とはまったく異なる持続についての考え方がある。すなわち、対象が時間的にも延長している

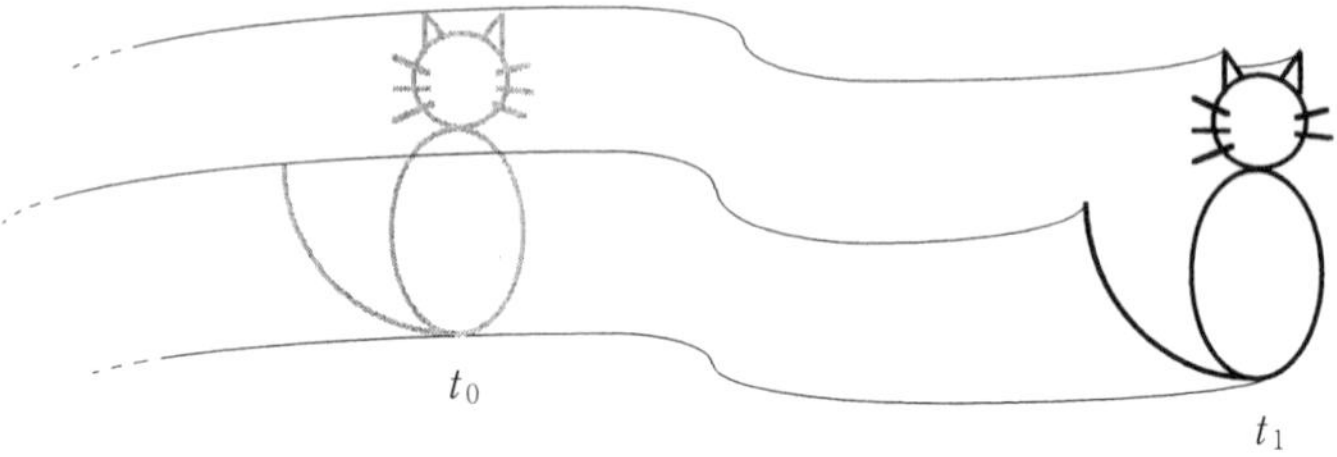

図3

という考え方である。それによると猫などの日常的な対象はじつは四次元的な存在者である。この描像のもとでは、t_0やt_1において存在するのはたかだか猫の時間的部分にすぎない（図3はタマのt_1までの部分を次元の数を減らして表したものである）。t_0とt_1におけるタマの同一性と考えられたものは、それぞれの時点にある猫の時間的真部分が同一の猫の四次元的全体に属しているという関係として分析される。このような持続の仕方は「永存（perdurance）」と呼ばれる。永存のアイデアは、常識に照らせば少々奇抜であるかもしれない。たとえば、一匹の猫の全体は永遠の相のもとでしか見渡すことができない。われわれが時間のなかで出会う人や物は、ほんとうにその人やその物の一部にすぎないのだろうか。とはいえ、このアイデアは、時間を通じての同一性に関する諸問題をかなりうまく解決するだろう（どう解決するかは読者の方で考えてほしい）[5]。

対象の持続に関する伝統的な以上の二つの考え方に対して、T・メリックスは根本的な問題提起を行なっている。**「耐時的存在者と永存的存在者の両立不可能性」**という論文のタイトルが示すとおり、メリックスによれば、耐時の観念と永存の観念は両立しない。彼の論証はすぐれて形而上学的である。彼は耐時の観念を現在主義（presentism）と結びつける。現在主義とは、簡単にいえば、現在にのみ実在性《リアリティ》を認める立場である。永存的な対象は、現在以外の他の時間の存在を要求するため、そのような現在主義とは折り合いが悪い。他方、耐時的な対象は、メリックスによれば、存在論的に対等な他の時間や時点という考え方と折り合わない。時間を通じての同一性をめぐって生じる前述のような諸問題を、彼は深刻なものと捉えるからである。メリックスの指摘は、もし正しいとすれば、非常にインパクトがある。現代の形而上学において、耐時する人や物体と永存する出来事という二種類の存在者を措定する体系は、かなりスタンダードなものだからである。

3　自然言語の意味論と出来事の存在論

前節の最初の話に戻ろう。日常的な概念や言語は不可避的に曖昧さや矛盾をはらんでいる。多くの場合それらは無視されるだろう。というのも、曖昧さや矛盾が日常的に問題になることはあまりないし、必要なら主題に応じてより厳密に定義された概念や言語を代わりに使うことも可能だからである。だが人は、ときに、日常的な概念の扱いそのものに興味をもったり、日常言語の延長でできるだけ厳密な語り方をする必要に迫られたりする。そうした興味をもったり必要に迫られたりするのは、神経症的メンタリティをもつ哲学者に多いが、もちろん哲学者に限られるわけではない。

二十世紀の人類の偉大な発明である記号論理学は、断片的な使用も含めて、今日、さまざまな学問分野の共通言語の一つになったと思う。日常言語（自然言語）に対して論理学の言語を使って意味論を与えようという試みもまた、今日、ポピュラーなものである。例の曖昧さや矛盾に関していえば、そのような意味論がもし与えられたなら、日常言語の具体的にどの点が多義的でミスリーディングであるかが明確になるだろう。自然言語の意味論は、日常的な言葉の使用に完全には従属せず、われわれの概念の扱いに対して規範的な意味をもちうるのである。とはいえそれは、日常言語から独立に構成される理論ではない。また、特定の目的に合うよう日常言語を定義しなおすための装置でもない。この微妙なスタンスが哲学的意味論を特徴づけている。哲学者たちは、自然言語のなかに論理構造や論理形式を見てとろうとし、さらに、その背後にある存在論や形而上学を記述しようとする。

しかし、意外に思われるかもしれないが、次の［6］のような文に関してさえ、適切な意味論を考えるのは容易ではない。

［6］イヴはエデンの園の中でリンゴを食べる。

論理学の教科書によく出てくる「イヴは走る」や「イヴはアダムを愛している」といった例文に比べると、この［6］は、論理構造が見てとりにくい。D・デイヴィドソンは、出来事という存在者を措定することによって、［6］に［7］のような論理形式を与えた。

［7］(∃x)(∃e)(食べる（イヴ, x, e) & リンゴ(x) & の中で（エデンの園, e))

デイヴィドソンによれば［7］は、［6］と同じ真理条件をもち、［6］の文と形式的意味論とを媒介する役目をする。この［7］の形式により、［6］の副詞句を落として次の［8］を得るという常識的推論は、簡単に（初級の教科書の範囲内で）説明できるだろう。

［8］イヴはリンゴを食べる。

もちろん他のアプローチも存在する。ただ、デイヴィドソンのこのやり方は、標準的な一階の述語論理を拡張することなく［6］の文や［8］の帰結を処理できるという点で優れており、一つの基本路線として多くの支持者を得た。

［7］に見られる顕著な特徴は、出来事が一階の存在者として扱われていることである。それ自体は形式上の特徴にすぎないが、そうした特徴づけを擁護するために、いくつかの存在論的な問いに答える必要がある。たとえば、出来事とはそもそも何なのか。それらが具体的存在者であるとして、人や物とはどう違うのか。あるいは、出来事どうしはどのように個別化されるのか。

「出来事についてのクワインへの返答」においてデイヴィドソンは、それまでの立場を確認するとともに、いくつかの路線の修正を行なっている。確認される一つの点は、対照クラス依存的な「ゆっくりと」といった副詞の問題が依然解決されていない点である。その問題は一階の量化言語による整式化という彼の目論みを脅かしつづけている。主要な修正点の一つは、出来事の個別化に関するものである。デイヴィドソンは、結局、出来事がまさにそれらの位置づけられる時空領域によって個別化される、という立場に至っている。

ところで、人や物はどのように個別化されると考えられるだろうか。人や物もまたそれらの占める時空領域によって個別化される四次元的な具体的存在者であるとするならば、それらは出来事とカテゴリー的に区別可能なのだろうか。区別されなければならない、とデイヴィドソンは述べる。しかしその区別の仕方は十分に明確には提示されていないように私には見える。(ちなみに人や物を、出来事と異なり三次元的な具体的存在者であると考えるならば、前述のメリックスの指摘の標的となるだろう。)

人や物はむしろ出来事を「構成」するものだとする考え方がある。この考え方は、出来事を他の種類の存在者に還元しようとする哲学者のあいだで人気がある(以下に述べるJ・キムにその意図はないようだが)。**「性質例化としての出来事」**において、キムは、個別的出来事を、特定の実体と特定の性質と特定の時間を構成要素とする構造的複合体として考えている。出来事の生起とは、ある時間、ある実体に、ある性質が例化されることであるというわけである。そのように考えられた出来事もやはり具体性をもつ。それは、時間という構成要素のおかげでもちろん時間的に特定可能であり、また、構成要素の実体が空間的に特定可能であるかぎり、空間的にも特定可能であるように思われるからである。キムの考え方は、デイヴィドソン的なアプローチの代案としてしばしば引き合いに出される。

両者の大きな違いは、出来事の個別化の仕方にある。キム的な考えのもとでは、きめの細かい区別によって、より多くの個別的出来事を手にすることになる。きめの細かさは、あきらかに、個別的出来事の構成要素として本質的に性質に言及することに由来している。

キムとデイヴィドソンのそれぞれのアプローチは、「出来事」が関わるさまざまな文脈において、固有の利点と欠点をもつだろう。「出来事」という語の常識的意味の幅の広さを考えれば、出来事に関する複数の整合的な理論が存在することは、悪いことではない。

4　性質の問題、あるいは普遍と個別の問題

アリバイの話をしたとき、同じ猫が同じ時間に異なる場所にいられないことを確認した。もちろん一匹の猫が県境をまたぐことはある。それゆえ同じ猫が、たとえば千葉と埼玉の両方に同時にいることは可能である。だがそれは、猫の前の部分が千葉にあり、後ろの部分が埼玉にあるといったようなケースである。猫がまるごと一匹同じ時間に両県に存在することは、やはり不可能なのである。しかし、性質についてはどうだろうか。タマは全身がふさふさしている。ふさふさしているという性質が、タマという個体において例化されている（具体化されている）。ところが、タマ以外のものもふさふさしている。たとえば私の頭においてもふさふさは例化されている。この事実を、ふさふさという性質がタマや私の頭に存在すると言うとしてみよう。すると、その存在者の在り方はかなり特異なものであることに気づく。タマにおいて例化されているのは、けっして、ふさふさという性質の一部ではない。もし、在るという言い方をするのであれば、そこにはふさふさという性質が欠けることなくまるごと在るわけである。そして私の頭もタマと同様完全にふさふさである。つまりその性質は、同時に、遠く離れた私の頭にも、欠けることなく存在している。このような在り方をする存在者は「複現可能者（repeatable）」と呼ばれる。

しかし複現可能者などといったものがほんとうに存在するのだろうか。そのようなものも個別者と

ともに世界を構成しているのだろうか。存在に関するこの問いは、特定の条件を満たす天体が特定の場所に存在するかどうかといった種類の問いではない。この問いに答えるために望遠鏡は必要ない。問いはむしろ、われわれが世界を理解する形式に関する問いである。複現可能者の古い呼び名が「普遍者(universal)」であることを考慮すれば、この問いが哲学史における伝統的な論争を引き継いだものであることが分かるだろう。

今日でも唯名論的な伝統のもとでは普遍者の存在は否定される。もちろんそれは、複現の観念が奇妙であるといった論点先取的な理由によってではない。むしろ、普遍者や複現可能者の存在を措定することなくわれわれの言語に形式が与えられることを示すことによってである。たとえば「藍は青の一種だ」という文に、

[9] (∀x)(藍色である(x)→青い(x))

という論理形式を与えたとしよう。この形式において、藍色や青さといった性質は存在者として扱われていない。「〜は藍色である」や「〜は青い」といった述語があるのみである。極端にいえば、普遍者と思われたものはわれわれの発する声(述語)にすぎなかったというわけである。もっとも、他の種類の文をうまく処理するためには、唯名論者は、青いもののメレオロジカルな総和といったものを考えなければならないかもしれない。すなわち、すべての青いものを部分にもち、かつそれらのみを部分とするような、散在的だが、個別的で具体的な存在者をである。あるいは、科学的な言語を理

解するために、クラスのような抽象的存在者をも認めなければならないかもしれない。しかしそれでもまだ唯名論者は、複現可能者の存在を認めずには済むだろう。(6)

普遍者や複現可能者の存在をはたして認めずに済むのであろうか。唯名論者がまず直面するのは、性質の帰属の根拠の問題である。われわれは、はじめて目にする個体に対しても、さまざまな性質を帰属させたりさせなかったりする。そうしたことがなぜできるのか。もしある個体が性質をもつということが、その個体にある述語が適用されるという事実以上のものでないとするならば、われわれが行なう性質の新たな帰属は、現実にそぐわないほど恣意的なものになってしまうだろう。そのような極端な唯名論は、説明理論としてもまともに機能しない。たとえば、そこでは、ある性質をもつということが、ある述語が適用されるという事実によって説明される。それはつまり、ある性質をもつのすべてに対してある同じ一つの述語（たとえば「P」）が適用されるという事実によって、説明されるということである。しかし、同じ一つの述語Pが適用されるという事実もまた（説明対象であるはずの）性質の帰属に関する事実である。その事実はどのように説明されるのだろうか。「同じ一つの述語Pが適用される」という同じ一つの述語が適用されるという事実によってであろうか。しかしその事実もまた…。

より現実的な唯名論者は、性質をもつということを、たとえば、一つのクラスに属することとして説明するであろう。そうすることの利点は、個体の自然なクラスとそうでないクラスとの区別に意味を与えられることである。クラスの「自然さ」は、原始的な概念かもしれないし、あるいは（より無理のない考え方として）個体のあいだの原始的な「類似性」によって説明されるかもしれない。いずれにしても、すべての述語に自然なクラスが対応するわけではない。すなわち、いくつかの述語の適用は対応する自然なクラスの存在によって真となるが、いくつかの述語の適用（誤った適用や「〜はグルーである」などの適用）は対応する自然なクラスをもたず、真正の性質を表現しないことになるのである。

しかし、個体のクラスを考えたとしても、次のような反例が指摘される。かりにふさふさしたもののすべてが青かったとしよう。すなわち、

［10］(∀x)(ふさふさしている（x）→青い（x））

が成り立つとする。ふさふさした個体のクラスが青い個体のクラスに包摂されるような場合である。これは、ふさふさが青の一種であるような状況だろうか。そうではない。だが藍が青の一種であるときと、この場合のどこが違うというのだろうか。［9］や［10］の形式では表現しきれない何かが、やはりあるのではないか。つまりわれわれは、青さやふさふさといった存在者に言及し、それらのあいだの関係について語るべきではないのか(7)。これに対し唯名論者は、藍色であれば青いということの必然性に言及するかもしれない。ふさふさと青さに関してはそのかぎりでないというわけである。（「x」の領域を、単に可能的な個体を含むものにまで拡張しても、同様の効果は得られる。その場合は［9］が真、［10］が偽として区別される。）しかし必然性は、たとえば、青ければ空間的に延長しているということに関しても主張できる。ところが、青さは延長の一種ではないのだ。

他にも多くのタイプの文が、唯名論者には扱いがたいものとして指摘されている。戦況は圧倒的に唯名論者に不利であるように見える。普遍論争の勝者は実在論者なのだろうか。その結論にはまだ早い。現在有力視されている唯名論的アプローチが一つ存在し、それはトロープ説である。トロープ説では、個別者としての性質――それが「トロープ（trope）」である――を基礎的な存在者に考える。たとえば、タマの全身はふさふさしており、私の頭もふさふさしている。それらのふさふさ具合は目をつぶれば区別できないほど正確にそっくりであるかもしれない。だがそれでも、それらのふさふさは別の個体として区別される。つまり、タマがもつふさふさトロープと私の頭がもつふさふさトロープは、数的に異なる二つの個別者なのである。(8) 両者がともにふさふさトロープであることを説明するために、トロープの自然なクラスの存在も認めた方がよいであろう。トロープの自然なクラスは、さらに、トロープのあいだの（程度を許す）類似性によって定義されるかもしれない。他方、猫や人間の頭（あるいは髪）といった物体（個物）を、基礎的なものと認める必要はもはやない。トロープ説においては、私の頭髪は、ふさふさトロープや黒トロープ、あるいはケラチントロープなどの集積体として考えることができるからである。

トロープ説に従えば「藍は青の一種だ」という文は次のように翻訳される。

[11]（∀x)(藍トロープである(x)→青トロープである(x))

[11] は、藍トロープのクラスが、よりゆるい類似性の程度によって定義される青トロープのクラス

に包摂されるということを表している。その包摂関係はどの可能世界においても成り立つ（あるいはあらゆる可能的トロープを含めて考えた場合にも成り立つ）と考えられよう。一方、ふさふさトロープのクラスと青トロープのクラスは互いに素であるため、［11］と同形の式がそれらのトロープに関して真となることはない。青トロープと延長トロープもまた互いに素であるクラスを形成する。青さと延長のあいだの必然性は、青トロープと延長トロープの共存時の（つまり同じ物体のトロープであるときの）必然的な結びつきによって説明されることになるだろう。その他のいくつかの問題もトロープ説はかなり（使用する論理の弱さを考えれば意外なほど）巧妙に処理しうることが知られている。

D・ルイスは、唯名論的な立場の哲学者として知られる。ただし彼の唯名論は、存在者の領域を可能的な個体（トロープではない）にまで拡張するバージョンである。**「普遍者の理論のための新しい仕事」**においてルイスは、みずからの存在論に普遍者を加える可能性を検討している。[9] 彼の態度はすぐれてプラグマティックなものであるが、唯名論者として彼は、最終的には「完全に自然的な性質（perfectly natural property）」が普遍者の代わりをしてくれることを期待しているように見える。（ちなみにルイスの言う「性質」がもっぱらクラスを意味することに注意してほしい。）この論文は現代の形而上学においてすでに古典に近い評価を受けている論文の一つであり、ルイスにとっても、アームストロングに代表されるオーストラリア哲学[10]へと接近していくきっかけになった重要な論文である。トピックが豪華海鮮丼のようにてんこ盛りなので時間はかかるかもしれないが、ぜひ全体を読み通してほしい。もちろん、取りあげられているさまざまなテーマが、「自然的性質」の導入によって扱いつくせるものなのかどうかについては、異論が考えられるだろう。その点に関して読者はルイスに完全に説得されてしまわなくてもよい。

トロープの話に戻ろう。私の頭髪においてふさふさトロープと黒トロープが共存している。いや、トロープを基礎的存在者とみなすのなら、むしろ次のように言うべきだろうか。ふさふさトロープや黒トロープやその他の無数のトロープの共存によって、私の頭髪は成り立っている。問題は共存である。トロープの共存とは何なのか。それはどのようにして可能なのか。これはじつは「統一(unity)」に関する伝統的難問である。同様の問題は普遍者と個物をめぐっても生じるだろう。定番的な一つの答えは、あらゆる性質（トロープであろうと普遍者であろうと）と関わることなく存在しうる基体あるいは裸の個体を想定するというものである。たしかにそうしたものは、性質の担い手になるとともに、個物を独立した一つの存在者にする役目を果たす。しかし基体や裸の個体に対しては、数多くの概念的な難点が指摘されている。だが逆に、個物が単なる諸性質の束であるならば、いったい何がそれらを束ねる（それらに統一を与える）のだろうか。

P・サイモンズは、この統一の問題に対して「核説」という独自のアイデアを提出している（「**個別の衣をまとった個別者たち**」）。サイモンズは、裸の個体などを想定することはしないが、個物を単なるトロープの束とも考えない。彼はまず、フッサールの「基づけ（Fundierung）」の概念を援用して束の統一性を説明しようとする。（フッサールの登場は意表を突くが、サイモンズが記述するように、トロープ説もまた長く継承されてきた哲学の伝統の一部なのである。）ただ、サイモンズによれば、フッサールの議論にはタイプとトークンのレベルの混同が見られる。そしてその混同ゆえに、基づけの概念は、実際には、個々のトロープが本質的に共存するケースに対してしか適用できない。しかしサイモンズはこの制限を逆手に取る。彼によれば、本質的に共存するトロープは、彼が「核」と呼ぶトロープの比較的小さな束を形成する（もちろんその統一性は基づけによって説明される）。そしてその小さな束が擬似的な基体の役割を果たし、より大きな（偶然的に共存する）トロープの束に統一を与えるのである。サイモンズのアイデアは個物を性質の束とみなす考え方の強化された一つのバージョンと言えるだろう。

5 傾向性・機能的性質・心的性質

脆さや、水溶性、怒りっぽさといったものは、伝統的に「傾向性（disposition）」と呼ばれ、性質の重要な種類を構成するものとみなされてきた。特定の能力や特定の信念をもつこともこのタイプに含めることができるだろう。さらには色さえも、傾向性的な性質として理解されることがある。ある傾向性をもつということは、ある特定の先行条件に対して特定の反応を示すということを（通常）意味する。傾向性とは、基本的には、そのように特定のタイプの条件文によって定義される性質である。[11] 傾向性はそれを顕在化させることなくもちつづけることができる。アーチェリーの名手は入浴中もずっとアーチェリーの名手なのである。この概念的特徴は、能力や信念、欲求、理解、あるいは物体の色などについてわれわれが語るさいの〝文法〟をうまく説明するであろう。

E・プライアとR・パーゲッターとF・ジャクソンの論文「**傾向性についての三つのテーゼ**」が傾向性に対して下す一般的な結論は、しかし、意外なものである。プライアたちによれば、傾向性的な性質はおしなべて因果的効力をもたないのである。性質のもつ因果的効力は、直観的には以下のように理解することができる。たとえばボールがぶつかったせいで車体がへこんだとしよう。このときに重要なのは、どれぐらいの重さのボールがどれぐらいの速度でぶつかったかであり、どこで作られた何色のボールがぶつかったかではない。また、どれくらいの硬さをもつものどうしの衝突であったかは重要だが、衝突が奇数の月に起こったということは結果に関与しない。つまり、われわれは因果的説明を行なうとき、原因のもつある特定の性質のゆえに結果が起こったというふうに語るのである(12)。

プライアたちは、まず「因果性テーゼ」と「区別性テーゼ」を論証し、そこから「無効力テーゼ」を導き出している。その流れは容易にフォローできるだろう。プライアら自身は、性質とは何かという存在論的な問題に対して中立的であろうとしている。しかしここではあえて、プライアらの言う「強い実在論者」の観点から、議論を記述しなおしてみたい。その観点からの論証が最もフォローしにくいかもしれないからである。実在論的観点からは、傾向性は「二階の性質」とみなされる。傾向性的性質を二階の性質として定式化する一つの仕方は次のようなものである。

x はこれこれの傾向性的性質をもつ $=_{def}$ x は f であり、かつ f はこれこれの傾向性の因果的基盤となる、というような性質 f が存在する。

「これこれの傾向性の因果的基盤」とは、すなわち、当の傾向性を定義する入力（先行条件）に対する出力（顕在化）の実現にとって、因果的にレスポンシブルであるような性質のことである。たとえばある特定の結晶構造をもつことは、脆さという傾向性の一つの基盤となるであろう。定義項には$(\exists f)(f(x)$ & $\beta(f))$という形式が見てとれる。βが、当の傾向性の因果的基盤となる性質であるという性質である。βは性質の性質であり、「f」にあたる一階の性質とは別の二階の性質である。傾向性をこのような形で定義する理由は、傾向性の多重実現可能性（βであるような性質が複数存在しうること）と、傾向性の基盤の偶然性（βである性質が可能世界ごとに異なりうること）に対応するためである。同様のことは、いわゆる機能的性質についても言われてきた。ただし機能的性質については、それほど強い実在論を前提としない語り方をされるのが普通である。プライアたちもじつはそのような語り方をしている。「これこれの傾向性の因果的基盤となるような性質をもつという性質」という語り方である。「性質をもつという性質」という表現に注意されたい。そのように表現されたとき、二階の性質が帰属させられる対象は、一階の性質というよりはむしろ個体（「x」にあてはまるべき存在者）である。しかしそのような表現のもとで考えたとしても、傾向性的性質とその基盤的性質は一般に同一ではない。やはり多重実現可能性と基盤の偶然性により、それらの外延（それぞれの性質をもつ個体のクラス）が異なるからである。[13] 傾向性とその特定の基盤が同一でないとすれば、顕在化に因果的に関与する（因果的効力のある）性質は、傾向性そのものか特定の基盤かのどちらかでなければならない。というのも、傾向性の顕在化に対して、先行条件とともに因果的に十分である条件を構成し、かつ実際に関与したと言えるような異なる二つの要因が存在するとは、常識的な因果概念に照らして、どうしても考えにくいからである。プライアたちが下した結論は、その場合、傾向性の方が「排除」されるというものである。[14]

以上の再構成で、プライアらの議論が心の哲学におけるその後の展開を先取りしていることが、見てとりやすくなったはずである。その後の展開とは、一九九〇年代以降に盛んに論じられるようになった心的因果性をめぐる論争のことである。傾向性の因果的無効力性は、心の哲学にとって実際厄介な意味をもつ。というのもかつてG・ライルが指摘したように、いわゆる心的性質の非常に多くのタイプが、傾向性として解釈可能だからである。ポケットに運転免許証が入っていると信じているとしよう。その信念の所有は傾向性の所有として解釈できる。たとえば免許証の提示を求められたときその傾向性は顕在化する。つまり胸ポケットを探るなどする。それ以外のとき、信念主体は胸ポケットの免許証をとくに意識しない。傾向性を維持するものは、主体の意識状態ではなく、主体の何らかの(あえて言うなら)脳状態であると、多くの人は考えるであろう。しかしその一方で、すべての信念主体において共通の特徴をもつ二、三の専用の脳細胞が胸ポケットや免許証を意味するために使われているとは、ほとんどの人が考えないであろう。同じ内容の信念を実現し維持するための基盤が多様でありうることは、かなり明白な経験的事実である。それゆえ、ある信念をもつことと、それを実現する基盤をもつことは同一ではない。そして、いくつかの根拠により、信念の顕在化に対して因果的効力を有するのは、信念そのものではなくその実現基盤の方である。プライアらが提示した議論は、心的なものの因果的無効力性を論証するこうした議論の、より一般的なパターンとみなすことができる。

性質に関する一般的な理論が、十数年か数十年のうちにきっと整備され標準化されるだろう。それが普遍者についての理論になるのか、トロープについての理論になるのか、それとも他の何かについての理論になるのかは分からない。ただそのとき、今日「心の哲学」の名のもとで論じられている重要なトピックのいくつかは、その一般的な性質理論の一部門へと吸収されているにちがいない。それは歓迎すべきことである。そのときもしその一部門がもはやあまり注目されなくなっているとすれば、それは、難問とされる諸問題が「解決」され、教科書的な知識へと落ち着いたことを意味する。逆にもし、その一部門が依然として多くの問題を抱えているとすれば、そこにおける議論は、性質に関する包括的な議論と、今日よりもずっと密接に連動しているはずである。いずれにしても現在の状況より恵まれている。すばらしい未来である。

注

（1）　H・ライヘンバッハ（市井三郎訳）、『科学哲学の形成』、みすず書房、一九五四年（*The Rise of Scientific Philosophy*, University of California Press, 1951）、一頁。続く引用は三頁から。引用文は邦訳書に従う。この本はもちろん冒頭以外の部分も読まれるべきである。

（2）　今世紀に入って出版されたこの分野の論文集やガイドとしては、M. Loux (ed.), *Metaphysics: Contemporary Readings*, Routledge, 2001; M. Loux & D. Zimmerman (eds.), *The Oxford Handbook of Metaphysics*, Oxford University Press, 2003; T. Crane & K. Farkas (eds.), *Metaphysics: A Guide and Anthology*, Oxford University Press, 2004; D. Zimmerman (ed.), *Oxford Studies in Metaphysics*, Oxford University Press, 2004 などがあげられる。タイトルからはもはや「分析」の形容も取れてしまっている。

（3）　R・M・チザムとP・F・ストローソンの名はあげておきたい。なお、近年の形而上学の「隆盛」とその背景に関するより包括的で詳細で適切な記述は、加地大介、「分析哲学における伝統的形而上学の復興」(『現代思想』、二〇〇四年七月号、青土社、一六六〜一七八頁)を見られたい。

(4) 別々ではなく部分を共有する状態は「部分的同一」と呼ばれる。「ほとんど同一」はそのうち厳密な同一性に近いものを言う。こうしたアイデアをルイスはアームストロングから借りてきている。アームストロングは、部分的同一性の概念を、性質のあいだの類似性——確定的(determinate)な諸性質の統一性——を説明するのに用いている。つまりアームストロングは性質(普遍者)のあいだの部分的同一性の関係を考えている。

(5) 他にも、「持続」する対象全体を時間的段階のそれぞれと同一視し、それらのあいだの対応者関係を考える立場などがありえよう。同一性の関係や同じ全体に属するという関係と異なり、対応者関係は推移的でも対称的でもない。

(6) 通常の意味でのクラスや集合は複現しない点に注意されたい。私の頭はふさふさしたもののクラスに属しているが、そのようなクラス全体がそっくり私の頭に在るわけではない。それゆえクラスという抽象的存在者を認めたからといって「唯名論者」の名を返上する必要はないし、返上することもできない。「唯名論者」の語をここではそのように使うことにする。

(7) ただし実在論者——もちろん普遍論争で言う「実在論者」——にとっても話はそれほど単純でないかもしれない。たとえば、青色が確定可能(determinable)であるかぎり、「青い」に対応して青さという一つの(一階の)普遍者が存在するわけではない、とするもっともな議論がある。実在論者はいくつかの例文をそれなりに工夫して処理しなければならないだろう。

(8) トロープをどのような個別者として特徴づけるかについてはバリエーションがある。トロープの一般的特徴としては、抽象性、非独立性、単純性などが(もちろんすべてがどの論者にも受けいれられるという話ではないが）指摘される。

(9) N・グッドマンと初期のクワインの極端な唯名論が、「それ以上根源的な何かに訴えて正当化することのできない哲学的直観」に支えられていたことを思えば、ルイスのこの態度は面白い。

(10) オーストラリアは現代哲学の知る人ぞ知る中心地の一つである。「オーストラリアの哲学」と聞いてどういう反応を示すかによって、哲学という学問に関してはその人が素人かどうかを見分けることができる。

(11) 傾向性を定義する条件文は、仮定法的あるいは反事実条件的なものであると考えられる。哲学者が条件法を手際よく扱えるようになったおかげで、傾向性をめぐるいくつかの古い問題は解決した。ただし傾向性の帰属と条件文との同値性に関しては、いくつかの新しい問題が提起され、今日でも議論が続いている。

(12) 性質への言及が因果的説明において役割を果たすということを、性質が存在的な意味で因果的効力をもつということから区別する道はあるだろう。プライアはのちの著書のなかで傾向性の因果的説明役割を認めている。なお、性質のもつ存在的な意味での因果的効力を具体的にどう説明するかは、もちろん、前節で示したいくつかの立場のあいだで大きく異なる。

(13) 性質というものがクラス以上の何かであるとみなすにしても、クラスの同一性が性質の同一性の必要条件であることはまちがいないだろう。

(14) ルイスによれば、傾向性の方が排除されるのはそれが「自然的」でないからである。

編訳者あとがき

現代形而上学の論文集は、わが国ではこれが初めてではないか。翻訳ものに限らなくても、そう言い切ってよいと思う。他方、海外に目を向けると、この手の論文集はかなり出ている。とりわけ、ここ十年の刊行状況はちょっとしたブームと言えるだろう。

もちろん本書はそうしたブームに便乗したものではなく、本シリーズ（双書現代哲学）の〝プロデューサー〟である戸田山和久教授の慧眼によって企画に加えられたものである。しかし訳者のわれわれとしては、本書の刊行がブームを後追いしたものだと（あるいは国内的にいえば、先取りしたものだと）みなされても、それはそれでかまわない。なぜなら現代形而上学は、流行っているから面白いというわけではなく、面白いからこそ流行っているのだから。

ひとつ告白しておこう。十篇に満たない論文で、現代形而上学の全体をきれいにカバーすることはできない。哲学の他の分野と同様、現代形而上学も捉えがたい仕方で細分化が進んでいる。そこでわれわれ三人は、「存在論」と呼ばれる代表的なサブジャンルに的を絞ることに決めた。そのため他のいくつかの形而上学的なトピック、たとえば時間や可能世界や因果性などは、中心的に触れられることなく残されている。事情通の読者にとって、このことは不満に思われるだろう。われわれもその点は同感であり、これらのトピックを扱った主要論文が今後、翻訳されることを期待している。(とはいえ本書の論文はどれも、上記のトピックと深く関わっている。そのため本書を読むことでも、雰囲気をつかむことは可能であろう。)

もうひとつ告白しなければならない。本書は別の意味で当初の予定より(あるいは理想より)短くなっている。これは単純にわれわれが欲張りすぎたためだ。つまり、最初に選定した論文をすべて訳出するとおそろしい分量になることが、途中で判明したのである。適度にシェイプアップされた現在の束《つか》は、編集担当の土井美智子さんの迅速かつ的確な判断の賜物と言える。ちなみに削られた論文のなかには、たとえば、近年面白い展開を見せているフォーマルオントロジーに関するものや、P・アンガーの非常に奇妙なタイトルの論文などがある。(前者の分野については、一篇の邦訳論文を通して様子を知ることができる。R・カサティ、B・スミス、A・C・ヴァルツィ(齋藤暢人、染谷昌義訳)、「地理的表象のための存在論的ツール」、『Intercommunication』、No・45、二〇〇三年。余談ながらこの分野では、イタリアンな名前をよく目にする。)削られたとはいえ、それらもまた興味深い論文ばかりなので、いずれ日の目を見ることをわれわれは願っている。

本書に収められた論文はすべて、柏端、青山、谷川の三人による共訳である。下訳を分担したような記憶があるが、いまとなってはどこをどうしたのか忘れてしまった。形式ばった打ち合わせはせずに、誰かの訳したものを誰かが直し、それをまた誰かが直す、といった作業を繰り返すことで、本書はゆるやかに完成に至った。もちろん「ゆるやかに」とはいっても、「簡単に」といった意味ではない。

翻訳でとくに苦労したのは、現代形而上学特有の用語に定着した訳語がなかった点だ。しかし幸いなことに、最近はわが国でも若い形而上学研究者が増えてきており、彼らのうちの何人かには訳語のアドバイスを求めることができた。とりわけ、時間を割いてくれた植村玄輝、小山虎、鈴木生郎の各氏にはここでお礼を申しあげたい。また（若い世代ではないが）千葉大学の高橋久一郎教授からは伝統的な形而上学の訳語についてアドバイスをいただいた。あわせてお礼を申しあげたい。ただしアドバイスを受けたものの反映させなかったケースもかなりあり、その意味でも、訳に関する責任はすべてわれわれ三人にある。この点は強調しておこう。

最後に、あらためて勁草書房の土井さんにお礼を申しあげたい。論文集を独自に編み、なおかつ訳すという作業は、予想外の困難を伴うものであった。にもかかわらず、おおむね順調な進行を保つことができたのは、ひとえに土井さんのおかげである。

二〇〇五年十月

柏端達也　青山拓央　谷川卓

編訳者略歴

柏端達也（かしわばた　たつや）

1965 年生まれ．1994 年，大阪大学大学院人間科学研究科博士課程単位取得退学．博士（人間科学）．千葉大学文学部助教授．主著に『行為と出来事の存在論』（勁草書房，1997 年）．

青山拓央（あおやま　たくお）

1975 年生まれ．千葉大学大学院社会文化科学研究科博士後期課程在籍，日本学術振興会特別研究員．主著に『タイムトラベルの哲学』（講談社，2002 年）．

谷川　卓（たにかわ　たく）

1979 年生まれ．千葉大学大学院自然科学研究科博士後期課程在籍，日本学術振興会特別研究員．主論文に「因果的先回りケースにおける原因と結果」（『科学哲学』38 巻 2 号，2005 年）．

著者略歴

デイヴィド・ルイス（David Lewis）

1941 年，オハイオ州に生まれる．ハーバード大学で博士号取得後，カリフォルニア大学ロサンゼルス校を経て，1970 年よりプリンストン大学にて教鞭を取る．2001 年没．著書は *Convention*（Harvard University Press, 1969），*Counterfactuals*（Basil Blackwell, 1973［『反事実的条件法』勁草書房，近刊］），*On the Plurality of Worlds*（Basil Blackwell, 1986）など多数．

トレントン・メリックス（Trenton Merricks）

1994 年，ノートルダム大学で博士号を取得．ヴァージニア・コモンウェルス大学を経て，2001 年からヴァージニア大学哲学教授．主著に *Objects and Persons*（Clarendon Press, 2001）がある．

ピーター・ヴァン・インワーゲン（Peter van Inwagen）

1942 年生まれ．ロチェスター大学で博士号を取得．ロチェスター大学，シラキュース大学を経て，1995 年よりノートルダム大学ジョン・カーディナル・オハラ哲学教授．主著は *An Essay on Free Will*（Oxford University Press, 1983），*Material Beings*（Cornell University Press, 1990），*Metaphysics*（Westview Press, 1993）．

ジェグォン・キム（Jaegwon Kim）

1934 年生まれ．プリンストン大学で博士号を取得．ジョンズホプキンス大学，ミシガン大学などを経て，1987 年よりブラウン大学ウィリアム・ハーバート・ペリー基金哲学教授．主著に *Philosophy of Mind*（Westview Press, 1996），

Mind in a Physical World（The MIT Press, 1998［『物理世界の心』勁草書房，近刊］），*Physicalism, or Something Near Enough*（Princeton University Press, 2005）などがある．

ドナルド・デイヴィドソン（Donald Davidson）

1917年，マサチューセッツ州に生まれる．ハーバード大学で博士号を取得．スタンフォード大学，プリンストン大学，シカゴ大学，カリフォルニア大学バークレー校などにて教鞭を取る．2003年没．主著は *Essays on Actions and Events*（Oxford University Press, 2nd Ed., 2001［『行為と出来事』服部裕幸・柴田正良訳，勁草書房，1990年］），*Inquiries into Truth and Interpretation*（Oxford University Press, 2nd Ed., 2001［『真理と解釈』野本和幸ほか訳，勁草書房，1991年］），*Subjective, Intersubjective, Objective*（Oxford University Press, 2001），*Problems of Rationality*（Oxford University Press, 2004），*Truth, Language, and History*（Oxford University Press, 2005）．

エリザベス・W・プライア（Elizabeth W. Prior）

1952年生まれ．シドニー大学で博士号を取得．オーストラリア国立大学などを経て，現在モナシュ大学経営経済学部講師．著書は *Dispositions*（Aberdeen University Press, 1986），*AIDS: Myths, Facts and Ethics*（Pergamon Press, 1988）．また，ゴードン・クラークとの共編で *Management Ethics*（Harper Collins, 1995）などがある．

ロバート・パーゲッター（Robert Pargetter）

ラ・トローブ大学で博士号を取得．モナシュ大学哲学教授．現在はメルボルンのヘイリーベリーカレッジの校長でもある．主著に，ジョン・ビゲローとの共著で *Science and Necessity*（Cambridge University Press, 1990）がある．

フランク・ジャクソン（Frank Jackson）

1943年生まれ．ラ・トローブ大学で博士号を取得．アデレード大学，ラ・トローブ大学，モナシュ大学を経て，1986年よりオーストラリア国立大学哲学教授．2003年，オーストラリア国立大学の特別教授に任命される．主著は *Perception*（Cambridge University Press, 1977），*Conditionals*（Basil Blackwell, 1987），*From Metaphysics to Ethics*（Oxford University Press, 1997）など．

ピーター・サイモンズ（Peter Simons）

1950年生まれ．マンチェスター大学で博士号を取得．オーストリアに移住しザルツブルク大学教授を経て，1995年からイギリスのリーズ大学哲学教授．主著は，*Parts*（Oxford University Press, 1987），*Philosophy and Logic in Central Europe from Bolzano to Tarski*（Kluwer Academic Publishers, 1992）．

人名索引

＊訳注，編訳者解説，編訳者あとがきに登場するものは除く．文献表における登場も原則として反映されていない．

ア　行

アヴェロエス　Averroes　275
アダムズ　M. M. Adams　296
アチンスタイン　P. Achinstein　121
アームストロング　D. M. Armstrong　25, 51, 141, 143–147, 152–155, 157–164, 169–170, 184, 186–189, 192, 213, 214, 215, 216, 217, 218, 222–223, 247, 248, 253–254, 269–270, 273–274, 280, 286, 296, 298
アリストテレス　Aristotle　252, 255, 256, 275–276, 278–279, 283
アンガー　P. Unger　2
アンジェレッリ　I. Angelelli　256
ヴァレンタイン　P. Vallentyne　53
ヴァン・インワーゲン　P. van Inwagen　32, 53, 221
ヴァン・クリーヴ　J. van Cleve　53
ウィギンズ　D. Wiggins　48
ウィトゲンシュタイン　L. Wittgenstein　209
ウィリアムズ　D. C. Williams　252, 261, 295, 296, 298
ウィルソン　N. L. Wilson　120, 122
エヴァンズ　G. Evans　33
エリス　A. Ellis　53
オッカム　W. Ockham　262, 275–277

カ　行

カーター　W. S. Carter　51
カートライト　R. Cartwright　119, 120
ギーチ　P. T. Geach　5, 19–23, 120
ギバード　A. Gibbard　221
キム　J. Kim　53
キャンベル　K. Campbell　248, 252, 254, 260, 261–262, 286, 296, 298
キュンク　G. Küng　256–259, 296
クイン　P. Quinn　53
クイントン　A. Quinton　215, 216
グッドマン　N. Goodman　121, 216, 256
クラーク　S. Clarke　286
グランディ　R. E. Grandy　224
クリプキ　S. Kripke　33–34, 80, 82, 209, 221, 224, 239, 248
グロスマン　R. Grossmann　296
クワイン　W. V. O. Quine　127–128, 130–137, 138, 214, 215, 216, 219
ゲーデル　K. Gödel　217
ケニー　A. Kenny　131, 138
コリンズ　R. Collins　81–82
ゴールドマン　A. I. Goldman　120, 121

サ　行

サージェント　D. A. J. Seargent　269, 273–274, 296
シェル　G. Sher　120
シッファー　S. Schiffer　224
ジマーマン　D. Zimmerman　53

ジャクソン　F. Jackson　213, 218, 221, 223
シャッファー　J. Shaffer　122
シュトゥンプ　C. Stumpf　255
ジュビアン　M. Jubien　51
ジョンストン　M. Johnston　50, 213
スタウト　G. F. Stout　254–255
スタルネイカー　R. Stalnaker　80
ステニウス　E. Stenius　217
ステルレルニー　K. Sterelny　213
ストラウス　A. Strauss　34
スピノザ　B. Spinoza　63
スミス　A. D. Smith　247
スミス　B. Smith　256
スロート　M. A. Slote　119, 220–221
ソーザ　E. Sosa　119

タ　行

タイ　M. Tye　248
ダウニング　P. B. Downing　221
タルスキ　A. Tarski　130, 134–135
チザム　R. M. Chisholm　119, 120–121, 122, 172
デイヴィス　L. H. Davis　121
デイヴィド　M. David　53
デイヴィドソン　D. Davidson　88, 93–99, 101–102, 119, 120, 121, 122
デヴィット　M. Devitt　164–165, 219
デカルト　R. Descartes　58, 62
デュカス　C. J. Ducasse　86, 114, 120
トゥーリー　M. Tooley　222, 247
トマス・アクィナス　Thomas Aquinas　252, 279, 283
トムソン　J. J. Thomson　121, 122
ドレツキ　F. Dretske　222
トワルドフスキ　K. Twardowski　264

ナ　行

ノージック　R. Nozick　81–82

ハ　行

パウリ　W. Pauli　289, 293
バークリー　G. Berkeley　255, 261
パーゲッター　R. Pargetter　223
ハスランガー　S. Haslanger　51
ハッキング　I. Hacking　82
パップ　A. Pap　218
パトナム　H. Putnam　196–198, 200–203, 223, 239, 248
ハーパー　W. L. Harper　221
ハーマン　G. Harman　213
ハンバーストーン　L. Humberstone　213
ヒューム　D. Hume　106, 189, 255, 261
ビーラー　G. Bealer　215
ファインマン　R. P. Feynman　287–288, 290, 294–295, 297, 298
ファン・フラーセン　B. van Fraassen　14–15, 120, 287, 290–291, 297, 298
フェルドマン　F. Feldman　119
フッサール　E. Husserl　255–256, 260, 264–266, 270–273, 278, 282, 296
プライア　E. W. Prior　223
ブラック　M. Black　217
ブラッドリー　F. H. Bradley　296
プランティンガ　A. Plantinga　53, 80
ブリッカー　P. Bricker　34
ブレンターノ　F. Brentano　255
ヘステヴォルト　H. S. Hestevold　51
ベネット　J. Bennett　221
ヘラー　M. Heller　49
ベルクマン　G. Bergmann　279, 297

ベロフスキ　B. Berofsky　122
ベンフィールド　D. Benfield　119
ヘンペル　C. G. Hempel　121
ホーガン　T. Horgan　120, 221–222
ホーキング　S. Hawking　71
ホルト　J. Holt　82
ホワイトヘッド　A. N. Whitehead　49

マ 行

マイノング　A. Meinong　255
マーチン　C. B. Martin　252, 269–270, 272, 280–281, 296, 297
マーチン　R. M. Martin　120
マッキー　J. L. Mackie　247, 248
マリガン　K. Mulligan　256
ミッテルスタッド　P. Mittelstaedt　287, 291, 297
ミル　J. S. Mill　190, 223
ミルズ　E. Mills　53
ムーア　G. E. Moore　158–159, 254–255
メラー　D. H. Mellor　247, 248
メリル　G. H. Merill　197, 200, 203, 223
モートン　A. Morton　216
モリソン　D. Morrison　213
モンタギュー　R. Montague　221

ラ 行

ライプニッツ　G. W. Leibniz　72–73, 75, 235, 255, 279–280, 284, 286, 291
ラッセル　B. Russell　30–31, 254, 259
ラムジー　F. P. Ramsey　190, 223
リー　M. Rea　53
ルイス　D. Lewis　50, 79, 80, 248
ルークス　M. J. Loux　281, 297
レヴィンソン　J. Levinson　269, 274, 296
レシニェフスキ　S. Leśniewski　256
レッシャー　N. Rescher　120
ロウ　E. J. Lowe　32
ローゼブーム　W. W. Rozeboom　248
ローゼンバーグ　A. Rosenberg　120, 121
ロック　J. Locke　251–252, 255
ロンバード　L. B. Lombard　48, 52

ワ 行

ワイレンガ　E. Wierenga　119, 122

現代形而上学論文集　　双書 現代哲学 2

2006年2月25日　第1版第1刷発行

編訳者　柏端達也
　　　　青山拓央
　　　　谷川卓

発行者　井村寿人

発行所　株式会社　勁《けい》草《そう》書房

112-0005　東京都文京区水道2-1-1　振替　00150-2-175253
(編集) 電話 03-3815-5277／FAX 03-3814-6968
(営業) 電話 03-3814-6861／FAX 03-3814-6854
理想社・鈴木製本

ISBN4-326-19948-2　Printed in Japan

http://www.keisoshobo.co.jp